从

心

开

始

The Psychology
of Investing

投资心理学

（第五版）

陆剑清　编著

东北财经大学出版社·大连
Dongbei University of Finance & Economics Press

图书在版编目（CIP）数据

投资心理学 / 陆剑清编著. —5版. —大连：东北财经大学出版社，2022.6（2024.7重印）
ISBN 978-7-5654-4511-8

Ⅰ. 投… Ⅱ. 陆… Ⅲ. 投资-经济心理学 Ⅳ. F830.59

中国版本图书馆CIP数据核字（2022）第068048号

东北财经大学出版社出版
（大连市黑石礁尖山街217号　邮政编码　116025）
网　　址：http://www.dufep.cn
读者信箱：dufep@dufe.edu.cn

大连东泰彩印技术开发有限公司印刷　　东北财经大学出版社发行

幅面尺寸：170mm×240mm　　字数：355千字　　印张：21.5　　插页：1
2022年6月第5版　　　　　　　　　　　　　2024年7月第2次印刷
责任编辑：郭　洁　吴　奂　　　　　　　　责任校对：乐　多
封面设计：张智波　　　　　　　　　　　　版式设计：原　皓

定价：50.00元

第五版前言

投资既是为了盈利，更是漫长人生的心智修行。

在资本市场中，恐惧心理是普遍存在的，破除恐惧的最好办法，就是勇敢面对它。然而，直面恐惧的前提是人们能够正确认知投资的真相。

那么，投资的真相究竟是什么呢？如何才能取得成功，成为市场赢家呢？

俗话说得好，投资成功与否"三分靠技术，七分靠心态"。投资心态的好坏取决于你如何看待投资本身。事实上，投资就是一场"时间游戏"，关键在于你如何看待这一时间游戏，换言之，你觉得这个游戏该怎么玩？你是开启"有限游戏"模式还是"无限游戏"模式？"有限游戏"要求玩家在极短时间获取最大回报，结果是常引发惨烈竞争以及深度焦虑。哪怕获得了暂时的"胜利"，也并不能让你感到幸福和宁静，反而可能令你更加战战兢兢，因为"有限游戏"违背了投资本质上是"无限游戏"的规律。比如，巴菲特旗下哈撒韦公司的股票之所以能成为投资者的收藏品、心头好，就是因为它体现了"无限游戏"的投资本质。既然投资是一个"无限游戏"，那么，只要游戏能够继续，就一切皆有可能！同时，投资者身处"无限游戏"之中，永续生存自然就成为其人生目标，所以持续学习将伴随其终生，并成为他们的一种生活方式。而致力于这种理念的阐释与推广，或许就是这本《投资心理学》自本世纪初诞生至今多次修订再版、广受欢迎的原因所在。

此次修订，在继承原版的基本框架及逻辑体系的基础上，添加了两章新的内容，分别是"基金投资的心理与行为"（第8章）和"期权投资的心理与行为"（第10章），使本书所涉及的领域更为广泛。同时，鉴于国家"房住不炒"的政策要求以及互联网金融政策的调整，剔除了上一版中"房地产投资的心理与行为""互联网金融投资的心理与行为"两章。这样，新版全书仍保持15章，内容涉及投资与投资心理学概述、投资行为的风险与报酬、证券投资的心理与行为、股票市场中个人投资者的心理与行为、股票市场中机构投资者的心理与行为、股票投资者的群体心理、债券投资的心理与行为、基金投资的心理与行为、期货投资的心理与行为、期权投资的心理与行为、外汇投资的心理与行为、贵金属投资的心理与行为、艺术品投资的心理与行为、成功投资者的心理特征、成功投资者的心理素质。

为了便于读者深入理解与掌握本书的内容，此次修订中依旧保留了各章前的"本章重点内容"、"导读"以及"引例"；同时，各章结尾处仍大多配以"本章小结""拓展阅读""核心概念""复习思考题"等专栏，以供读者学习思考之用。

我的研究生们积极参与了本版的修订以及相关资料的收集、整理工作，他们分别是（按姓氏笔画排序）：王秋爽、张庆文、陈芙蓉、杨鲁豫、陈韫莹、张碧滢、季鑫、胡盼盼、詹嘉迪，对于他们的付出我表示肯定与感谢。本书的多次再版更是得到了东北财经大学出版社的大力支持，在此深表谢意！

陆剑清

2022年3月·上海

第四版前言

当年，美联储主席格林斯潘曾将引发金融风暴的缘由一言蔽之为："人性的贪婪！"其实，人类的思想和情绪非常复杂，仅用"贪婪"一词并不能概括影响人们决策心理的全部。心理偏差往往会影响人们作出正确的投资决策，只有通过了解心理偏差，才可以克服人们的心智局限，提高投资水平。所以，如果不能优化思维，就无法实现财富最大化。本书的目的就在于深入解析人性的弱点对投资心理的影响，从而警诫广大投资者，帮助读者战胜自身人性中的弱点，进而真正达到超越自我的投资新境界。

目前，广大投资者更多的是从技术、操作层面分析投资失败与受挫的原因，希望投资者学习了本书后，能更多地从心理层面、从人性的弱点中寻找成功或失败的原因，总结和汲取经验与教训，使自己不但技术素质过硬，而且心理素质也过硬，成为真正成功的投资者。

此次修订，在继承原版的基本框架及内容的基础上，添加了三章新的内容，分别为"外汇投资的心理与行为"、"贵金属投资的心理与行为"以及"艺术品投资的心理与行为"，使得本书所涉及的领域更为广泛。这样，本版《投资心理学》增加到了15章，内容涉及投资与投资心理学概述、投资行为的风险与报酬、证券投资的心理与行为、股票市场中个人投资者的心理与行为、股票市场中机构投资者的心理与行为、股票投资者的群体心理、债券投资的心理与行为、期货投资的心理与行为、外汇投资的心理与行为、房地产投资的心理与行为、互联网金融投资的心理与行为、贵金属投资的心理与行为、艺术品投资的心理与行为、成功投资者的心理特征，以及成功投资者的心理素质。

为了便于读者深入理解与掌握本书的内容，此次修订中，除了保留了各章前的"本章重点内容"之外，还设置了"导读"以及"引例"；而在各章中除了设置"知识链接""市场聚焦"等专栏之外，为了契合移动互联网时代"线上线下相融合"的阅读新习惯，书中还插入了相关网络公开信息的二维码，有兴趣的读者可以通过扫码阅读关联知识，拓展专业视野，在此我对相关信息的提供方表示诚挚的感谢；同时，还在各章结尾处配以"本章小结""拓展阅读""核心概念""复习思考题"等专栏，以供读者思考和回味，达到传道、答疑、解惑之效。

此外，我的研究生们积极参与了本版的修订以及相关资料的整理工作，他们分别是（按姓氏笔画排序）：丁佳民、万宗琴、王佳娜、王培、阮召福、李彤、吕慧、汪书凝、张旭、张玲玲、周迎、胡俊昌、胡奕琼、徐胜文、曹权、傅以沫、董先治，对于他们的付出我表示肯定与感谢。第三版作者之一的陈明珠硕士，因工作繁忙而未参与此次修订，对于她在之前书稿修订过程中的努力与贡献也表示肯定与感谢。本书的多次再版更是得到了东北财经大学出版社编辑郭洁女士的大力支持，在此深表谢意！

陆剑清

2018年9月·上海

其他版次前言

目　录

【导读】

随着国民经济的平稳快速发展，居民收入水平有了极大的提高，积累的财富迫切需要保值与增值。在我国，居民的投资渠道还是比较多样的，股票、债券、外汇以及贵金属、收藏品等都可以用来投资。然而，投资者并非天生的投资高手，不仅会有知识和经验上的缺陷、操作手法的失当等问题，更有心理上的盲区和弱点。因此，投资者在步入投资市场前应了解和研习相关的投资心理，并对心理上的盲区有所认知，善于"反躬自省"，这样，将极大地帮助自己在投资中获益。

本章重点内容

【引例】　　　　　　心理因素影响下的行为选择

想象一个场景：你决定去看一部戏，每张票的价格是30元。当你到戏院买票时，发现不知什么时候你丢了30元钱。现在，你还愿意花30元去买票看戏吗？

另一个场景：你决定去看一场电影，每张票的价格是30元。当你进入影院验票时，发现你的电影票丢了。现在，你还愿意花30元钱重买一张票吗？

第二个场景中，我们很容易觉得是花60元钱看了一场电影，而不愿意再次买票。但第一个场景中，人们通常容易将丢了30元钱和买一张票区分看待，往往只会将丢钱归结为"倒霉"，仅仅感到口袋里少了一点点现金而已，不会直接与看戏相关联。

可见，现实中，我们往往受到各种心理因素的影响，从而导致一系列看似非理性的投资行为。

1.1 投资的基本内涵、历史发展与意义

1.1.1 投资的基本内涵

投资是一种经济行为——以获得未来货币增值为目的的经济行为。

投资有两方面的含义：

1.货币增值——获利最大化

投资的目的是使货币增值，追求获利最大化。即投资者现在支出一笔一定数额的钱，其目的是想在将来获得更多的钱，实现货币增值。因此，从静态的角度来说，投资需要投资者现在支付一定量的资金；从动态的角度来说，投资是为了获得未来最大报酬而实施的经济行为。从现在支出资金到将来报酬的获得，要经过一定的时间间隔，这表明投资是一个行为过程，这个过程越长，未来报酬的获得就越不确定，即风险越大。

2.经济行为——有意识的经济行为

投资是一种经济行为，是商品经济的范畴，是近代资本主义制度的产物，并随着社会经济的逐渐发展而被赋予了特定的含义。另一方面，投资既然是一种行为，而行为是受人的意识与心理调节、控制的，这就赋予了投资人类心理的色彩。事实上，我们所提到的诸如投资动机、投资收益预期、投资决策、投资风险规避等问题，都是人们心理活动的具体表现。经济学家凯恩斯（John Maynard Keynes）用"三大心理定律"之一的投资边际效率来解释投资行为，并把投资不足归结为心理因素作用的结果，足以反映出经济学家对投资心理的重视。

1.1.2 投资的历史沿革

从其发展历史来看，投资经历了以下四个连续的过程，即从潜意识到有意识，从直接投资到间接投资，从小规模投资到大规模投资，从国内投资到全球投资。这样一条发展道路，对现代投资有着重要的影响。

现代资本主义社会中，人们一般所说的投资就是指股票、债券等投资，但从投资的早期形态来看，并非一开始就是这样的。众所周知，投资必须要有一定的资本。在人类社会的早期，即在货币产生之前的物物交换时代，资本是以剩余产品及实物的形式出现的，而物物交换的目的，主要是为了满足生存和消费的需要，交换的量也很少，几乎不存在投资的可能性。随着剩余产品的增多

和交换的发展，才逐渐产生了货币。货币产生以后，人类社会就进入了货币经济时代，社会财富不再以实物产品为主要形式，而是以货币财富为主要形式。这时，农业资本和商业资本逐渐形成，商业资本又逐步工业化，同时，生产与消费也已普遍结合起来，投资活动越来越频繁，但投资作为资本（或资金）价值的垫付行为还处于一种潜意识状态，投资者一般直接拥有生产资料，亲自从事生产经营，因此通常采用直接投资和实际投资的形式。

工业革命以后，机器的发明为提高社会生产力创造了条件，同时也需要大量资金用以建造厂房、购买机器设备和原材料以及雇用工人来从事大规模生产，这是单个资本家力所不能及的。因此，股份经济制度作为资本主义经济制度的一个重要特征而得到确立。股份制的发展，也加速了股票、债券等证券业的发展，并由此带来资本的证券化，证券制度也成为现代资本主义社会的又一明显特征。这时的投资已不再仅仅是实际投资、直接投资，还有金融投资。而且金融投资已逐步成为投资的主要方式，投资已不再是个别大资本家或富翁的事情，众多的中小资本家甚至一般工人都可以购买股票成为股东。

第二次世界大战后，随着国际经济往来的发展和国际贸易的飞速增长，国际投资成为投资的又一重要途径。投资的国际化已成为现代投资领域的崭新内容，并得到迅猛发展。

【知识链接】   **股票的起源**

400多年前的荷兰阿姆斯特丹，出现了一家载入史册的公司——"东印度公司"，它的业务表面上是国际贸易，其实就是掠夺各国香料以及其他物资，像"海盗"一样。海盗其实是一个高风险行业，因为每次出征前都需耗费大量资金补充弹药与粮食等用品，等到香料掠夺回来，再扣去弹药与粮食等的支出，事实上也就只剩一点薄利。所以，海盗们绞尽脑汁整日思考如何解决这笔高额开销，最后他们终于想到了一个方案，就是让本国百姓也参与进来。他们让民众投钱，这样就圈到了大量资金补充弹药和粮食，等到满载而归，海盗们就把钱还给民众，还分给他们一些掠夺来的物资和黄金，这个就是分红。但海盗们知道，并非每次都能掠夺到大量物资，于是他们又搞出了一个交易市场。民众投钱给海盗们，海盗们就给他们一张"纸条"，这种纸条就是投钱的凭证，上面写着投入的金额，如果有人想中途把钱取回，完全不用去找海盗，可以拿着凭证去交易市场，把凭证卖给别人。当然，也可以长期持有这种凭证，因为只要海盗们每次都能满载而归，凭证就会升值。

这个凭证就是现代股票的雏形，交易市场就是证券交易市场，东印度公司则是世界上第一家股份公司。这也就是股票的起源史。

（根据公开的网络资料整理）

1.1.3　投资的意义

1.作用的深远性

在整个社会经济生活中，投资作为一项重要的经济活动，从其结果来看，有着其他经济活动无法替代的、深远的影响和作用。

就其积极意义来说，如果能够正确而合理地投资，首先它可以通过物质技术手段，在较长时间内使投资者的利益追求具有实现的力量。同时可避免或减少风险，发展壮大投资者所从事的事业，使消费者的需求得到持续满足，并丰富人们的生活。投资可以不断完善和健全社会经济环境，改变经济平衡的条件，使经济结构表现为动态、合理的特征，使经济实现持续、稳定的增长，从而源源不断地给整个社会经济带来繁荣、注入活力、增加效益。

就其消极方面来说，如果盲目而错误地进行投资，会使投资者的利益追求变成泡影，使风险加剧，使消费者的需求得不到满足，进而使整个社会经济生活发生紊乱，造成物资短缺、通货膨胀、结构失衡、经济停滞。此外，还使人们不得不付上巨大而长期的代价来矫正其所造成的恶果。如果这样的投资发生在发达国家，由于国际经济联系日趋紧密，就使得这些作用的效果往往波及全球，如美国的几次股市的狂跌，均造成了全球性的惨重的经济损失。

2.投资的乘数效应——"双刃的剑"

乘数也叫倍数，是指投资量变化数与国民收入变化数的比率，它表明投资的变动将会引起国民收入若干倍的变动。凯恩斯在《就业、利息和货币通论》一书中采用这一概念来说明收入与投资之间的关系，使其成为宏观经济学的一个重要理论。如果以 K 代表投资乘数，ΔY 代表收入增加量，ΔI 代表投资增加量，则有公式：

$$K = \frac{\Delta Y}{\Delta I}$$

投资的增加之所以对国民收入的增长具有乘数作用，是因为经济部门是相互关联的，某部门的一笔投资，不仅会增加有关部门的收入，也会增加其消费。这些消费又形成其他部门的收入和消费，最终使国民收入成倍增长。

例如，某部门增加投资 ΔI100万元，有关部门的收入会因此增加 ΔY100万元。如果将收入的80%用于消费，即100万元新增收入中有80万元是用来消费的，第二级部门就会增加收入80万元。如果第二级部门仍将收入的80%用于消费，第三级部门将会增加64万元，如此下去，就形成一个递减数列，如表1-1所示。

表1-1 　　　　　　　　　　**投资乘数的产生过程**

部门 ＼ 项目	投资增量（ΔI）	总需求增量（ΔAD）	国民收入增量（ΔY）	消费增量（ΔC）
一级部门	100	100	100	80
二级部门		80	80	64
三级部门		64	64	51.2
⋮		⋮	⋮	⋮
总　计		500	500	400

由表可见，增加的收入用于消费的比例越大，其消费增加量（ΔC）越大，投资引起的连锁反应就越大，总收入增加就越多。

需要指出的是，乘数效应是从两个方面发生作用的：一方面，投资的增加引起收入成K倍地增加，也就是收入的增加大大超过投资的增加；另一方面，投资的减少会引起收入成K倍地缩减，也就是收入的减少要大大超过投资的减少。所以，西方经济学家称投资乘数是一把"双刃的剑"。

3.投资与经济增长

投资与经济增长的关系十分密切。一方面，经济增长是投资赖以扩大的基础。从社会角度看，投资作为资金价值的垫付行为，归根到底取决于社会总产品价值向资金的转化程度。可以说，一切用于投资的资金，都是社会经济活动成果的货币表现。经济发展的程度，直接制约着投资的数量。另一方面，投资增长又是经济增长的必要前提。投资形成了生产手段和生产能力（即物质资金），因而，投资不论来自何处，它的规模和投资率（投资占国内生产总值的比率）都不能不对经济增长产生巨大的推动作用。

从社会经济发展的历史看，经济增长与投资增长的对比关系大体上呈现出了两种状态，经历了两个过程：

一种状态是，投资增长快于经济增长。这主要是在生产方式变革的初始时期和经济起飞的准备阶段。这一时期要奠定物质技术基础，需要大量资金，资本的有机构成和科学技术水平日益提高，带动了生产方式的进步，手工制造不断转向机器大生产，使生产过程中的物质技术构成不断提高，进行生产所需要的投资起点随之提高，装备一个生产者所需要的资金也越来越多。这些都需要以追加投资作为条件，也就决定了投资增长快于经济增长。世界上比较落后的发展中国家大都处于这样一个阶段，即使是发达国家，也曾经历了这一不可逾越的阶段。我国在1952年至1980年的近30年时间里，工业固定资产增长了26倍，而工业总产值却只增长了14.5倍，这表明工业产值的增长主要是依靠基本建设投资的增加来推动的。

另一种状态是，投资增长慢于经济增长。这主要见于经济起飞和经济振兴时期。当一个国家经过一个较长时期的投资增长快于经济增长的过程后，随着经济技术条件的改善，特别是科学技术的飞速进步等，会出现一个或长或短的经济与投资同步增长的过程，最后便会逐渐地形成投资增长慢于经济增长的局面。这时经济的发展主要是依靠科学技术进步以及反映技术进步的社会劳动生产率的提高。换句话说，实行内涵型扩大再生产已成为经济增长的主要因素，这一点，已为许多国家（如日本、美国）的经济实践所证实。

我国经过长期的经济建设，国民经济的物质技术基础已相当深厚，随着市场经济的建立，资源将由市场来合理配置，投资效率将有所提高，并逐步把经济增长的立足点转移到提高科学技术水平与劳动者素质上来。

1.2 投资的分类、对象与行为特征

1.2.1 投资的分类

投资是一个经济活动过程，在这个过程中，投资主体、投资对象、投资用途各不相同、千差万别，据此，可以把投资分为若干种类（见表1-2）。

表1-2 投资的分类

分类标准	地 域	活动方式	资金来源	用 途	作用范围	引发原因	投资与投资存量的关系	投资主体
投资类型	国内投资 国际投资	直接投资 间接投资 灵活投资	财政投资 信贷投资 自有投资	生产经营投资 技术投资 人力资本投资	宏观投资 中观投资 微观投资	自发投资 引致投资	重置投资 净投资 总投资	政府 企业 个人

研究投资的分类，有助于形成对投资更具体和更清晰的认识。根据本书的

内容安排，我们仅说明投资主体的概念和分类。

投资主体是指具有资金来源和投资决策权力，享受投资效益，承担投资风险的法人和自然人（组织和个人）。

投资主体有三个层次的含义：一是要有足够的资金来源进行投资，包括投资决策者用各种形式筹集到的资金；二是要在经济发展的过程中能够相对独立地作出投资决策，包括投资方向、投资数额、投资方式等；三是投资决策者对其投资所形成的资产享有所有权和支配权，并能自主地或委托他人进行经营。总之，投资主体是投资活动的发动者、决策者、资金筹措者和受益者。

投资主体分为政府、企业、个人三类。政府投资，在西方又称为官方投资，是指由政府机构作为投资主体所进行的投资，在我国它主要包括中央政府投资（又称国家投资）和地方政府投资。政府投资以追求社会利益并借以调节社会经济关系、实现经济社会发展目标为其特征。企业投资和个人投资，在西方又称为私人投资，是指由企业、个人和其他经济组织作为投资主体所进行的投资。这种投资是以其对自身经济利益的追求为动机的。在我国，企业和个人投资主要包括国有企业投资、银行间接投资、个人投资等。本书重点分析国家、地方、企业、个人、国际投资者等投资主体的行为特点。

1.2.2　投资的对象

投资对象从不同的角度来理解，也有很多的分类。根据本书的研究重点，我们着重从微观的角度来分析我国市场经济条件下人的投资行为与心理。因此，本书中把投资的对象分为股票、债券、基金、外汇、金融衍生品，以及其他投资对象如票据、黄金、古董等。

1.股票投资

现代工业的发展，使工商企业、公司财团的规模越来越大，所需资金越来越多。这些公司为了向社会筹集其所需要的长期资金，常常公开发行股票，对于认购股票的人来说，购买股票就是一种投资行为，并因此成为公司股东。

新中国的第一张股票是1984年12月发行的上海飞乐音响公司的股票，它也成为上海和全国股票市场的发端，时隔6年之后的1990年12月19日，中国大陆（内地）第一家证券交易所——上海证券交易所隆重开业，由此，神州大地上再次掀起了"股票热"。

自此之后，股票投资越来越成为人们关注的焦点，尽管中国股市的发展还处在初期阶段，极不成熟，也存在很多问题，但作为一条投资途径，仍然广受关注。在本书的相关部分，我们会尝试从投资者的行为与心理角度，讨论有关股票投资的心理现象与投资者的行为特征，目的是促进投资者的心理成熟，增强投资者的心理素质，提高投资者的心理承受能力，并由此推动我国的股市走向成熟。这也是本书笔墨最重的一部分。

2.债券投资

债券是金融市场上集资的重要工具，它由政府、公司（企业）、金融机构来发行，以筹集所需要的资金。当今世界，所有的工业发达国家政府、大部分公司及许多地方政府都发行债券。债券是虚拟资本的形态之一，是政府、企业和银行对其借款承担还本付息义务而开出的凭证。债券是持有者对公司贷款的证书，是领取利息的凭证，债券持有者对公司没有管理权与控制权，这点与股票迥然不同。

3.基金投资

证券投资基金是一种由不确定的多数投资者不等额出资汇集成基金，交由专业性的管理者和投资公司运用于股票、债券、期权、期货等有价证券的投资上，获得收益后由投资者按出资比例分享的投资工具。正因为证券投资基金具有特有的优越性，20世纪80年代以来，在各国越来越受到投资者的青睐，成为一种热门的投资工具。

4.期货投资

期货是一种按照规定的交易程序，买卖双方在交易所内进行公开竞争，对某一商品的买卖达成协议，于将来某一时日交货付款的经济行为。期货投资交易是商品经济的必然产物，是社会主义市场体系的重要组成部分。我国近几年在积极探索有关期货投资交易理论的基础上，已建立了诸如国债期货、金属期货、粮油期货等交易市场。本书将着重讨论期货交易的心理预期问题，以及期货投资交易的策略与技巧。

5.期权投资

当需要在未来购买或者卖出一个产品时，人们可能就会使用期货，但如果人们还想要一个在未来取消购买或卖出这一产品的权利时，期货就没办法满足需求了，此时便需要引入新的金融衍生品——期权。期权是人类在金融领域的伟大发明之一，在金融领域产生了重要影响。本书将介绍期权投资的基本概念、发展过程及其策略，并对期权交易中的行为和心理进行论述。

6.贵金属投资

贵金属凭借其稀缺性、投资价值以及升值潜力得到越来越多投资者的青睐。金融危机之后，股市不振也使更多人将目光投到贵金属投资领域。贵金属具有的保值与避险特性引发了更多投资意愿，推动着其价格一路走高。随着黄金ETF上市制度的确立，其他衍生品也纷至沓来，贵金属投资进入了一个新时代。如何在贵金属投资领域稳稳地分得一杯羹，需要从贵金属涨跌的动因里把握应有的投资心态。

7. 艺术品投资

随着人民生活水平的提高，艺术品投资以其独特的文化韵味和经济价值，成为高净值人群的新宠。越来越多的投资者开始关注艺术品投资领域，因为艺术品投资不仅能满足大众精神文化的需要，还能起到保值和财富传承的作用。

1.2.3 投资行为的特征

投资行为一般具有以下特征：

1.联系的广泛性

从整个社会来看：首先，由于国民经济中的其他各项活动都需要投资活动为其提供物质基础，因而，国民经济中的各部分、各项活动便对投资有一种依赖关系。其次，由于投资活动的进行需要国民经济的其他活动为之提供财力、物力、人力等保障和支持，因而投资也离不开国民经济中的其他各个部分、各项活动。投资活动的进行也必然与国民经济中的计划、财政、金融、商品流通、生产等部门在相互的供需中形成密切而广泛的联系。

从投资过程内部来看，一项投资活动的进行，既涉及直接投资者与间接投资者的休戚相关的利益关系，又涉及投资者与承包商、供应商甚至证券商等之间的委托与受托的经济关系，还涉及投资活动参与者与行政管理者之间的行政管理关系。因此，也显示出了联系的广泛性特征。

2.规模的扩充性

投资规模的扩充性包括两方面的含义：一方面，由于一项投资活动的进行与完成，必然会由于其大量的需求而刺激相关部门或企业追加投资，使投资呈现出规模不断扩大的特征，呈现出投资的乘数效应；另一方面，由于投资的成功，必然显著增加投资者的投资积累和提高投资能力，从而形成更大的投资热情和新的投资动机，引致投资的不断追加。这样，从整个社会来看，显示出投资规模扩充性的特征。

3.过程的连续性与劳动的多耗性

所谓过程的连续性，即一项投资活动是一个包含若干相互联系的、不可间断的工作过程，否则将造成投资物品的无效耗费和投资的价值损失，致使投资效率低下。另一方面，一项投资毫无疑问地要耗费大量人力、物力、财力，这显示出投资活动的多耗性特征。

1.2.4 我国现阶段投资行为的基本特征

1.投资短缺与膨胀并存

中国的金融体系模式是间接金融方式，即储蓄支持型金融体系的方式，是以银行为主导的金融体系。而现阶段金融业的服务能力与实体经济发展的需要相比还有不小的差距。金融资源分配不均，银行信贷偏向资本密集型产业的发展和对国有大中型企业的扶持，导致产能过剩，并且由于我们在经济建设的指导思想上长期受极左思想的影响，急于求成，投资欲望过强，在体制上又缺乏抑制投资冲动的机制，导致投资规模长期以来频频膨胀。与此同时，从事科技行业和现代服务业等的中小型民营企业却难以获得信贷资金的支持，先进制造业、高科技产业和小微企业的融资成本仍旧很高，"融资难、融资贵"的困境尚未得到真正改善，导致这些企业投资不足，由此在全国范围内形成了投资短缺与投资膨胀并存的特征。

2.投资呈周期性波动

正如上面所分析的，投资规模的膨胀在我国现阶段将长期存在，但全社会的"投资热"是需要以雄厚的经济实力为基础的，因此，在我国国力尚显薄弱的情况下，经常会碰到资源约束和"瓶颈效应"。当生产停滞、市场供应紧张、物价上涨、经济滑坡等导致社会经济紊乱超过一定的"临界值"时，必然出现投资的"紧急刹车"，许多投资项目会被中止，另一些项目的建设速度则会大大减缓，还有一些即将开工的项目甚至就此作罢，这样，在一段时间内投资会处在一个较低水平。

但是，由于经济的内在调节与政府硬性控制并没有根绝投资膨胀的土壤，较多的投资机会依然存在，较高的投资热情仅仅是受到了暂时的控制，因而，当经济开始复苏并迅速走上加快发展轨道时，因着投资约束机制的不完善，投资膨胀又会成为必然。这样，在一个较长时期内，投资必然是"膨胀-收缩-膨胀-收缩"的过程，显示出周期性的波动特征，并由此导致经济增长的周期性波动。我国投资规模的变化充分证明了这一点（见图1-1）。

因此，在社会主义市场经济条件下，如何抑制或弱化投资周期波动给经济带来的振荡，保持经济的稳定增长，就成为政府宏观调控所面临的一个重要课题。

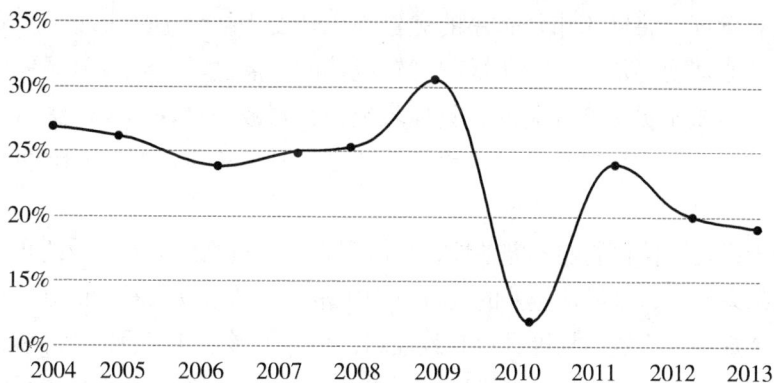

图1-1　固定资产投资增速

3.投资主体多元化

虽然我国国有经济成分占主导地位，但是生产资料所有制结构却是各种经济成分、各种经济形式并存。在整个国民经济中，既包括国有经济、集体经济、企业经济、合作经济等不同公有制成分，又包括民营经济、个体经济、中外合资经济、外商独资经济等不同的所有制形式。这使得多种经济成分的所有制与经营者都有能力和权利作为投资主体从事投资活动，从而形成了国家、部门、地方、企业、个人等多元化投资主体并存的特征。

4.投资来源多渠道

投资主体的多元化决定了投资来源必然是多渠道的，由此形成了国家投资、地方和部门自筹投资、企业自行积累投资和社会集资投资、银行利用存款发放贷款投资，以及个人、专门投资机构在证券市场上间接投资等多渠道的投资格局。不同来源的投资，是由投资者的利益偏好形成的，也就有不同的投向。因此，就存在一个如何发挥国有经济投资的主渠道作用，引导集体经济及其他渠道来源的资金，包括通过证券市场聚集的社会闲散资金有一个正确合理的投向，以促进国民经济结构合理化的问题。这一方面可以通过市场机制的调节来解决，另一方面需要发挥政府的引导功能，并恰当地确定国家财务投资、信贷投资与地方、部门及企业自筹投资的适当比例和投资范围，以有利于经济的均衡发展。

5.投资调控机制不完备

在我国，完全竞争的市场体系尚未形成，加之价格体系不完善，导向失真，因而投资的市场调控机制也必然是不完备的。另一方面，我国对国民经济的宏观管理，将随着市场体系的完善逐步转变为社会主义市场经济的宏观调控，这必然要经历一个由不成熟到较成熟的发展过程。就目前而言，投资的宏观调控机制仍是不完备的，具体表现为：财政预算软约束，法律法规不健全，信贷、财政体制未理顺，市场调控与计划调控所需要的匹配手段不配套等。

由于投资调控机制的不完备性，从微观来看，就难以形成有效的自我调节和自我约束机制，难以使企业的投资行为规范化；从宏观来看，则难以从总体上对投资规模、投资结构等进行有效控制，不利于形成良好的投资环境，难以保证投资决策的科学化与投资活动的平稳进行。因此，在社会主义市场经济条件下，如何规范企业、地方、中央的投资行为，逐步健全与完善投资调控机制，是投资领域中一项长期而又艰巨的任务。

1.3　影响投资行为的因素

1.3.1　利率——凯恩斯的基本心理法则

利率与投资的关系极为密切。目前大多数企业自有资本占总资本的比重相当低，负债经营既普遍又正常，因此利率弹性也相当大。一旦金融形势发生变化，紧缩银根导致利率上升，对企业而言，资金成本加大，利息负担加重，影响公司利润，企业投资活动变得消极，其结果便是经济不景气、股价趋跌。相反，如果银根放宽、利率下调、企业筹资成本下降，便会带来生产的扩充、投资的活跃，刺激景气状况，使股价上涨。

此外，假如银根放宽、利率下降，投资于股票会变得比较有利，股票投资也会增加。进行股票投资时，总希望股价能够上升。如果利率上升，资金便会流向银行存款，远离证券市场，甚至抛售股票兑换现金，股价自然趋跌。一般来讲，利率高低是左右投资决策的一个重要指标，通常利率降低时购进股票，利率上升时出售股票。投资者自然十分关心金融市场的利率变化，随时调整自己的投资方向。

如果我们知道资本边际效率和财富的变动，就可以预测利率的变动从而重新考虑投资，问题在于其他的投资者是否也在同步预期，如果是同时获得相同的预期，问题便无意义。假如我们从政府的某种政策上得到预告，利率将下降而债券价格将上升，那么最好是现在就购进债券，待价格上升时将其卖出，但实践这人人皆知的道理实非易事，因为其他的投资者也在争购债券，到时必定将价格抬高，关键就在于进行投资选择时，要知道将发生什么，尤其要知道人所不知的情况。

1.资本边际效率

凯恩斯认为，投资取决于利率和资本边际效率。所谓资本边际效率（MEC），是指投资者对投资的预期利润率。投资者是否投资，取决于他对利率和预期利润率的比较。预期利润率高于利率时，就会投资；反之，预期利润率低于利率时，就不会投资。凯恩斯认为，要想使资本家进行投资，资本边际效率即预期利润率至少应当等于利率。

资本边际效率是凯恩斯的用语，它也被定义为一种贴现率，这种贴现率正好使一项资本品或投资品在使用期限内各年的预期收益的现值等于它的成本或供给价格。这就是凯恩斯三大基本心理法则之一，另外两个心理法则是边际消费倾向递减与流动性偏好。

为了理解这一定义，须从贴现值的算法说起。假设本金为 10 000 美元，利率为 10%，第一年的本利和是：

10 000 美元×（1+10%）=11 000 美元

在计算复利的情况下，第二年的本利和是：

11 000 美元×（1+10%）=12 100 美元

第三年的本利和是：

12 100 美元×（1+10%）=13 310 美元

其余依此类推。

假设某企业投资 30 000 美元购置一台机器。这台机器的使用寿命是三年，以后没有报废价值。预期收益是：第一年 11 000 美元，第二年 12 100 美元，第三年 13 310 美元，三年一共是 36 410 美元。如果贴现率是 10%，三年内全部预期收益的现值是 30 000 美元，即：

$$R = \frac{11\,000}{1+10\%} + \frac{12\,100}{(1+10\%)^2} + \frac{13\,310}{(1+10\%)^3}$$
$$= 10\,000 + 10\,000 + 10\,000$$
$$= 30\,000\,(美元)$$

这个贴现率就是凯恩斯的资本边际效率，它使资本品的供给价格（30 000 美元）正好等于三年的全部预期收益（36 410 美元）的现值（30 000 美元）。

资本边际效率的一般公式是：

$$R = \frac{R_1}{1+r} + \frac{R_2}{(1+r)^2} + \frac{R_3}{(1+r)^3} + \cdots + \frac{R_n}{(1+r)^n}$$

式中：R——资本品的供给价格；

　　　R_1，R_2，R_3，$\cdots$，R_n——第一年、第二年、第三年直至第 n 年的预期收益；

　　　r——资本边际效率。

上式表明，资本边际效率 r 的数值取决于资本品的供给价格和预期收益。当一笔投资为 R，预期这笔投资的各年收益为 R_1，R_2，R_3，$\cdots$，R_n 时，这笔投资的预期利润率就是 r。在其他条件相同时，供给价格越高，资本边际效率越小；预期收益越大，资本边际效率越大。

2.利率的决定

凯恩斯认为，利率取决于人们以现金形式保有资产的欲望和中央银行的货币供给。人们保有现金的欲望，即流动性偏好形成现金需求，中央银行通过公开市场业务等政策性工具，使货币供给保持在某个既定水平上。当货币需求与货币供给相等时，即形成均衡利率。这是凯恩斯货币理论的基本观点，而流动性偏好这一心理法则即为其中的基本概念。

凯恩斯所称的流动性偏好一词的含义是，人们为了持有现金而不愿持有股票和债券等能生利但较难变现的资产所产生的货币需求。他指出，货币可以充当流通手段进行现期交易，也可以作为储藏财富之用。但是，货币充当储藏手段时是不能生利的，那为什么还会有流动性偏好存在呢？凯恩斯以为：

（1）就货币用于现期交易而论，在一定限度内，值得为它所具有的流动性，即能直接作为支付手段的特性而牺牲利息。

（2）由于人们不能确知未来的各种利息率将会变多少，如果用全部资金购买债券，到了需用现款时，必须出售以前购进的长期债券才能得到现金，一买一卖之间可能蒙受损失，唯持有现金才可避免这种风险。

（3）在有组织的债券市场中虽然可以自由买卖债券，但未来利率的不确定性使个人对未来的看法不一，凡相信未来利息率将高于现在市场利息率，害怕债券价格下跌的人都愿意持有现金而不愿意购买债券。

凯恩斯指出，以上所说的三种流动性偏好的理由，可以说起因于三种动机，即交易动机、谨慎动机、投机动机，为了满足这些动机而产生了对货币的需求。

3.投资函数

市场上的现行利率是投资者的机会成本，利率变化与股票投资有某种反向关系，仅从这一点看，利率就可能支配投资者的选择。因此，利率决定了资金的投向：利率越高，投资量越小；利率越低，投资量越大，即得到资本边际效率曲线方程：

I=I（r）

此式即投资函数。它表示投资是利率的函数。投资随利率的变化而变化，但方向相反。资本边际效率曲线的形状是一条向右下方倾斜的曲线，如图1-2中的MEC曲线所示。

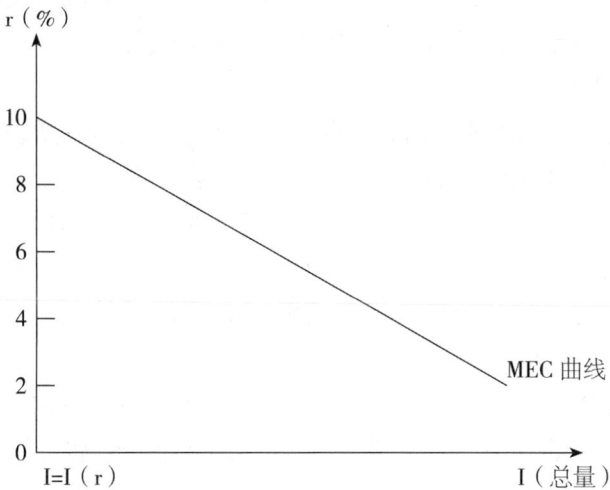

图1-2　投资函数

1.3.2　收入

1.收入影响投资的加速原理

前面提到的乘数效应说明的是投资的变动对收入变动的影响。反过来，收入的变动对投资有什么影响呢？西方经济学家认为，投资与收入的影响是相互的，即不仅投资会影响收入，而且收入也会影响投资。加速原理所研究的正是收入变动与投资变动之间的关系，即它说明了收入的变动如何引起投资的变动。

企业之所以增加投资是因为产量的增加对企业的现有生产能力形成压力，使得实际的资本存量与期望的资本存量之间形成了差额。期望的资本存量的增加客观上要求资本供给也必须增加，也就必须增加投资扩大再生产。由此可见，加速原理要研究的投资只限于引致投资，即随国民收入变化而引发的投资。它的基本观点在于，投资是国民收入的函数，投资率是和产量水平相联系的，收入和产量的增长将会刺激投资的加速度增长，这就是加速原理。用V代表加速系数，则：

$$V = \frac{\Delta I}{\Delta Y}$$

式中：ΔI——投资增量；

　　　　ΔY——产量增量或收入增量。

加速的含义是双重的，即当产量增加时，投资的增长是加速度的，但当产量停止增长或减少时，投资的减少也是加速度的，这为宏观经济学中的经济周期理论奠定了基础，也说明了投资对经济增长的加速过程。

2.居民收入与投资

随着居民收入水平的提高，按照许多国家的经验统计所反映出的规律，其储蓄倾向也必然有所提高。比如，随着我国居民收入的增长，居民储蓄率从1973年的3%提高到1986年的14%，就是这种规律性的现实证明。这种大规模增加的储蓄，并不是行将冲击市场的"笼中虎"，除了一部分用于流动资金贷款外，另一部分可用于投资贷款，以扩大再生产规模。由此可见，居民储蓄是投资的来源。

从我国的储蓄余额来看，历史上，1987年储蓄余额达3 073亿元，约占当年年末银行贷款余额的30%。也就是说，在当时银行贷款资金的总额中，有近1/3来自居民储蓄。另外，城乡居民收入的一部分购买了国库券、公司债券和股票，如1986年底，全国发行各种债券、股票金额为186亿元，大部分为个人购买，储蓄直接转化为了投资。

第二次世界大战后日本经济的发展速度在西方国家中首屈一指，原因是多方面的，但居民储蓄的急剧上升为经济发展提供了大量资金不能不说是其中非常重要的因素。对储蓄在经济中的作用，日本人有着形象的描绘，具体见图1-3。

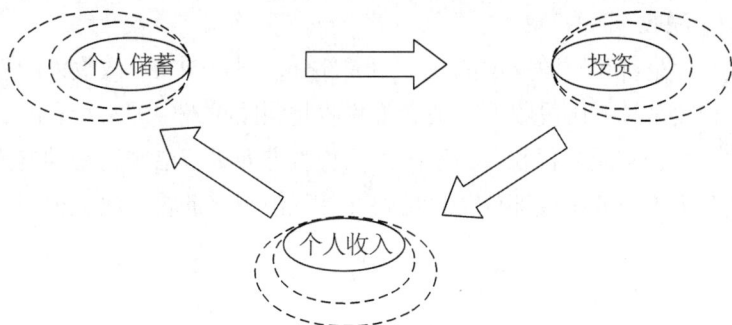

图1-3 居民收入、储蓄与投资的关系

由图可见，个人储蓄的增加，使得居民投资增加；投资增加，必然提升生产能力、增加利润，促使个人收入增加；收入增加了，个人储蓄又会增加。由此，就形成了一个良性循环。

图1-4[1]显示了我国1953年至1989年间国民收入[2]、积累（投资）、消费的波动情况，从中我们可以看出这三者的相互依存关系。

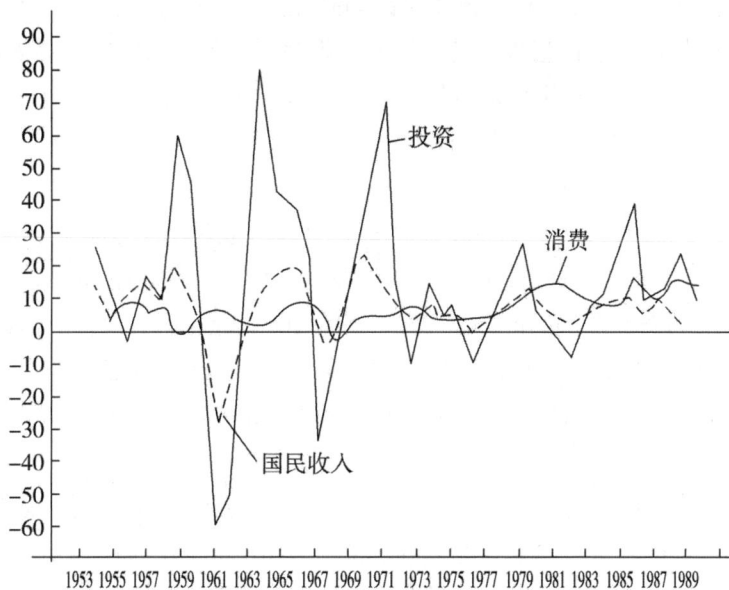

图1-4 国民收入、投资和消费波动的相互关系

① 国家统计局. 中国统计年鉴（1991）[M]. 北京：中国统计出版社，1991.
② 图中的"国民收入"指国民收入生产额的增长率。

1.3.3　税收

税收制度是整个财政支出的一个组成部分，现在国家财政收入的主要支柱是税收。税收来源于国民收入，或者说税收是国民收入中国家所有的部分，这就是税收的经济实质。税收政策是国家在税收方面采取措施的一种方式，是国家经济政策中重要的组成部分，这反映在课税组织、征收方法、税率、税收优惠等方面。

1.税收政策的运用

政府税收对于国民收入是一种收缩性力量，因此，在政府支出不变的情况下，增加政府税收可以缩小总需求，减少国民收入；减少政府税收可以扩大总需求，增加国民收入。因此，税收政策的运用应该是：在萧条时期，由于总需求不足，政府应该增加支出、减少税收，降低企业纳税负担，加速折旧以刺激总需求的扩大；在通货膨胀时期，存在过度需求，所以政府应该减少支出、增加税收，以便抑制总需求、稳定通货。总之，通过税收政策，在经济高涨时期对投资与消费进行抑制，使经济不会因为高涨而引发通货膨胀；在经济萧条时期，对投资与消费进行刺激，使经济不会因为严重萧条而导致失业人口激增，这样就可以实现既无失业又无通胀的理想目标。

2.税收对证券投资行为的影响

税收对资本收益和证券投资行为的影响很大。在证券持有期间，有两种基本的投资可以赚钱：一是利息或股息；二是在增值时出售或交换，即资本收益。在证券出售或交换变现时，资本收益的变化与纳税是有关的。比如在美国，一张以50美元买进的证券一年后升值到100美元，不必纳税。但如果在购买该证券两年以后，以120美元卖出，所得70美元的差价就必须作为资本收益申报并须缴纳税款。这样，在年底，纳税者出于资本收益的考虑，是否在新的纳税年度开始以前把证券变现，依各自的情况而定。

出于纳税方面的考虑而在年终时出售或购买证券是非常普遍的现象。出售者此时出售证券，是考虑下年度就要纳税，不如及早变现以便落袋为安。而就购买者来说，他们不一定会对因意图避税导致的出售行为有所察觉，因为通常12月份股票市场价格低而到第二年1月份便会有一波行情，可逢低吸纳，赚取差价。由于年终岁首的刺激会导致人们大量出售证券，使证券贬值，而年初投资者又急于趁低价时买进证券，这样共同作用的结果，就会出现所谓的"1月效应"。这体现了税收对证券投资行为的影响。

3.对我国股票交易所得税的看法

证券市场的投资者对个人所得税似乎有一种本能的恐惧。比如，1993年冬，一则有关个人所得税的报道，使原已脆弱的证券市场大幅下挫。又比如，1994年1月28日，《中华人民共和国个人所得税法实施条例》公布，多数证券投资人士对此思想准备不足，令证券市场再度下跌。后来，财政部、国家税务总局向投资者说明，股票转让所得税目前尚未成形，仍不征税，证券市场才重新有了起色。

目前，我国A股网上交易的收费如下：

（1）佣金：上交所规定买入或者卖出股票，收取佣金1.5‰~3‰，具体根据不同证券公司或个人资金量的多少决定，不足5元的按5元收取。

（2）印花税：卖出时收取印花税0.1%（单向收取）。

（3）过户费：沪市每1 000股（不足1 000股按1 000股计算）收取过户费1元。

这样的收费并不低，不应再征收股票交易所得税，特别是在我国这样一个新兴股市中，更应该采取多一些的保护和促进措施。从可能性来看，如果要征收股票交易所得税，那么深沪两市的软件设施就必须重新进行改造，交割系统、清算系统、监测系统、征收系统都要进行全面调整，或者要重新设置。即使这样，股民也会采取各种各样的办法来逃税和避税，而面对规模如此之大、交易如此频繁、损益计算如此复杂的浩瀚股市，税收主管部门必然只能穷于应付，偷逃行为会防不胜防。而从技术的角度来看，目前我国还不完全具备开征股票交易所得税的科学技术条件和管理能力，如果在这种情况下就推出股票交易所得税而又同时放弃股票交易税的话，弄不好就会"鸡飞蛋打"，导致股市上税收的大规模流失。从这两方面来看，在我国征收股票交易所得税的思路是不足取的，有关部门应该从现实出发对此作出明确规定，从而给投资者一个"定心丸"，而不应只用"暂不征收"这样的字眼，使股民的心难以安定。

1.4　投资心理学简史

投资心理学（investing psychology）产生于20世纪80年代的美国。这是一门边缘交叉学科，涉及经济学、金融学、投资学中有关投资的基本知识、概念和方法。因此，投资心理学的产生与发展是与现代经济学、金融学、投资学的发展密不可分。

由于投资不仅是一种经济现象，而且是一种心理现象，是投资者的"心理王国"，因而投资市场中反复出现市场异常——狂热与低迷，即在牛市时失去理性、投资狂热，熊市时拼命逃离使市场低迷、萎缩的状态雪上加霜。历史上这类典型事例不少，如17世纪荷兰的"郁金香狂热"，18世纪英国的"南海公司泡沫"，1929年、1987年美国股市的两次股灾，20世纪80年代中国集邮者的疯狂炒作和90年代中国海南的房地产泡沫，以及21世纪美国互联网公司股价的飙升与暴跌等，无不是市场异常的反映。

西方主流金融理论的代表人物都在不断探索投资活动的主体——人在经济活动中的心理与行为活动的规律，比如人在经济活动中是完全理性的还是非理性的，人的认知偏差对股市决策、市场价格结构的影响怎样，又比如在投资过程中人的人格差异、动机、情绪对投资操作有何影响。回答这些问题就催生了一个新的学科，即投资心理学，在西方经济学界也将其称为"行为金融学"。开辟投资心理学新领域的代表人物有以下四位：芝加哥大学商学院的理查德·塞勒（Richard Thaler），普林斯顿大学的丹尼尔·卡尼曼（Daniel Kahneman）及其合作者阿莫斯·特沃斯基（Amos Tversky），以及耶鲁大学的罗伯特·希勒（Robert J. Shiller）。

1.5 投资心理学的对象与意义

投资心理学研究的对象是在投资活动过程中投资者（个体和群体）行为与心理活动的发生、发展及变化的规律。

1.5.1 投资心理学的对象

投资心理学具体研究的对象可分为以下几个方面：

（1）投资过程中投资者个体心理过程的规律性。例如，投资者在投资过程中产生的感觉、知觉、思维、认知过程、情绪等的规律性。

（2）投资过程中投资者群体的心理与行为的规律性。例如，投资者群体中的从众行为、投资决策、流言等。

（3）投资市场中投资者心理与行为的异常现象及其对人性实质的诠释。例如，对历史上与现时股市中重复出现与轮回出现的时狂现象及其背后的人性解释。

(4)证券、基金、期货等各类投资过程中的投资心理学理论与操作方法。不同类型的投资中投资心理学的理论与操作实践有很多差异，通过研究寻找出投资心理学的一般规律以及不同投资领域的特异规律。

(5)成功投资者的心理特征与心理素质。例如，世界著名投资者在其成功的投资过程中所归纳出来的心理素质以及我国成功投资者的心理素质的维度结构。

1.5.2　投资心理学的意义

投资心理学的意义可以总结归纳为以下内容：

投资心理学满足日益增长的社会投资需求。中国股民早已超亿万人，股市与股民家庭经济生活的各方面相联系，此外，股市也是国民经济状况的晴雨表。

投资心理学有助于克服人性的弱点和走出心理误区，有助于培养出成功的投资者。

投资心理学的产生是学科融合发展的结果。心理学家卡尼曼在此领域的研究成果，使其获得了2002年诺贝尔经济学奖。

投资心理学的产生与发展有助于心理学科的发展。

投资心理学对实际的投资操作具有指导作用。有时，大众投资者会有心理误区，投资者在操作中的理念与技巧是非理性的，而分析市场却是理性的。

1.6　投资心理学的理论基础

1.6.1　态度理论与投资心理

1.态度的基本含义

态度是指个体对待任何人、观念和事物的一种心理倾向，它包括认知、情感和行为三个因素。其中，认知是指人或物被个体知觉到的方式，即在个体大脑中形成的心理映象，它包括个体对于知觉对象的所有思想、信念以及知识；情感是指个体对于某一特定对象持有的好恶情感，即个体对于态度对象的一种内心体验；行为是指个体对于态度对象的反应倾向，即个体处于行为准备阶段，对态度对象作出某种反应。一般而言，上述三个态度因素是相互协调一致的。例如，某投资者经研究发现一个具有成长性的潜力股后，便吸筹建仓，随着该股股价的涨跌，他的好恶情感也起伏波动。但有时三个因素之间也会发生不一致的情况，这时，感情因素往往起着主要作用，产生诸如恋股情结等的情绪反应。

2.态度在投资行为中的功能及其相关性

个体态度与个体需要是密切相关的。积极的态度源于需要的满足，而消极的态度则源于需要未被满足。因此，我们认为，态度对于个体的投资行为具有以下三个功能：

（1）实用功能。这是态度对于投资行为最重要的功能。态度是个体达到某一目的的手段，起到了争取获得外界最大利益的工具性作用，如良好的投资态度有助于进行正确的投资决策。

（2）防御功能。每个个体都力求使自己的认知态度与现实环境保持协调一致。当个体的认知态度受到外界威胁时，他便会采取行动维护自身的态度，产生所谓"甜柠檬效应"，如投资者购买的股票股价虽然跌了，但他坚信还有上涨的可能，并主动采取一系列手段，降低持股成本。

（3）表现功能。态度是个体价值观念的表现。例如，富豪会一掷千金投资于古董收藏和巨额人寿保险，以显示其地位与身份。

1.6.2　信息理论与投资行为分析

信息理论认为，影响股价变动的主要因素取决于投资者对未来股价、盈利与股息变动的认知态度。

若市场上为数众多的投资者都对股市前景抱乐观态度，必争相吸筹建仓，拉高股指。如果投资者过于乐观而引起股票恶炒，则会将股价抬升至不合理的高位。例如，某股票在短短一周内股价从6元猛涨到9元，乃因市场上盛传该上市公司即将进行资产重组并公布新的发展计划，使得该公司的投资前景充满想象空间，于是投资者纷纷进场吸筹，促使股价扶摇直上。

反之，若投资者对于股市前景持悲观态度，亦会大量抛售股票，致使股指大跌，尤其在过分悲观的态度充斥市场的情况下，投资者必会盲目抛售股票而使股价过度缩水。信息理论可以说明当经济状况良好而股价疲软，或经济状况欠佳股价反而上涨的原因。与其他投资理论相比，信息理论更重视投资者的认知态度的变化。

【市场聚焦】 　　　　　　**"天堂"与"地狱"**

在我国香港市场中，只有你想不到的，没有你做不到的。

在港股市场，有些股票的玩法可能和你想象的不一样。可能，一个月就让你身价翻百倍，成为买楼买车的高富帅；也可能，几十分钟就让你变得一无所有。

2017年，港股恒生指数成为全球涨幅最大的主要股指之一。港股企业2017年业绩表现强劲，除了估值修正的需求以外，内地资金南下掌握港股定价权也有力地推动了港股的上行。在互联网行业，以腾讯控股（00700）为代表的企业在2017年获得了远超大盘的涨幅。即便算上年末的15%+的回调，腾讯控股2017年的涨幅也达到了140%以上。从主营业务（游戏、视频、广告、云服务）方面的营收和盈利的增长上来看，腾讯股价确实对得起这个涨幅。2017年《王者荣耀》手游业绩的火爆，也是腾讯股价大涨的助推剂之一。然而，进入2018年后，伴随着国际经济形势的变化和外围市场的波动，腾讯股价迅速下跌，市值大幅缩水，再次印证了股票市场变幻莫测的神奇魅力。

（根据公开的网络资料整理）

1.6.3　情绪周期理论与投资行为分析

由于情绪与态度关系密切，伴随着不同的认知态度，个体会产生不同的情绪体验。而股市的波动不仅表现为股价空间起伏的规则性，也表现为时间循环周期的节律性，个体的情绪对此起了很大的影响作用。统计研究表明，引发股价周期波动的诸因素中心理因素占20%以上。而造成心理情绪周期波动的原因在于：

（1）人类生物节律的周期特性。科学研究发现，个体的生理周期为23天，情绪周期为28天，智力周期为33天，而沪深两地股市的短周期与此十分吻合。

（2）贪婪与恐惧情绪的交替出现。贪婪导致股市大涨时持有者不卖；未介入者则不断追涨，形成超涨。反之，恐惧则促使股市大盘不断下跌，使股价由合理下跌转为超跌。股市中两种情绪的不断交替，促成了股市呈周期波动状态。

（3）股民情绪的相互感染与共鸣。股市是由人参与的，由于大多数股民缺乏自制力、自主性以及输赢不计、处变不惊、不以物喜、不以己悲的超脱情怀，因而面对股市的变化，股民情绪相互感染，引发共鸣实属必然。

可见，随着广大股民情绪的周期性波动，股市的周期波动也就不可避免了。

【知识链接】　　　　　　　　波浪理论

任何一位投资者都希望能预测未来，波浪理论正是这样一种价格趋势分析工具，它根据周期循环的波动规律来分析和预测价格的未来走势。波浪理论的创始人——美国技术分析大师R.N.艾略特（1871—1948）正是在长期研究道琼斯工业平均指数的走势图后，于20世纪30年代创立了波浪理论。早前，投资者一走进证券交易场所往往就会看到记录着股价波动信息的K线图，它们有节奏、有规律地起伏涨落、周而复始，好像大海的波浪一样，我们也可以感受到其中蕴涵的韵律与协调性。

（根据公开的网络资料整理）

1.6.4　预期理论与投资心理

1.预期的基本含义

"预期"作为一种社会心理现象，影响着人类行为的各方面。经济学中的所谓"预期"，是指经济行为人对于经济变量（如价格、利率、利润以及收入等）在未来的变动方向和变动幅度的一种事前估计。在某种意义上，预期作为经济行为的行为特征与前提，无疑支配着个体的现实经济行为。个体正是依据自己的预期，才作出各类投资决策的。

在1936年出版的《就业、利息和货币通论》中，凯恩斯首次明确地提出了预期的概念，并把它作为宏观经济理论的主导思想，他认为预期是影响总供给和总需求的重要因素，甚至是导致经济波动的决定性因素。凯恩斯对于就业水平、货币供求、投资水平以及经济周期的分析与探讨，都是建基于预期的概念之上的，换言之，作为心理因素的预期概念正是凯恩斯宏观经济理论体系的基石。

2.预期对投资行为的影响

凯恩斯认为，在一个现实的充满不确定性的市场经济体系中，投资者进行投资决策，只能依据预期作出判断。随着社会分工的迅速发展和市场经济的空前壮大，银行、证券、保险以及房地产等企业的业务活动向社会经济生活的各个领域不断渗透与扩展，人们的各类投资决策对于预期的依赖程度也就不断增强，以至于人们所拥有的各类资产，不论是物质资产，还是货币、债券、股票以及保单等金融资产，都成了现在与未来的连接物。人们对于一笔资产，首先要考虑如何在其各种用途之间作出安排，以何种形式持有，以及各种资产之间的分配比例等，以避免各种可能出现的损失和获得可能的最大收益。这样，预期就不能不闯入每个经济行为人的心灵，成为形成投资决策的决定性心理因素。

3.股价预期与投资行为分析

股价经常处于波动之中，是什么因素影响股票价格预期呢？一般有三类基本因素：

（1）股份公司自身因素的预期。股票价格预期首先取决于股份公司的运营机制，具体包括公司的盈利和股利水平、公司的风险等股票内在价值因素；其次，公司的经营管理水平和信誉、公司的经营者等因素，也影响到股票价格预期。

（2）证券市场因素的预期。其中包括股票市场供求关系预期、股票市场投资行为预期、股票市场规模预期、证券管理层行为预期等。

（3）社会心理因素的预期。由于证券交易行为的广泛性，使得股票价格对于各种社会心理因素十分敏感，成为社会政治、经济生活的晴雨表。这些社会心理因素包括政治因素、经济因素与投资人群的心理因素等。

综上可见，影响股价变动的主要因素是投资者对于上市公司营运业绩作出的预期。如果投资者预期公司业绩蒸蒸日上，必会争相买入股票，促使股价步步上涨；反之，如果投资者预期公司业绩江河日下，就都会竞相抛售股票，使得股价节节下跌。该理论认为，盈利的多寡可进一步影响股息的多少。公司盈利越多，投资者对股息的预期越高，反之则越少。因而，公司盈利与股价的高低有着千丝万缕的联系，投资者应审慎研究一切足以影响公司未来盈利变动的因素。

投资心理还涉及许多其他的理论，如风险理论，有关这方面的内容将在下一章中另述。有关证券投资的理论，如稳固基础理论、空中楼阁理论、证券组合理论等将在第3章中详述。

【知识链接】　　　　　　　　　**选美理论**

报纸上刊登了100张照片，要求参加竞赛者选出其中最美的6张，谁的选择结果与全体参加竞赛者的平均爱好最接近，谁就获奖。结果是：每一位参加竞赛者都不选他自己认为最美的6张，而选他认为一般人可能认为最美的6张。

"选美理论"是凯恩斯在研究不确定性时提出来的，他总结自己在金融市场投资的诀窍时，以形象化的语言描述了他的投资理论，那就是金融投资如同选美，不论是炒股票、炒期货，还是买基金、买债券，不要去买自己认为能够赚钱的金融品种，而是要买大家普遍认为能够赚钱的品种，哪怕那个品种根本不值钱，这道理与猜中选美冠军就能获奖是一模一样的。

（根据公开的网络资料整理）

本章小结

在整个社会经济生活中，投资作为一项重要的经济活动，发挥着其他经济活动无法替代的、深远的影响和作用。投资是一种以获得未来货币增值为目的的经济行为。投资心理学就是研究投资过程中投资者个体与群体心理与行为的规律性，解释投资市场中投资者心理与行为的异常现象，通过分析证券、期货等投资中投资心理学的理论与操作方法，归纳总结成功投资者的心理特征与心理素质，为投资者的投资提供参考和借鉴。

拓展阅读

南海公司泡沫

"南海泡沫事件（South Sea Bubble）"是英国1720年春天到秋天之间发生的一起经济泡沫事件，它与"密西西比泡沫事件"及"郁金香狂热"并称欧洲早期的三大经济泡沫，"经济泡沫"一语即源于南海泡沫事件。

南海公司成立之初，为了支持英国政府债信的恢复（当时英国为与法国争夺欧洲霸主地位发行了巨额国债），认购了总价值近1 000万英镑的政府债券。作为回报，英国政府对该公司经营的酒、醋、烟草等商品实行了永久性退税政策，并给予其对南海（即南美洲）的贸易垄断权。当时，人人都知道秘鲁和墨西哥的地下埋藏着巨大的金银矿藏，只要能把英格兰的加工商送上海岸，数以万计的

"金砖银块"就会源源不断地运回英国。

1719 年，英国政府允许中奖债券与南海公司股票进行转换。同年年底，南美贸易障碍扫除，加上公众对股价上扬的预期，促进了债券向股票的转换，进而带动股价上涨。1720 年，南海公司承诺接收全部国债，作为交易条件，政府要逐年向公司偿还，公司允许客户以分期付款的方式（第一年仅仅只需支付 10% 的价款）来购买公司的新股票。2 月 2 日，英国下议院接受了南海公司的交易，南海公司的股票立即从 129 英镑跳升到 160 英镑；当上议院也通过议案时，股票价格涨到了 390 英镑。

此时，投资者趋之若鹜，其中包括半数以上的议员，就连国王也禁不住诱惑，认购了价值 10 万英镑的股票。由于购买踊跃，股票供不应求，公司股票价格狂飙。从 1 月的每股 128 英镑上涨到 7 月份的每股 1 000 英镑以上，6 个月间的涨幅高达 700%。

在南海公司股票示范效应的带动下，全英所有股份公司的股票都成了投机对象。社会各界人士，包括军人和家庭主妇，甚至物理学家牛顿也卷入了投资漩涡。人们完全丧失了理智，他们不在乎这些公司的经营范围、经营状况和发展前景，只相信发起人说他们的公司如何能获取巨大利润，人们唯恐错过大捞一把的机会。一时间，股票价格暴涨，平均涨幅超过 5 倍。大科学家牛顿事后感叹道："我能计算出天体的运行轨迹，却难以预料到人们如此疯狂。"

1720 年 6 月，为了制止各类"泡沫公司"的膨胀，英国议会通过了《泡沫法案》。自此，许多公司被解散，公众开始清醒过来，对一些公司的怀疑逐渐延展到南海公司身上。从 7 月份开始，首先是外国投资者抛售南海股票，随后国内投资者纷纷跟进，南海股价很快一落千丈，9 月份直跌至每股 175 英镑，12 月份跌到 124 英镑。由南海公司引发的巨大泡沫由此破灭。

1720年底，政府对南海公司的资产进行清理，发现其实际资本已所剩无几，那些高价买进南海股票的投资者遭受了巨大损失。许多财主、富商损失惨重，有的竟一贫如洗。此后较长一段时间，民众对于新兴股份公司闻之色变，对股票交易也心存疑虑。历经一个世纪之后，英国股票市场才走出"南海泡沫"的阴影。南海泡沫事件告诉人们：金融市场是非均衡性的市场，只要有足够多的资金，可以把任何资产炒出天价，导致泡沫急剧膨胀。正如凯恩斯所说，股票市场是一场选美比赛，在那里，人们根据其他人的评判来评判参赛的姑娘。毫无疑问，这个时候政府的监管是不可或缺的！

"终于，腐败像汹涌的洪水淹没一切；

贪婪徐徐卷来，

像阴霾的雾霭弥漫，遮蔽日光。

政客和民族斗士纷纷沉溺于股市，

贵族夫人和仆役领班一样分得红利，

法官当上了掮客，主教啃食起庶民，

君主为了几个便士玩弄手中的纸牌；

不列颠帝国陷入钱币的污秽之中。"

这是诗人亚历山大·蒲柏讥讽、批判将整个英国卷入其中的南海泡沫事件的诗句。

（根据公开的网络资料整理）

核心概念

投资 投资心理学 态度 预期

复习思考题

1.试述投资行为的基本特征。

2.试分析影响投资行为的因素。

3.概述预期理论与投资心理的相关性。

【导读】

投资是一种风险性行为。投资是在风险与报酬之间进行的选择。"没有免费的午餐"，因而投资者应该了解和识别可能存在的各种投资风险，以最小的风险取得最大的报酬。不同的投资者有不同的风险认识和风险偏好，但根据"前景理论"，投资者愿意冒风险去避免亏损，但不愿意冒风险去实现利润最大化。那么，不同的投资者是如何选择他们的风险与报酬的平衡点的呢？

本章重点内容

【引例】　　　　　　　　　个股市值千亿暴跌

给你20分钟时间，你最多能"烧"掉多少钱？

答案是：1 400亿元。

这是2015年5月20日发生在港股市场的一次暴跌：20分钟，市值跌掉一半。故事的主角大家都已很熟悉了——前国内首富李河君的汉能薄膜发电应用集团有限公司股票汉能薄膜发电（00566.HK）。如果不是临时停牌，只要再持续交易哪怕5分钟，我们很难预测汉能公司3 000亿元的市值会不会如水蒸气一样全部蒸发掉。

这只是最近十几年间港股市场里一系列暴涨暴跌的案例之一。作为全球资金的洼地，港股市场慢慢成为资本市场青睐的"香饽饽"。港股进入牛市的特征和后果之一，就是各路英豪以及长期蛰伏的"牛鬼蛇神"一起出动，加之没有涨跌停板的机制，于是，各种让你目瞪口呆的涨跌状况就层出不穷。

2.1　什么是投资风险

对"风险"一词的界定众说纷纭，人们常常从不同的角度和不同的侧面定义"风险"，还没有一个统一的说法。从投资风险的实践来看，"风险"常被看做是：

（1）损失的可能性；（2）损失的或然性和概率；（3）危险事故；（4）危险因素；（5）潜在的损失；（6）潜在的损失变动；（7）损失的不确定性。

这些"风险"的同义词，从各种不同的侧面定义和规范了"风险"一词。因此，所谓风险，从投资角度看，是指发生某种不利事情或损失的各种可能情况的总和。具体地说，是指损失发生的可能性、或然性、变动性、不确定性等。在定义中，我们确认了构成风险的两个基本要素：其一是负面性，即发生不利事件或损失；其二是不利事件，即其负面性产生的可能性或概率。

例如，某人购入预期收益为15%的国库券1万元，其投资报酬率15%能精确地加以估计，这说明投资是没有风险的，当然，也可能面临诸如通货膨胀等风险。但如果用这1万元购买某公司的股票，其投资报酬就不能精确估计了，从一本万利到蚀光老本，变数极大。可见，后一项投资的风险较大。

2.2　投资风险的类型

风险的类型是根据不同的标准和参照物，对风险的内容进行适当合并和划分的结果。一般将风险分为如下几种类型：

2.2.1　主观风险与客观风险

主观风险和客观风险，是以人们对风险的不同认识为标准划分的。尽管人们对风险的认识不尽相同，但归根到底，不外乎主观与客观两大类型。

主观说，视风险为个人心理上的一种观念，是人对客观事物的主观估计，无法用客观尺度予以衡量，因而将风险看成主观风险。其中前述的第（7）种定义是把风险看成是"损失的不确定性"。这种"不确定性"实际上就是一种主观的估计，其范围包括损失发生与否不确定、损失发生时间不确定、损失发生状况不确定、损失发生结果不确定。照此标准定义的风险就是主观风险。主观风险虽然与风险本身有很大不同，但其对认识、评价风险，以及对投资的影响都是不可忽视的。

客观说，视风险为客观存在的事物，可以用客观的尺度加以衡量，因而将风险看成是客观的。前述对风险的第（6）种定义，把风险看成"潜在的损失变动"，即在特定的客观条件下，在特定时间里，某种结果发生的可能变动程度和实际结果与预期结果的变动程度。照此标准定义的风险就是客观风险。

从本质上说，风险应该是一种客观存在。

2.2.2 纯粹风险与投机风险

纯粹风险与投机风险，是以损失的性质作为标准来划分的。

纯粹风险是指只有损失机会而无获利机会的风险，而投机风险是指既有损失可能、也有获利机会的风险。据此，由纯粹风险导致的结果有两种，一是没有损失，二是遭受损失。火灾、车祸、死亡、疾病都是纯粹风险。由投机风险导致的结果有三种：一为损失；二为没有损失；三为得利。例如，价格下降，将遭到损失；价格不变，没有损失；价格上涨，投资者获利。所以，这是一种投机风险。

纯粹风险是静态的，总与不幸相联系；投机风险是动态的，因可能有利可图，带有诱惑性，促使人们为获利而甘冒风险。

从社会角度看，个人面临纯粹风险而蒙受损失，社会也会随之遭受损失。但投机风险则不一定，某人受损失，但他人可能因此而获利，因而整个社会可能没有损失。

应该指出，这里的投机不是一种道德概念，不能用道德评判标准去褒扬纯粹风险，贬低投机风险。纯粹风险与投机风险只是风险的两种不同类型，没有好坏之分。对一个企业来说可能同时面临着两种风险，而且这两种风险可能你中有我、我中有你。如火灾一般被认为会导致纯粹风险，但一场大火烧毁了弃而不用、准备拆除的建筑物时，实际上为企业带来了益处。同样，产品不能完全卖出去是一种投机风险，但通常也会包含许多纯粹风险的因素，因此，从这个意义上看，纯粹风险与投机风险并不互相排斥，而是具有共存性。

2.2.3 动态风险与静态风险

动态风险与静态风险是以损失环境为标准划分的。

静态风险是一般环境下所发生的风险，它是由于自然力的不规则变动或人们的行为错误或失当引起的。前者如地震、雷电、洪水、台风、疾病；后者如失火、盗窃、呆账、事故、对第三者的损害等。动态风险是与社会经济环境变动相关的风险。它是由消费者需求变化、企业组织结构、技术结构和生产方式变动而引起的，如投资环境恶劣、市场疲软、经营不当等。静态风险在一定时间内，其危险事故的出现较为规则，多属纯粹风险。动态风险的事故出现是个别的、偶然的、不规则的，很难进行预测，既有投机风险也有纯粹风险。此外，静态风险所造成的损失相对而言影响面较小；而动态风险造成的后果严重，影响面较大。最后，静态风险与动态风险也常交织在一起。

2.2.4 特殊风险与基本风险

特殊风险和基本风险是以风险的来源为标准划分的。

特殊风险，如非正常死亡、致残、火灾等，来源于特定的个人，因而损失也只涉及个人。

基本风险来源于组织的性质，损失也影响到整个组织，与某个特定个人无关。基本风险包括：（1）经济系统的不确定性，如公共购买力，可利用的劳动力和资本、能源、交通，适宜建筑的土地等存在的一定风险。（2）社会和政治的不确定性，如税收、进出口控制、金融限制。（3）意外的自然破坏等。

应该指出的是，随着时代的发展和观念的改变，特殊风险与基本风险的某些界限已打破。如失业等，过去被人认为是特殊风险，只与特定的个人相关，而现在，则往往被视做基本风险。特殊风险一般是纯粹风险，而基本风险则属纯粹风险和投机风险。

对风险还可做其他的分类，如可分为自然风险、社会风险、经济风险和技术风险，也可分为市场风险、生产风险、财务风险等。但这些划分都不是绝对的，只有模糊的分界。有时，一种风险属于某种类型，但随着时间的推移，其性质发生改变，应调整到另一种类型，也是不足为奇的。

2.3 投资风险和投资冒险

人的介入对客观存在的风险影响很大。其中，风险与冒险是往往被人们混为一谈的两个概念，其实两者是既相互区别又相互联系的。

风险是可能发生不利事件和损失的概率或或然性。任何时候，当我们无法预料某种结果，无法确定某种负面性特点的后果时，我们就可能面临风险。

冒险是人决定对自己的行动作出选择，而这种选择会产生或增加某种不幸后果发生的可能性，导致一些不希望发生的事情更可能发生。所以，冒险的基本行为结构模式可以简单地表示为：某人采取行动 A，主动去冒风险 R（指可能的具有负面和不幸结果的事件）。当然，在投机风险中，冒险行为也会发生正向的结果。这就是说，风险是一种客观存在，冒险则是人的主观选择和决定。由于人类行为的介入，会加剧风险发生的可能性，从而促使这种客观存在的可能性转化为现实性。

例如，对于某种股票，我们无法确定其价格是否下跌和股份公司是否会倒闭，即无法确定价格下跌和血本无归的可能性和风险。但是，一旦我们决定购买这种股票，则公司倒闭或价格下跌的情况必然与我们相关，并完全可能发生。也就是说，我们在冒投资无法盈利或蚀本的风险。

当然，风险与冒险的关系是相当密切的。一方面，风险的存在使人们必须认真考虑自己的行为，在若干己所能当的行动中选择最合理的行动，以争取最好的结果。因此，风险是人们冒险行为的起因。另一方面，从结果的角度看，风险和冒险都以可能的负面性结果为特征，在很多情况下，这种结果是人们行为的介入所促成的。投资是一种对风险行为的选择，从这个意义上来说，冒险的概念对投资风险也是十分重要的。

2.4 投资者对投资风险的知觉与态度

2.4.1 投资者对风险的知觉

人感觉到的风险即主观风险与风险本身有很大的不同。前面我们已经指出，主观风险是人的一种心理观念，是人对客观事物（风险）的主观估计与知觉。这种主观知觉和认知难免与实际风险存在一些偏差。投资者对于可能发生的损失，或出于过分恐惧、过高估计风险发生的概率，或出于对这种损失特征的某些偏见，在此误解基础上建立起来的认识和判断，会使人处于一种虚假的、与事实相差甚远的主观风险之中。因此，一个理性的风险投资者应具有两个观念：第一，一个人只能被期望去考虑那些能够认识的风险；第二，理性的人必须通过合理和恰当的努力去了解和掌握其周围的风险，即做到主观知觉到的风险应尽可能与客观存在的风险相符。

必须强调的是，虽然风险完全是客观的、实体的概念，但是在风险估价和风险投资管理中，对风险认识的主观性是不可避免的。其实，要处理现实的风险问题，也只有在认识了风险之后才有可能。一旦人们知觉到了风险，并且他们别无选择，就会对此作出自己的反应。在我国建立市场经济体系的过程中，一个明显的特征是市场风险增加，人们面临着更多的不确定性，需要加强人们的风险意识和对风险的心理承受能力，这是必须特别指出来的。

2.4.2 风险对投资者意味着什么

风险对投资者而言意味着以下情况的出现：

（1）资金损失。

（2）没挣到钱。

（3）资金投向和投资方式令人感觉不舒服，或无法集中心思去做除投资以外的任何事情。

（4）因投资价值的下降而焦虑不安。

（5）在自己的投资组合中有一只股票出现下跌，而其他股票稳中趋升时，感到焦虑。

（6）担心再次血本无归。投资者通常将损失等同于高风险，从而往往导致错失投资良机。即他们所意识到的风险远远超过了实际的风险。

（7）以数量而不是以比例衡量损失。5%这一比例对所有的损失都是一样的。而以数量衡量，对风险的担心程度就会大幅上升。

（8）存在着投资者对未知事物的恐惧。缺乏经验与缺少知识导致很多投资者认为风险太高而错过机会，事实上只是情况稍微复杂一点而已。

（9）当投资在很长一段时间里保持不错的表现时，会引发投资者的紧张情绪。事实是，股票价格上涨越高，风险越大。

（10）风险可量化为贝塔（β）系数（beta），即预期资产回报率与市场回报率的比例。贝塔系数高，则风险高；贝塔系数低，则波动性低，风险较小。

2.4.3 投资者对风险的态度

个人对待风险的态度是一个比较复杂的问题，它不仅与投资者所处的社会经济环境有关，而且还与投资者本人的地位、性格素质、心理状态有关。例如，有一个机会，以0.5的概率可获得利润200元，但也以0.5的概率可能损失100元，在这种情况下，有的人为了追求200元的利润乐意承担100元的风险损失，而另外一些人为了不损失100元，甘愿错过获得200元的机会。所以，投资者对待风险的态度常常是决定投资行为的重要因素。

虽然投资者对待风险的态度是受多种因素影响的，而且也可能经常发生变化，但从理论上说，仍可将人们对待风险的态度分为三种类型：

1.回避风险型

前文中的第二种人即是回避风险型的。这种人进行投资决策时总是力图追求稳定的收益，不愿冒风险。在选择各种投资机会时，对于预期收益大但风险也大的项目往往采取回避的态度，而倾向于预期收益虽小但把握比较大的项目。这样，投资虽然成功，也不会有特别大的收益，投资如果失败，也不会受到致命的打击，有回旋的余地。

在股票投资中，回避风险型投资者通常是稳健的保守者，多选择历史悠久、信誉良好、较为著名的公司的普通股作为投资的对象，其心理特征是买高不买低，因为他惧怕风险，往往愿意买进高价位的股票，在他看来这种股票看涨，买后心里踏实，尤其是在股市尚不成熟完善的阶段，一般股民大多表现出这种心态。

2.勇冒风险型

如前文中的第一种人，他们与回避风险型的人相反，有比较强烈的进取心和开拓精神，为了追求较大的收益，宁愿承担较大的风险。在风险程度不同而且收益不同的投资方案之间进行选择时，他们总是向往预期收益大、风险也大的方案，有时虽然投资方案的成功率极低，但由于预期收益很大，他也乐意去争取，甚至不惜孤注一掷。因此，这种人可能取得巨大的成功，也可能一败涂地。

在股票市场上，这类投资者多有一种赌博心理，通过选择热门股，以投机股为投资对象，希望预期报酬率很高，不惜承担巨大风险。其结果通常走向两个极端：投资成功了，收益就相当丰厚，财产会迅速增加；投资失败了，亏得也非常彻底，落得身无分文、一无所有。这种投资者大多热衷于投机。

3.中间型

上述两种对待风险的态度是两种极端的情况，介于两者之间的属于中间型。这种人对风险不甚敏感，在选择投资机会时，比勇冒风险者要冷静一些，但又没有回避风险者那么保守，处于折中状态。

这三种不同的对待风险的态度可以用图2-1中的风险选择曲线来表示。

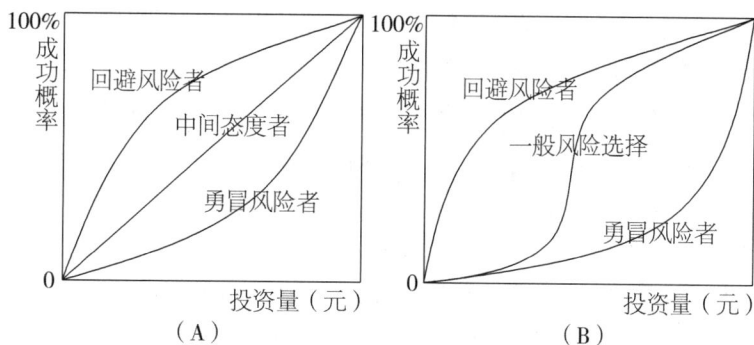

图2-1 风险选择曲线

在股市中，风险中间型投资者往往采取折中态度并付诸行动，在进行投资决策时往往跟在别人后面。由于缺乏自己独立的思考与判断，这种投资者有时会上当。例如，有些投资者看到别人大量购入某种股票就以为这种股票风险不大，不能错过良好时机，便草草盲目购进，当看到别人大量出售某种股票就以为持有这种股票会被套牢，便跟着抛出。其实，这种想法未必合理，因为别人或购进或售出某种股票，都是别人出于他们自己特定的考虑而作出的决策，不加分析地跟风投资很容易被投资大户所操纵。

图2-1（A）中的曲线表示，投资决策者在选择投资方案时，必须考虑两个因素，一是投资的数量，二是成功的概率。一般来说，投入的资金越多，人们投资成功的机会就会越大；反过来说，投资成功的机会越大，人们就越乐意投入更多的资金。但是，由于人们对待风险有不同的态度，因此，他们的风险选择曲线也不同。勇冒风险者在成功概率低的情况下也会投入较多的资金，而回避风险者却要求在成功概率很高时，才投入相同数量的资金，持中间态度的投资者的风险选择曲线介于二者之间。

图2-1（A）中中间态度者的风险选择曲线其实是一条直线。这就是说，他愿意投入的资金数量同投资成功的概率是按比例增加的。但是，在现实生活中，这种情况是很少见的。通常人们对待风险的态度往往会随着投资量的改变而改变。因此，一般风险选择曲线往往呈"S"形，如图2-1（B）所示。这一曲线表示，当投资数量较少时，即使成功率很低，人们也乐意承担风险。但当投资数量很多时，人们就会变得保守起来，希望成功的概率很高，不愿承担太大的风险。

应该指出的是，在企业投资中，企业投资决策者对待风险的态度还会受多种因素的影响。例如，心理因素和企业的外部环境常常是引起决策者改变风险态度的重要原因。有研究表明，企业在盈利时，其对待风险的态度往往偏于保守，而在亏损时，则容易偏于冒险。特别是当一个企业濒临破产边缘时，常常更会表现出强烈的冒险精神。另外，国家的政治和经济政策、社会风气等也直接影响企业对待风险的态度。当国家的各项政策倾向于鼓励创新和开拓，企业投资决策者的冒险精神自然会强烈一些；当社会风气注重培养和促进经济竞争，企业投资决策者便会更乐意承担风险。从这一点看，在普遍比较缺乏风险担当的情形下，在建立市场经济的过程中，强化企业和个人的风险意识是很有必要的。当然，同时也要加强风险分析教育，引导投资者在对风险进行科学分析的基础上作出决策。

2.5　前景理论与股民对待风险的态度

1979 年，丹尼尔·卡尼曼与阿莫斯·特沃斯基提出前景理论（也称"展望理论"，Prospect Theory）来诠释股民对待风险的态度。前景理论认为，人们对相同情景的反应，取决于他的投资是处在盈利状态还是亏损状态。在盈利与亏损相同的情况下，亏损时会感到更沮丧，而盈利时也没有快乐；在损失与盈利等量的情况下，沮丧情绪比高兴情绪强烈得多。

股民对待风险的态度也是随情景的不同而不同的。投资者愿意冒风险而避免亏损，但不愿意冒风险去实现利润最大化。为此，在有利润的情况下表现出对风险的规避，但在亏损的情况下投资者又变成了冒险者。这说明，当投资者确信已赚钱时，就希望规避风险，而在确信已赔钱时，则愿意承受风险。

投资者由于厌恶亏损的发生，倾向于卖掉手中获利的股票，继续持有被套股票。

前景理论所总结的投资者对待风险的态度为：

（1）大多数投资者在获利时是风险规避的。

（2）大多数投资者在损失时是风险偏好的。

（3）投资者对损失比对获利更敏感。

2.6　投资行为与投机、赌博行为的区分

人们经常将投资与投机进行对比来讨论投资的含义。投资被认为是具有有限风险的，投资的未来收入比较稳定而且本金也相对安全，而投机则具有较高的风险。但是，要在它们之间划出一条清晰的界线是不容易的。

区分投资与投机的困难之一，在于未来的收入实现和本金的归还都涉及一定程度的风险。风险意识是一种态度，有时也是一种个人的知觉。所以，较低程度的风险和较高程度的风险之间的界限是难以把握的。若将所有的证券，从政府的短期债券到脆弱的普通股票按风险大小做一下排列，投资与投机的这条

界限应该划在什么地方呢?

区分投资与投机的困难之二,在于不同的投资工具的风险需用不同的方法来测定。就债券而言,未来利息和到期本金都能准确估计。但是就股票而言,本金通常仅在市场上方可以得到补偿,而收入是由股份公司的利润分配所决定的。你将如何测定普通股票的"安全性"呢? 只有通过估计股票的市场价值才能做到这一点。而且,就有些股票来说,高风险与高报酬还包括对未来收益的估价。因此,有时国库券会比股票有更高的收益。

所以,以风险为依据区分投资与投机仍是有缺陷的。根据西方投资学家的看法和各国证券投资的实践,有如下结论:

(1) 投资与投机难以明确地区分开。

(2) 证券市场的投机活力永远不会也无法绝迹。

(3) 投机有助于证券市场和证券交易所的交易,有助于提供充足的风险资金和投资资金,应该既允许投机存在又控制其活动。

(4) 投资与投机的未来收益都带有不确定性,因而都包含着风险因素。

2.6.1　投资行为

这里所说的投资行为不是广义的投资行为,而是狭义的投资行为,即投资者购买股票,准备长期持有,以取得定期收益的投资行为。

投资者购买股票的目的,主要是为了获得长期的资本利得,即希望定期地获得稳定的股息收入,同时也希望能在较长时期内通过股票价格的波动来获得价格差额。

这样的投资者,一般应选择质量较高的股票进行投资。所谓质量较高的股票,是指那些经济实力雄厚、经营管理好的上市公司发行的股票。在股市中,一般的蓝筹股都具备这些条件,可算是优质股。

投资者在进行投资之前,一般应在掌握较充分的信息情报资料的基础上,对所要购买的股票的各种风险和预期的收益率进行分析,绝不可凭臆测来进行投资决策。理性的投资决策是投资成功的关键因素之一。

2.6.2　投机行为

投机行为是股票市场上一种十分常见的股票买卖行为。投机者从事股票买卖的目的,与投资行为不同,是希望能在短期的股价波动中获得差价。

投机者在买卖股票时,通常不注重对上市公司的经济实力和经营管理等方面的分析。他们进行投机行为的前提是了解和掌握某方面的内幕消息,以技术分析为主,并据此作出投机决策,因此,其未来收益的不确定性是很大的。但投机者愿意承担较大的风险,也往往会在短期内获得预期收益。当然,一旦失算,其损失也会很大。

投机行为的特点是,以在短时期内获得较大的利润为目的,并愿意承担较大的投机风险。

投机行为虽然有时会造成股价的猛跌猛涨,不利于股市的安定,但它也有利于股票市场的一面:

(1)投机者敢于承担新股票发行的风险,因此在一定程度上推动了新股票的发行工作,对于股市中的投机行为一般不做道德评价。

(2)投机者的投机买卖行为频繁,交易数量也很大,因而活跃了股票市场。

(3)由于投机者不注重定期的稳定的收入,而是关注股票价格波动带来的利益,所以能在股价下跌时购买、在股价上涨时抛售,这对调节股市的供求关系、稳定股票市场,起到了积极的作用。

但是,恶性投机活动,纯粹是以个人利益为出发点,凭其巨额资金在市场上故意欺诈、内外勾结、操纵行情、垄断市场,这些行为显然都有损于大众和投资者的利益,如果任其泛滥,将危害市场进而危害社会,因而是一种寄生性的罪恶行为,是要受到道德谴责甚至是法律法规的制裁的。所以,恶性投机行为不能算是真正意义上的市场行为。

2.6.3　赌博行为

赌博行为是以运气机遇为基础,凭借侥幸心理来买卖股票。这种投资者希望在很短的时间内获取大量的利益。

在股票市场中,赌博行为的特点是投资者买卖股票是在毫无信息资料分析的情况下进行的,或只凭点滴内幕消息便作出股票操作的大胆决策。赌博行为是盲目冒险的行为,往往只会遭遇风险、遭受损失,而很难获得预期收益。

这里,有必要把投机与赌博作一下区分:

就经济性质而言,投机与赌博是性质截然不同的行为。赌博是制造一种风险,参与者的风险是由于该赌局的设立而产生的,如果赌局不存在,这种风险也随之消失。所以,赌博行为所冒的风险是本来不存在的风险。证券市场投机行为所冒的风险,本身已在市场经济过程中存在,即使投机行为不存在,这种风险依然存在。

就参与方式而言，赌博之前，赌博者就存有侥幸心理，胜负完全依赖于运气的好坏与结果发生的概率，具有很大的盲目性。而证券市场的投机者往往是一些具有丰富经验、熟悉市场的专业人员，他们能够较准确地预测价格趋势，通过低价买进、高价卖出的方法，从中谋取利益。这种行为具有主观能动性，胜负依赖其预测价格走势和实际价格变化的准确程度。

就社会作用而言，赌博仅仅是个人之间金钱的转移，他花费的时间和资源并没有创造新的价值，对社会也没有贡献。而投机者是风险的承担者，转移了市场风险，对于稳定市场、繁荣市场具有不可或缺的作用。在这里，损失的风险和盈利的机会并存，而且基本相等。从这个意义上说，对投机者所获得的利润也就不应有任何非议。

2.6.4 三种行为之间的区别

股票交易中的投资行为、投机行为和赌博行为的界限是很难严格区分的，但从以上对三种行为的分析中，还是可以找出其中的差别，这种差别表现为以下四个"不同"：

1.各自买卖股票的目的不同

在股票交易中，采用投资行为的投资者，其投资目的在于获取稳定的股息和长期的资本所得；采用投机行为的投资者，其投资目的是在短期内获取资本所得；采用赌博行为的投资者，与采取投机行为的投资者目的是一样的，只不过前者希望在短时间内股价就能够频繁地暴涨或暴跌，从而使他能从中获取更多的买卖差额。

2.各自承担风险的程度不同

采用投资行为的投资者，主要关心的是股票本金的安全，而不期望有很高的收益，所以这种投资者不会投资于风险较大的股票；采用投机行为的投资者，则倾向于投资那些能获得较高预期收益的股票，因为他们愿意承担较大的投资风险；采用赌博行为的投资者，则不考虑风险与收益之间的关系，他们敢于承担的风险是三种投资行为中最大的。

3.各自投资决策的依据不同

采取投资行为的投资者，一般在投资决策前要对上市公司的资料及市场各方面的信息进行认真分析，加以比较之后才作出投资决策；采取投机行为的投资者就不那么注重上市公司的资料而更注重对市场信息的分析，他们进行投资决策有时是靠内幕消息；采取赌博行为的投资者，投资的决策则是依据臆测和侥幸心理，盲目地冒险操作。

4.各自持股的时间长短不同

一般来说，采取投资行为的投资者购入股票后持股的时间能在一年以上；而采取投机行为的投资者买入股票后持股的时间在几个星期至几个月之间；采取赌博行为的投资者入股后只几天就抛售了，因为他们追求的是这期间的差价。当然，时间的划分也不是绝对的，有时持股期在一年内也算是短期的投机行为。因此，依据时间长短划分投资行为，还需结合其他方面的因素来考虑。

以上我们静态地区分了投资、投机和赌博行为，但这种区分只是相对的。在一定条件下，这三种行为之间可以互相转化。表2-1是对这三者的列表比较。

表2-1　　　　　　　　　　**投资、投机、赌博行为的区分**

项目＼方式	投资	投机	赌博
买卖目的	获取稳定的股息和长期资本利得	短期内获得资本利得	希望在更短的时期内获取更多的收益
承担风险	较小	较大	最大
决策依据	基本分析为主	技术分析为主	凭臆测与侥幸心理
持有时间	长	短	最短

2.6.5　股民如何判别投资、投机还是赌博

（1）当赌博失败时，你所有的资金将化为泡影，而当投资和投机失败时，你可以收回一部分资金。

（2）风险越大，投机性越强，应该仔细考虑这项投资是否具备投资价值。

（3）坚持审查各种细节。如果有人试图吸引你进行某项投资，那很可能是一种投机。

（4）要了解你可能获得的利润的水平。

（5）凡注明"担保"利润率的，一般属于正常投资，投机和赌博不会

这样。

（6）赌博的风险最大，就像翻牌一样，资金可能一下子消失殆尽。而投资以及某些投机，损失过程比较缓慢，要历经数月或数年。

【知识链接】　　　　　　　　赌博式投资行为

2016年的资本市场异常寒冷，只有共享单车是个意外，短短14个月时间，摩拜单车完成五轮融资，2017年第一周，摩拜单车宣布完成2.15亿美元D轮融资的消息，2017年3月，ofo宣布D轮融资完成，融资金额4.5亿美元。那么，如何把握投资与风险的关系呢？

沃伦·巴菲特的黄金搭档、投资家查理·芒格曾经说过，概率是1/2，赔率是1赔3时，就可以押注，这就是投资的本质。尽管投资和赌博两者看起来都是在下注，但投资和赌博的区别在于你如何对待风险。赌博是盲目押注，没有风险管理，押上身家就等于试图与市场肉搏；而投资则是要评估胜率，必须有风险配置的策略跟进，包括仓位管理、止损止盈措施、估值手段等，不希求速胜，不妄想一战击败市场，即投资是通过交易纪律保持足够长时期、相对大概率的成功。在实际操作中，投资行为就是"保持交易胜率，力求积小胜为大胜"的决策过程。价值投资之父格雷厄姆认为，当概率和赔率结合时，交易成功的累计次数越多，则最终投资成功的机会才越大。相反，如果你指望着一次押注就可由穷人翻身变为财神，那就是赌博行为。想想看，如果概率和赔率相结合，你选择一次揭盅定案，那么无异于给自己买了一张即开型彩票，涂层刮开就立见分晓，这还算是投资吗？

普通人投资不要动用杠杆。杠杆如同迷药，上了杠杆，即使你偶尔赚了钱，那只会令你沉迷更深，说不定什么时候，高杠杆操作就会一并算总账。有人说，动用杠杆在牛市中可以迅速致富，不在熊市来临前玩一把，则可能错过发财致富的机遇。可是，只要计算一下风险，就知道杠杆既可能加速盈利，也同样可能加速亏光。自2014年下半年开始，A股市场行情火爆，据传长沙某80后股民本金170万元加融资4倍，全仓中国中车一只股票，在中车复牌两个跌停之后，其因迅速亏光本金且无法承受心理压力而自杀。但该事件之后，无锡又传出有股民在营业部跳楼事件。这都是为我们敲响的警钟——股可以炒，但生命更重要。忘记风险控制，盲目加大杠杆，就是在玩命炒股。事实上，即使在牛市中，一次快速杀跌20%也是常见的事情。2015 年 5 月 28 日 A 股暴跌，很多股票就从涨停杀到跌停，这足以让那些加杠杆的投资者爆仓。据说在灰色场外配资市场上，还有 10 倍等更高的杠杆提供，这简直不是金融投资，而是在玩火自焚。难怪查理·芒格曾经感慨道，金融衍生品就好比一把锋利的剃刀，你可以用它剃须，也可以用它自杀！

投资者须谨记：产生利润源泉的是时间。股票投资不是钱生钱的游戏，更不是通过大资金去掠夺小资金的游戏，而是时间对于看准方向、选对标的的投资者的酬劳回报。在这个平等的起点上，商业模式、经营绩效发挥作用，决定了股权资产、权益投资的回报水平。一方面，时间见证股权对应的企业资产成长，借助商业模式和经营效率产生利润和收入的增长，进而推动股票市值的提升，这是在长周期内唯一可以验证的显著性因素。因此，要谨记累积财富如同滚雪球，最好从长斜坡的顶端开始滚，及早开始，努力让雪球滚得长久……事实上，如果一个人拒绝承认时间的作用，仅依赖资金规模在短期内通过放大很小的利差以博取利润，就很容易因过度自信而走上不归路。

回首 1929 年，当时美国股市曾一度创下 33 年以来的新高点，但就在当年的 10 月 24 日，黑色星期四，纽约证券交易所出现大崩盘，一小时内就有 11 个投资者自杀。同为博弈游戏的围棋中有所谓"十诀"，第一要义即是"不得贪胜"，其次则告诫弈者"入界宜缓"。可见，对于投资者而言，放平心态至关重要，投资者要做时间的朋友，而非时间的敌人，要做市场的朋友，而非市场的敌人，心中不要存有丝毫"战胜时间、征服市场"的痴心妄念。这样，才能达到老子所谓"上善若水任方圆、水利万物而不争"的无为之境。

（根据公开的网络资料整理）

本章小结

投资风险是指发生某种不利事情或损失的各种可能情况的总和，即损失发生的可能性、或然性、变动性、不确定性等。它可量化为贝塔系数，即预期资产回报率与市场回报率的比例。贝塔系数高，则风险高；贝塔系数低，则波动性低，风险较小。

虽然投资者对待风险的态度受多种因素影响，但仍可将人们对待风险的态度分为回避风险型、勇冒风险型及中间型三种类型。另外还要区分投资、投机与赌博行为的不同，投资是投资者购买股票，准备长期持有以取得定期收益的行为；投机是希望能在短期的股价波动中获得差价；而赌博则是以运气机遇为基础，凭借侥幸心理来买卖股票，希望在很短的时间内谋取大量的利益。三者在买卖股票的目的、承担风险的程度、投资决策的依据及持股的时间长短上存在很大的差异。

拓展阅读　　**痛苦让人记忆犹新——人人怕风险，人人都是冒险家**

面对风险决策，人们是会选择躲避呢，还是勇往直前？

让我们来做这样两个实验：

一是有两个选择：A是肯定赢1 000元；B是50%可能性赢2 000元，50%可能性什么也得不到。你会选择哪一个呢？大部分人都选择A，这说明人是风险规避的。

二是也有两个选择：A是你肯定损失1 000元；B是50%可能性你损失2 000元，50%可能性你什么都不损失。结果，大部分人选择B，这说明人又是风险偏好的。

由此不难得出结论：人在面临获得时，往往小心翼翼，不愿冒风险；而在面对损失时，人人都成了冒险家了。这就是卡尼曼"前景理论"的两大"定律"。

"前景理论"的另一个重要"定律"是：人们对损失和获得的敏感程度是不同的，损失的痛苦要远远大于获得的快乐。让我们来看萨勒曾提出的一个问题：假设你得了一种病，有1‰的可能性（低于美国年均车祸的死亡率）会突然死亡，现在有一种药吃了以后可以把死亡的可能性降到零，那么你愿意花多少钱来买这种药呢？现在请你再想一下，假定你身体很健康，如果医药公司想找一些人测试他们新研制的一种药品，这种药服用后会使你有 1‰ 的可能性突然死亡，那么你要求医药公司花多少钱来补偿你呢？在实验中，很多人会说愿意出几百块钱来买药，但是即使医药公司花几万块钱，他们也不愿参加试药实验。这其实就是损失规避心理在作怪。得病后治好病是一种相对不敏感的获得，而本身健康的情况下增加死亡的概率对人们来说却是难以接受的损失。显然，人们对损失要求的补偿，要远远高于他们愿意为治病所支付的钱。

不过，损失和获得并不是绝对的。人们在面临获得的时候规避风险，在面临损失的时候偏爱风险，而损失和获得又是相对于参照点而言的，改变人们在评价事物时所使用的观点，可以改变人们对风险的态度。

(根据公开的网络资料整理)

核心概念

投资风险　前景理论　投机行为　赌博行为

复习思考题

1. 投资者对风险的态度有几种类型？各自的特征是什么？

2. 试述什么是前景理论以及如何理解投资者对待风险的态度。

3. 如何区分投资、投机与赌博行为？

【导读】

股票投资和债券投资都属于证券投资。证券市场的发展是经济发展的必然要求，既为社会公众提供了融资和投资的场所，将社会各方面的闲置资金广泛动员起来，解决了资金盈缺不平衡的问题，也能够预测经济形势的变动，是经济动态的"晴雨表"。而股票投资作为不可或缺的投资对象，投资者需要了解和学习其投资决策和风险的相关理论、股票价格的预测理论与心理分析方法，这样才能对股票投资形成清晰的基础性的认识。

本章重点内容

【引例】　　　　　2015年A股大起大落全记录

2015年1月，A股经过6年的沉寂后，启动了一轮明显的上涨，在这轮上涨中，金融股是上涨主力。2015年1月19日，由于股市上涨过快，证监会重拳打击融资融券，当天上证综指暴跌7.7%，两市近2 000只股票下跌，金融板块全线跌停。

2015年1月—2015年5月，暴跌对A股未造成实质性打击，沉寂1个月后，一轮更猛烈的上涨就此展开，只不过这一次主角换成了创业板。到5月中下旬，创业板市值接近5.5万亿，平均市盈率超过120倍；主板也在4月上旬超越4 000点，《人民日报》称"牛市刚起步"。

2015年5月27日之前的A股成了十足的造富中心，造就了逾30位亿万富豪。该年前5个月上证综指上涨超过40%。然而，就在万众满怀期待5 000点到来之时，5月28日暴跌突至，当日两市超500只个股跌停，2 000余只股票下跌，沪指大跌6.5%，上证综指收于4 620点。但这次暴跌并未能展开，次日又开始全线反弹。

2015 年 6 月 12 日，沪指站上 7 年以来的最高点：5 178 点。但 2015 年 6 月 19 日，端午节前最后一个交易日，沪指再受重创，单日大跌 6.42%，收至 4 500 点以下，两市近千只个股跌停，当周累计跌幅近 13%。

2015 年 6 月 26 日，就在一周后，A 股跳空低开，两市再度下跌，沪指跌幅 7.4%，创业板当日下跌 8.9%，两市跌停个股逾 2 000 只。三度暴跌后，市场情绪已经大幅转向。2015 年 6 月 27 日，即 6·26 暴跌后次日，央行宣布自 6 月 28 日起，金融机构实施定向降准并降息 0.25 个百分点。

2015 年 7 月 1 日，沪深交易所宣布下调市场交易费用、证监会放松两融限制。2015 年 7 月 3 日，证监会暗示减少 IPO 数量，确定中央汇金（中央汇金投资有限责任公司）已入市操作。2015 年 7 月 5 日，央行宣布给予证金公司（中国证券金融股份有限公司）流动性支持；中央汇金已买入开放型基金指数 ETF；中金所（中国金融期货交易所）限制开仓；69 家公募基金积极响应。

2015 年 7 月 6 日，周一开盘，救市政策并未奏效，在权重股护盘的情况下沪指高开低走，尾盘涨 2%，勉强守住 3 700 点，当日港股亦跳水，恒指跌逾 3%。2015 年 7 月 8 日，除了权重股，A 股上市公司开始大面积停牌，至 7 月 8 日收盘，两市共 1 312 只股票停牌，占 A 股市场的 47.2%；未能停牌也未获资金力挺的股票绝大部分以跌停作结；当日 A 股再跌近 6%，收至 3 500 点附近，恒指也大跌 5.84%，国内大宗商品全线收跌；而前夜美股市场的中概股同样大面积下跌。值此，央行声明支持市场稳定，意表守住风险底线。

自 2014 年 7 月起，A 股打破多年沉寂，开始形势喜人地上涨，吸引了大批新股民入市，A 股市场一时成为造富之地。面对热闹非凡的中国股市，有人唱空亦有人唱多，A 股起起伏伏摇摆不定。其间达到过 7 年来的最高点，但此后一个月内又三次暴跌，引发监管层托市政策频出。最终，在实体经济的下行压力之下，仍是难逃跌势。

就 2015 年中国 A 股的起起伏伏的现象，结合证券市场功能，你能谈谈新股民在这一轮股市行情中的投资心理状态吗？

3.1 什么是证券投资

证券投资的对象，主要指各种股票与债券等有价证券。有价证券是虚拟资本的一种形式。所谓虚拟资本，就是以有价证券形式存在，能给持有者带来一定收入的资本，如股份公司股票、企业和国家发行的债券等。有价证券自身没有任何价值，它们只是代表取得利益的一种权利。有了这种权利证书，在法律上就有权获得一定收益。有价证券是财产的证明文件，以记载权利的行使、处理、让渡和占有为其必要条件。

有价证券的发行、交易等一系列活动，都属于直接融资的范畴。在商品经济的发展过程中，直接融资有其客观必然性，因为在商品和货币交换中，必然会出现资金盈余者和资金不足者，为了发展商品生产，两者之间必然要融通资金。在金融市场上，除了以银行为中介、银行信贷为内容的间接融资外，大量存在的就是以有价证券为主要形式的直接融资活动。投资者购买证券，目的是获取收益，股票的收益为股利（dividends）及资本升值，债券的收益为利息（interest）。

3.2 证券市场及其功能

3.2.1 证券市场的概念

证券是一种商品，它同一切商品一样，需要通过市场来满足供需双方的需求。与一般商品市场不同的是，证券市场是长期资金市场，是长期资金的需求者（筹资者）和供给者（投资者）之间进行资金融通和有价证券买卖的场所。

证券市场的产生和发展，一方面是经济发展的迫切需求，特别是随着科技革命的不断深入，新兴的现代化产业不断涌现，需要十分庞大的资本。另一方面也为社会化大生产提供了条件，由于证券市场具有积累和转化资本的职能，可以满足企业的资本需求。

证券市场可分为证券发行市场及证券流通市场。

证券发行市场又称证券初级市场或一级市场，是发行者（政府、公司）初次向投资者发行证券，筹集资金的市场。它一般没有集中固定的发行场所，证券发行者也不能直接向投资者发售证券，而必须通过证券中介机构（证券发行经纪商）代理发行。

证券流通市场，也称证券次级市场或二级市场。已发行的证券需要在投资者之间转让、买卖，便有了证券的流通市场。证券流通市场是证券所有权的转让市场，由证券交易所与店头市场构成。证券交易所是证券流通市场的核心，有固定、有形的交易场所，由交易所会员和经纪商与自营商共同从事交易；证券交易所订立了证券上市标准，只有符合上市标准的证券，才能上市买卖。店头市场是专门为上市证券流通转让服务的。证券必须具有自由转让的性质，才能维持其市场能力。证券市场是一个国家经济状况的"晴雨表"，金融市场的敏感性集中体现在证券市场上，经济的发展变化和跌宕起伏，很快就能在证券市场上反映出来。

3.2.2　证券市场的功能

现代证券市场的功能可表现为以下几个方面：

1.促进证券的流通

西方经济学中称证券市场是一个真正的市场，在这个市场上，一方面经常有大量的证券需求，另一方面经常有大量的证券供应。市场有较强的流动性，证券买卖双方在一个集中的场所，随时都可将所持有的股票、债券予以流通变现，使资金可以随时投入、转换、退出，对于维持证券市场的市场能力有十分重要的意义。

2.形成证券的价格趋势

在二级市场上，证券价格由所有买者和卖者共同竞争决定。证券的出价、叫价在公开比较价格的方式下进行，通过互相竞争，平衡供求关系，产生均衡价格，并形成某一种证券的价格趋势，这种价格趋势，可以引导社会资金流向。企业经营有方、盈利增多时，会吸引资金大量流入，加速企业更新设备和扩大生产；企业经营不善、盈利下降时，资金会流出，证券价格趋于下降。因此，证券价格的变动，可以自动调节社会资金的流向，促使社会资金向需要和有利的方向流动。

3.为企业融通长期资金

二级市场的交易活动促进证券流通，把社会各方面的闲置资金广泛动员起来，满足储蓄与投资双方的需要，为企业融通所需要的长期资金。二级市场是短期资金实现长期投资的场所，也是联系长短期利率的桥梁。因为证券在二级市场中可以自由流通转换，一些短期资金也可以通过购买证券而实现长期投资；在市场短期利率变动时，长期利率固定的证券可以通过证券市场价格的变动得以调整，使长短期利率协调起来。

4.预测经济形势的变动

由于投资者特别注重企业的发展变化，证券价格往往取决于企业未来的利润前景，企业的利润又同整个社会经济相关，证券价格波动往往成为经济周期变动的先导。因此，证券市场作为经济动态的"晴雨表"，通过证券价格的变动，预测企业生产经营等经济动态和整个社会经济的发展状况。

5.政府执行公开市场政策

公开市场是指高度竞争的对买卖双方无任何资格限定的证券市场。在这一市场上，所有证券的交易量和价格都必须公开显示，同时自由议价、自由成交。公开市场政策，即中央银行在公开市场上买卖有价证券，可以调整社会货币供给量和商业银行的信用规模。

由于商品经济的迅速发展，使得信用形式和信用工具日益多样化，公开市场政策在许多西方国家已成为主要的货币政策工具。我国证券市场正逐步走向成熟，中国人民银行作为我国的中央银行，在国务院领导下独立执行货币政策，已经开始从主要依靠信贷规模进行管理，转变为运用存款准备金率、中央银行贷款利率和公开市场业务等手段，调节货币供应量，为保持币值稳定发挥重要作用。

3.3　股票投资决策与风险

3.3.1　股票投资决策理论

1.传统理论

影响股价变动的主要因素，是投资者对于发行公司的盈余作出的预期的变化程度。

这一学说认为，如果投资者预期公司业绩蒸蒸日上，必会争相购进股票，促使股价平步青云；相反，如果预期公司业绩江河日下，就会竞相抛售股票而令股价节节下跌。

同时，此学说又认为盈利的多寡可进一步影响股息的多少，也就是公司盈利越多，投资者越可期望较高的股息，反之则可获得的股息也较少。

因此，公司盈利与股价的高低有着千丝万缕的密切的关系，投资者应审慎研究一切足以影响公司未来盈利的因素。

在选择时机方面，应在基本因素发生变化之前买卖股票，否则等到事实公开时再采取买卖行动，恐怕难以获得理想收益。

2.投资信息理论

持有这种观点的人认为，从事证券投资，实际上等于进行情报较量，消息灵通、情报丰富，才能把握机会，确保获得较大的利益。

要想成功地进行股票投资，需要掌握如下三方面的投资信息：

（1）市场供求状况的信息。要想把握获利机会必须研究掌握供求信息。股票需求是否强劲，参与交易者究竟是实户、大户还是散户、小额投资者，有无财团看好某只股票等，这些都是市场信息。掌握并科学分析这些市场信息就能寻找到获利的机会。

（2）发行公司经营业绩的信息。及时掌握发行公司经营业绩方面的信息，可以预作买进或卖出的决策，得逢低吸纳、趁高抛售之利。

（3）总体经济方面的信息。总体经济方面的信息较难掌握，因此，尽可能多地了解总体经济方面的情况，就可占据优势，这对于长期投资者尤其重要。

作任何投资决策，一定要有依据，而依据的可靠性如何，则取决于对投资信息的掌握。一般说来，经济环境的好坏、投资环境的优劣、发行公司经营展望的盛衰、业绩的好坏等资料，都属于投资信息的范围。而广泛搜集各种投资信息并作出科学的分析处理，必然可以增加决策的可靠性，从而减少风险、增加收益。

3.有效市场理论

任何时刻的股价，都是对当时股票内在价值的评估结果，而且由于新信息源源而来，股价必随之不断发生变化，这就促使目前的股价与过去不再关联。由于许多学者对"随机游走理论"十分推崇，扩展到理论及实证的研究方面，促成了"效率市场学说"的产生。

随机游走理论的建立基于股价变动具有独立性这个大前提，这个假设条件又要以有效性市场的存在作为先决条件。

所谓"效率性市场"，是指市场中的所有情报均能充分反映在股价上，市场具有价格调整功能，任何时间都能对广泛的投资情报给予正确评价及反应。

有效市场假说（Efficient Market Hypothesis）是早在20世纪60年代由美国芝加哥大学的法码（Fama）教授提出来的，他并于其1970年的回顾及评论文章中奠定了该假设的定义及权威性。自此之后，对有效市场的研究就多如雨后春笋，也对亚洲金融市场产生着影响。

首先，让我们来看看什么是"有效市场"。我们知道，任何资讯，包括企业本身的资讯、整体经济的资讯，如通胀率、外贸赤字及汇价等都会影响股价的变化。在一个有效率的股市中，股价应可立时就对这些资讯作出反应，即有利的资讯会及时使股价上升，而不利的资讯就会使股价下跌。因此，任何时间的股价都是对当时涌现出的信息作出的反应。正因为一个有效的市场对资讯有着极快的反应速度，所以在我们知道有关资讯后再行买卖就已经为时晚矣，因此，认同有效市场假说的人士亦认为利用资讯在股市获取额外利润机会甚微。

法码教授于1970年以资讯的公开程度来界定不同形式的有效市场：

（1）弱式有效市场

这里所指的资讯是过去的股价。若股市是一个弱式有效的市场，则投资者没法单单利用过去的股价资料来获利。可以看出，股市的技术分析流派基本上是违背弱式有效市场假设的，因为技术分析流派是以过去的价格走势来决定将来的买卖策略。

（2）半强式有效市场

这里所指的资讯是所有公开而公众人士可获取的资讯，其中包括企业的报表、盈利状况、企业所派的股息及股利、企业更换管理层，政府公布的一些经济数据包括外贸盈余/赤字、通胀率、货币供应、政府财政赤字、中央政府发行国库券的规模等，总而言之就是一般可以在传媒上获得的资讯。然而，若该假设正确，大部分的股市分析员都会没法生存，因为如果他们大部分资讯的来源也是媒体，与我们得到的就没什么两样了。

（3）强式有效市场

这里所指的是所有的资讯，其中包括公开的及不公开的（亦即私人拥有的资讯，如企业未来的扩展计划、高级行政人员的变动等）。这种假设很明显是难以令人接受的，特别是在一些对内线和内幕交易管制得不甚严格的市场，不公开的资讯通常会令一些投资人有利可图。

总之，"有效市场理论"认为股票市场是如此高效率，当新信息出现时，股价变动极为迅速，以至于无人能够自始至终地迅速买进或卖出以获利。因此，弱式理论认为，技术分析考察过去的股票价值无助于投资者；而半强、强式理论认为，基本分析也于事无补。这是因为，所知道的关于这家公司收益及股息的预期增长等一切情况（会影响该公司出现有利与不利的发展态势）都已反映在该公司股票的价格上了。

（4）规则的例外

法码教授是生活在一个资讯十分完善的世界里，获取资讯的成本甚为低廉，只花上不到1美元就可以买到一份信息含量丰富的《华尔街日报》。然而，分析得来的资料却是另一回事，就算在美国这样教育水平较高的国家也不是每个人都能看懂《华尔街日报》上的所有术语。有些大学甚至专门开设一门课程教学生如何阅读《华尔街日报》，也有专门的词典解释一些报章上出现的金融术语。然而，这些问题在美国都不构成严重影响，因为大部分的资金都是通过专业的机构投资者如共同基金和保险公司，转投到股市的。

亚洲地区的市场与美国市场则大相径庭。很多市场如泰国及印尼市场等，资讯系统都较差，加上很多企业都是家族式管理，所以内部交易的情况也较为严重。个别亚洲地区的会计数据虽然是采用西方国家的会计制度统计出来的，但通常公布的数据与实际的数据还是有相当的差距。

信息不透明的情况在我国国内股市上表现得也比较严重，国内的会计制度及会计数据披露程度因国内特殊的情况还需改善，我们也还需要培养出更多的有素质的股票分析师。

虽然西方股票市场较我国的市场成熟，但它们的股市仍出现过很多异常的现象（到现在还不能得到非常合理的解释），所以也不能视其为完全有效的市场。

最后，要将关于某只股票的已知信息变成一种真实价值的估计是极为困难的。我们已经看到股票价值的主要决定因素涉及其发行公司未来业绩的增长程度及持续时间，要对此作出估计绝非易事，但不排除个别才智和判断力杰出的个人能在该方面发挥重要作用。

4.期望理论

形成股票价格的机制很复杂，严格地说，证券市场的股价并不是一般意义上的自由竞争的产物，证券市场的不同价格只不过是可以接受的价格（买卖双方都愿意接受的某一价格水平），而不是所谓公平价格，这种情况使股市波动很难预测。那么，如何把握股票的最佳买点或是最佳卖点呢？期望理论可资以借鉴。

所谓投资者期望理论是由美国斯坦福大学的考塔纳（Pawl Cootner）所创立的股价阻碍反应理论的主要内容。

参与证券交易的投资者和投机者，一般可以分为专业者和非专业者两大类。由于专业者熟悉股市分析的基本技术方法并深刻了解股市的实际情况，他们从可靠的基本资讯研究中获知股票的实际价值，因而可以细心观察并分析股价的变化情况。当股价远离实际价值时，专业者就进入市场，意图从价格与实际价值之差中获得收益。相反，非专业投资者却缺少基本资讯和专业知识去进行股票分析与研究，当其对股票市场感到乐观抢购股票或感到悲观远离市场而导致对市场产生阻碍反应时，专业投资者即进入市场引导股价避开阻碍，他们所采取的市场策略就是与非专业者反向操作，因而形成了股市阻碍反应理论。

从图3-1的分析中可知，非专业者参与市场交易的期望是在乐观与悲观之间波动的，因此，股市的正常状态一般同非专业投资者的市场行为相背离。为了获得较高的投资报酬，投资者只能追随专业投资者或者与非专业投资者背道而驰。诚然，要想追随专业投资者是十分困难的，因为他们的交易行为是隐秘的，等你发现时已经太迟了。

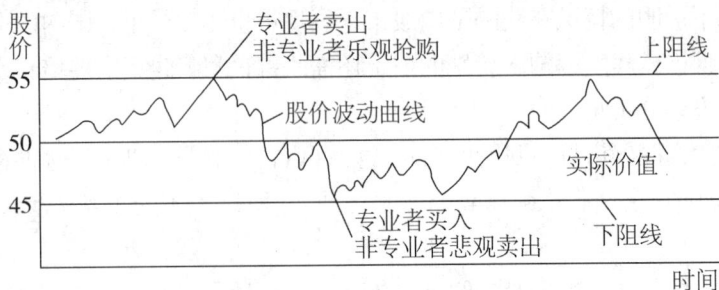

图3-1　市场交易期望理论的表现

5.信心理论

影响股价变动的主要因素在于投资者对于未来股价、盈利与股息变动的信任程度。

赞成信心学说的人士认为，市场上若有为数众多的投资者对未来市场情况抱乐观态度时，必争先抢购股票，如果投资者过分乐观，往往忽略股票的投资价值，且可能将其抬高到不合常理的"空中楼阁"水平。

假定市场盛传某公司将重新评估它的土地与建筑物并即将公布新的发展计划，就可能使投资者对该公司的前景充满信心，进场抢购，促使其股价扶摇直上，于是该股价便可能"龙腾虎跃"般在短短一星期内从6元涨到8元。

相反，投资者对未来市场情况表示悲观时，就会大量抛售股票，尤其是在过分悲观的情绪充斥的情况下，往往会不顾常理、胡乱丢弃、大量脱手，将股价压低到不切实际的低水平。

信心学说可以用来解释当经济情况良好而股价反而疲软，或是当经济情况欠佳股价反而大涨的情况，但其缺点在于难以揣测投资者的信任度。如果说传统学说着重于各种统计数字的研究，信心学说则重视投资者的心理因素的变化。

6.随机游走理论

这一理论形容股价犹如醉酒者走路，令人难以捉摸。

这一理论认为，股价的市场表现并无规律和秩序可言，乃是以一种凌乱的步伐左摇右摆，动向难测。这可归因于各种影响股价的经济因素、公司盈利状况、估价方式以及政局变化等都是无法预知的，所谓天有不测风云、人有旦夕祸福。

随机游走理论认为，不可凭借最近的股价变动形态来预测其未来的变化方向与幅度。从统计学观点看，股票市场的变动是具有独立性的，任何国家股市的变化，都是与先前的变动毫不相干的。换言之，股票价格虽然在昨天上涨一点，但并不保证今天仍将上涨一点。

总之，正如随机理论所指出的，股市的规律在于其没有规律性，由此，也就会产生各种不同的预测股价走势的理论。应该讲，以上六种理论各从不同的角度、不同的侧面（股票本身、股票市场、大众心理等）来判断股价，并作出相应决策，都有其合理的一面，也都有不足之处，博采众长乃为上策。

3.3.2 股票投资风险理论

在西方国家，每一个经济实体都必须决定怎样安排现有的财富及其投资规模，而证券市场的存在使这些经济实体可以对已经安排的财产作出不断调整来减少投资的风险。证券组合理论就是用来研究家庭和企业对于持有的不同的真实资产和金融资产的投资决策问题的理论。

证券组合理论最早是由哈里·马科维茨（Harry Markowitz）于 20 世纪 50 年代创立的。在其博士论文《资产组合选择》中，马科维茨宣布了自己的研究成果：风险较大的股票的组合可以用某种方式使整个股票组合风险实际上比其中任何一种股票的风险都低。这一发现引起了整个华尔街证券分析人士的极大关注，并很快在实际的投资过程中得到广泛应用。

马科维茨的理论有如下三个假定：

（1）投资者都是反对风险者和追求最大效用者。

（2）投资者都是在期望报酬率及其变动（标准差）的基础上选择投资组合。

（3）投资者都具有一个相同的单一持有期。

这些假定的含义是，投资者将在效率边界上选择其投资组合。

效率边界和效率曲线如图3-2所示。

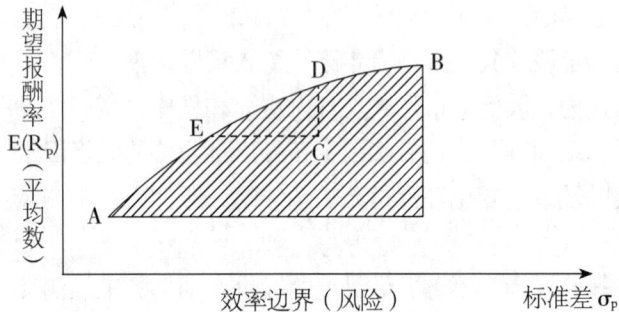

图3-2　资产期望报酬率与效率边界

图3-2中的纵轴表示期望报酬率，横轴表示以报酬率的标准差衡量的风险，阴影部分表示由给定的各种证券所形成的所有可能的不同投资比例的投资组合。因此，只要知道某种投资组合的E（R_p）和σ_p，就能把它表示成图中阴影区中的一点。AB曲线是效率边界，在此边界上的投资组合要优于边界以下的投资组合，被称为有效投资组合。因为，在此边界上的任何投资组合要么能够在相同的风险水平下提供更高的报酬水平，要么能够在相同的报酬水平下具有较小的风险水平。图中的E和D就要优于C，因为E和C相比，报酬水平相同但风险小，D和C相比，风险水平相同但报酬水平高。E（R_p）即期望报酬率。

因此，理智的投资者都喜欢选择有效投资组合。但是各个投资者由于其对风险的敏感程度（即风险/报酬的偏好）的不同会选择不同的投资组合。保守型投资者（亦即对风险高度反感）将会选择一个靠近A点的投资组合，而进取型投资者（即对风险并不太反感）则会选择一个靠近B点的有效投资组合。

1.风险及其衡量

证券投资风险（risk）指的是投资遭受损失的可能性。在证券市场上，各类客观因素和人为因素错综复杂，共同对证券的价格发生作用。证券价格的波动便会使有些投资者的预期收益无法实现。如果投资者手中的证券价格下跌，使投资者的投资本金难以收回，甚至将投资本金赔个精光，这时，可以说这种证券的风险便成了现实。

证券的总风险包括两个部分：非系统风险（unsystematic risk）和系统风险（systematic risk）。非系统风险指的是由于某家或某几家公司所特有的一些因素，如公司内部经营不善、重要人事变动等，导致股票价格的波动而使投资者遭受损失的风险。系统风险指的是各类股票和股票组合对股市活动的灵敏反应程度，如股市崩溃时期，基本上所有的股票价格都将有不同程度的下跌。参见图3-3。

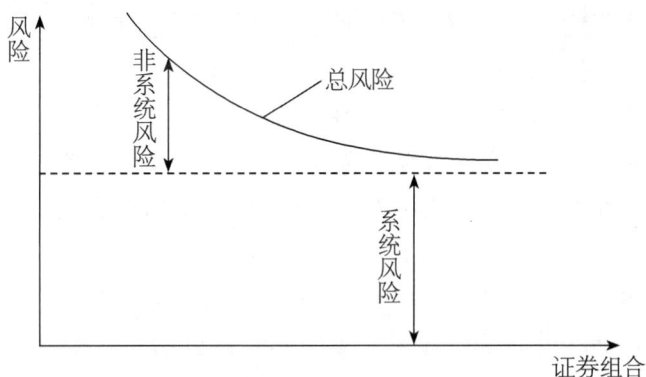

图3-3 证券投资的系统与非系统风险

那么，风险大小究竟如何衡量？一般用收益的标准离差（σ_p）来衡量。现在假设有某种股票，其预期收益状况如表3-1所示。

表3-1   **某种股票的预期收益状况**

经济情形	发生概率	预期收益率
A_1	a_1	R_1
A_2	a_2	R_2
A_3	a_3	R_3
$\vdots$	$\vdots$	$\vdots$
A_n	a_n	R_n

则这种股票的预期收益为：

$$R_e = \sum_{i=1}^{n} a_i R_i$$

它的标准离差为：

$$\sigma_p = \sqrt[2]{\sum_{i=1}^{n} a_i (R_i - R_e)^2}$$

上面所求出的标准离差即说明了风险的大小。一种股票或者一种证券组合的标准离差越大，其风险也就越大；相反，标准离差越小，其风险也就越小。

证券风险的大小随证券种类的不同而变化。一般来说，国库券风险远较股票要小。如果一位投资者购买收益率为15%的两年期国库券并且一直持有到兑现的那一天，那么该投资者承受的风险极小，基本上可以稳得其预期的15%的收益率。而倘若持有的证券为股票的话，风险就大多了。

2.证券组合理论的核心：组合投资，降低风险

投资者是想尽量降低其投资风险的，而证券组合理论说明的正是投资者如何通过证券组合达到降低风险的目的。证券组合理论的核心是：通过多样化的投资，投资者就可以降低其风险。下面举一个简单的例子说明这一理论的核心。

假设有两家股份公司，第一个是一家有海滩、网球场、高尔夫球场等娱乐设施的旅游公司，第二个是一家雨伞制造公司。气候影响着这两个行业的盈利。在阳光明媚的季节里，旅游公司生意兴旺而雨伞制造公司销售则一蹶不振；到了雨季，游乐场所的老板大亏其本，而雨伞制造公司销售额及利润则大大增加。再假设，一般而言，下雨天出现的概率为50%，阳光明媚的天气出现的概率为50%，并且这两家公司的股票收益率与预期如表3-2所示。

表3-2 　　　　　　　　　　**两家公司的股票收益率与预期**

情形	概率	预期的收益率	
		雨伞制造公司	旅游公司
雨季	50%	60%	-40%
阳光明媚季节	50%	-40%	60%

那么，通过分析，将全部资金都用于购买雨伞制造公司的股票的投资者便会发现：大约有一半的时间他可以获取60%的收益，而在另一半的时间里，他却要损失40%的投资。平均而言，他可以获取10%的收益率。将资金全部用于购买旅游公司的股票的投资者的结果也一样：大约在一半的时间中他将获取60%的收益率，而在另一半时间则损失40%的投资。平均来说，他的总收益率也为10%。

但是，应当看到的是，上述两家公司股票的收益变动是相当大的。拿雨伞制造公司来说，其股票收益率是从正的60%到负的40%交替出现，而

旅游公司也是如此。最让投资者忧虑的是：雨季或者阳光明媚季节完全有可能持续较长的几个时间段，从而使握有雨伞制造公司股票的投资者在阳光明媚的日子接连到来时蒙受重大损失，而旅游公司的股票一旦遇到频繁的雨天时则使其投资者叫苦不迭。因此，上述两家公司的任何一家投资风险都是相当大的。

我们可以根据风险的衡量公式来计算两家公司的风险：

（1）雨伞制造公司的风险

$E（R_伞）=0.6×0.5+（-0.4）×0.5=0.1$

$K_伞=0.5×（0.6-0.1）^2+0.5×（-0.4-0.1）^2=0.25$

$\sigma_伞=0.5$

（2）旅游公司的风险

$E（R_旅）=（-0.4）×0.5+0.6×0.5=0.1$

$K_旅=0.5×（-0.4-0.1）^2+0.5×（0.6-0.1）^2=0.25$

$\sigma_旅=0.5$

计算表明，雨伞制造公司和旅游公司的股票风险均为0.5。

现在，我们假定某位投资者并不将自己所有的资金都投入上述两家公司中的任何一家，而是将自己所有的资金的一半用于购买雨伞制造公司股票，另一半则用于购买旅游公司股票。那么，这位投资者就会发现，不管是雨季还是阳光明媚的季节，他都可以稳获10%的收益。

在雨季，用于购买雨伞制造公司股票的一半资金会带来60%的收益，而投资于旅游公司的另一半资金则损失40%，投资者的总收益为10%。

在阳光明媚的季节，旅游公司则使投资者受益，而雨伞制造公司使其蚀本。但投资者总收益率不变，仍为10%。

这种证券组合的收益率计算如表3-3所示并由表下面的公式得出。

表3-3 证券组合的收益率

情形	概率	证券组合的收益率 （两家公司各占一半资金）
雨季	50%	10%
阳光明媚的季节	50%	10%

此时，$R_{组合}=10\%$

$K_{组合}=0.5\times(0.1-0.1)^2+0.5\times(0.1-0.1)^2=0$

$\sigma_{组合}=\sqrt{K_{组合}}=0$

由此我们看到，投资者通过同时购入两家公司的股票，在保持收益率不变的情况下，可将风险大大降低。因此，本例中两种股票的组合，可以使投资者安心睡大觉了。

上述例子虽然极为简单，但它表达了证券组合理论的核心内容：通过证券投资的多样化，投资者可以降低风险，如图3-4所示。

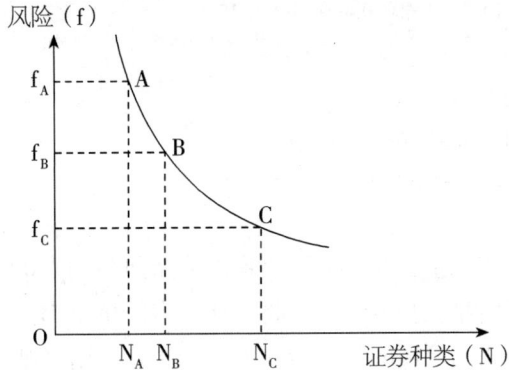

图3-4 证券投资种类与风险大小

在 A 点，有 N_A 种证券，对应的风险为 f_A；在 B 点，有 N_B 种证券，对应的风险为 f_B；在 C 点，有 N_C 种证券，对应的风险为 f_C。显然，$N_C>N_B>N_A$，所以 $f_C<f_B<f_A$，即：随着投资者手中证券种类的增多，其承担的风险也逐步下降。

3.系统性风险与β值、α值

应当指出的是，通过证券的组合可以降低甚至消除的风险是非系统性风险。如某公司由于新近发生一起火灾导致其股价下跌，从而使投资者蒙受损失。这类非系统性风险是可以通过多样化投资来消除的，毕竟不可能出现这种情况：手中握有20种股票，而这些股票所属的20家公司同时发生火灾。美国华尔街的一些证券分析员认为，当手中握有20种股票时，非系统性风险大体上便消除了。

但是，系统风险却无法通过多样化来消除。股票收益或多或少是协调变动的，因为整个股市都在波动。这样一来，即使多样化的组合也会有一定风险。

对于系统性风险，最简便的方法是用β值和α值来识别与测试。我们可以发现，某些股票其证券组合往往对市场动向非常敏感，另一些就比较不敏感从而稳定。这种市场动向的相对变动性和敏感性可以根据以往的记录作出估计，它通常用希腊字母β来表示。

β值是用来衡量一种股票相对于整个市场风险和敏感程度的系数。一种股票的β值是其风险报酬率相对于整体市场的平均风险收益率的比例。设 j 为某种特定的股票或资产组合，m 为市场有价证券总和，则有：

$$\beta_j = \frac{Cov_{jm}}{V_{arm}} = \frac{SD_j}{SD_m} Corr_{jm}$$

式中：Cov_{jm}——证券 j 和市场有价证券 m 之间的协方差；

V_{arm}——市场有价证券的方差；

SD_j、SD_m——证券 j 和 m 的标准差；

$Corr_{jm}$——证券 j 和 m 的相关系数。

市场有价证券总和的β值为1。一般以标准普尔500指数（Standard & Poor' 500）1.0作为基准，代表整个市场风险，它是基于美国市场500家最大最重要的上市公司股价变化得出的股票市场指数。在纽约股票市场所有列出的股票中，这500家公司股票的市值占了总市值的80%。一家新成立的化工企业，其股票的β值可能为2.0，高于市场风险1.0，这是因为新企业面临生存、发展等问题，股价的敏感性自然也比较大。同理，如果市场价格上升10%，则该种股票就可能上升20%。相反，公用电力事业的股票，β值可能只有0.5，低于市场风险1.0，因为即使股市大崩盘，人们仍需用水、用电，所以股价波动的敏感性较弱，相应的，当市场价格下降或上升10%时，该股票可能只下降或上升5%。一般称高β值股票的投资为进取性投资，而将低β值股票的投资称为保护性投资。

我们将α值定义为实际报酬和预期报酬的差额，借以衡量风险调整的表现（risk-ajusted performance）。其计算公式为：

$$\alpha_j = E(R_j) - [\beta_j \times E(R_{S\&P500})]$$

式中：α_j——有价证券 j 的α值；

$E(R_j)$——证券 j 的平均报酬率；

$E(R_{S\&P500})$——平均标准普尔指数。

如果预期报酬率是13%，而实际报酬率是15%，则α值为2%，表示比预计报酬率高2%。所以，因α值高，就代表实际的投资表现比预测的投资表现好。一般来说，α值是正数，即意味着该股票表现比整个市场好。如果α=0、β=1，则表明该投资的表现与整个市场表现一样，没有特别出色之处。

通常，我们希望α值越大越好，而β值越小越好。如果有两种投资，其所得报酬几乎不相上下，而β值分别为1.1与0.55，前者的风险几乎是后者的两倍，在这种情况下，显然应对后者进行投资。因此，面对两个表现相当接近的投资，我们可以运用上述原则加以判断，以选择最适合的投资对象，而不能只注重报酬而忽略风险。所以，证券组合理论仍是有意义的。

4.股票的国际化

证券组合不仅适用于一国的各类证券，而且还可以推广到国际证券，即多样化能降低风险这一道理同样适用于国际证券市场。事实上，有关研究已经充分证明，通过将国外的股票引入已有的证券组合，可以进一步降低风险。图3-5很好地说明了股票国际化能降低风险的结论。

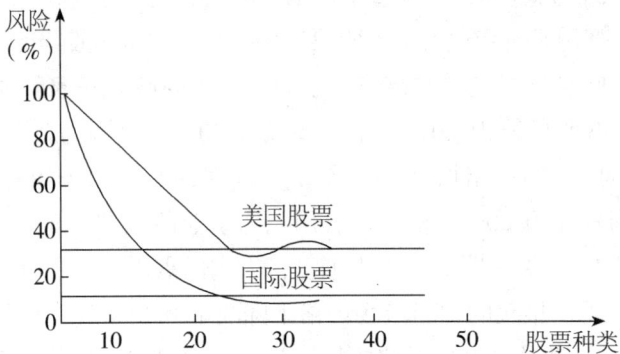

图3-5　股票的国际化

图3-5是布鲁诺·索尔尼克发表在《金融分析师》杂志上的一个图示，它表明，由于外国经济运行与本国经济状况的不一致性，通过将外国的股票引入本国证券组合，能够更进一步降低风险。

总之，证券资产组合理论表明，在收益率既定的情况下，分散化和混合的资产构成会减少风险，这就是约翰·希克斯在1935年曾提出的"投资分散化原理"，即"分散定理"（Separate Theory）。用一句形象的话比喻就是，"不要把你所有的鸡蛋放在一只篮子里"，分散投资具有分摊风险的优点。这个理论对于研究证券市场和公司理财的各个领域还是具有参考价值的。可以说，投资多样化是在不确定条件下普遍适用的投资准则，它可以说明人们同时持有货币、债券及其他多种资产的现象。市场经济的发展，也要求人们学会运用这种资产组合。

3.4 股票价格的预测理论与方法

3.4.1 预测股票价格的两种理论

所有投资效益，都在不同程度上取决于未来事件，投资是否成功，取决于预测未来的能力。传统上，投资界的高手都使用两种资产估价方法——"空中楼阁理论"和"稳固基础理论"中的一种。靠着这两种理论，有人获取了大量财富，也有人损失了大量财富。值得关注的是，这两种理论看来是不相容的，但如果你想作出明智的投资决策，了解这两种方法都是必要的，这也是确保你不犯严重错误的一个先决条件。

1. 空中楼阁理论

空中楼阁理论认为，股票的价格是难以确定的，上市公司和市场本身都处在变化中，无法准确判别股票的真正价值。这一理论是著名经济学家和极其成功的投资家凯恩斯于1936年所分析和阐述的。他的观点是：专业投资者不愿花费精力估算股票的内在价值，而愿意分析许多投资者在将来可能会如何行动，以及在投资市场上充满信心的时期他们会怎样把希望寄托在"空中楼阁"上。成功的投资者会估计出何种投资形式下公众最宜建造"空中楼阁"，然后抢在众人之前买进股票。凯恩斯在其《就业、利息和货币通论》一书中，用了整整一章的篇幅论述股票市场及投资者预期的重要性。

就股票而言，凯恩斯认为，无人能确切地了解什么将会影响未来收益前景及股息支付。因此多数人主要关心的不是对一笔投资在其投资期间的可能收益作出准确的长期预测，而是想在公众之前预见到惯用的估价依据的变化。换言之，凯恩斯是运用心理学原则而不是金融估价方法来研究股票市场，他写道："对你认为其预期收益应当估价30元的一项投资支付25元是不合理的，除非你认为3个月后股票市场将会对其估价为20元。"

这一理论又被人戏称为"最大笨蛋理论"，即对某物支付3倍价格是完全可以的，只要以后你能找到某一笨蛋，他愿意支付5倍的价格，这没有什么道理可多讲，只是大众心理而已。所以，精明的投资者必须做的是抢先成交——抢在刚开始时进行交易。

为此，这一理论提出了操作股票的两条原则：

（1）心理价值

市场往往被人气所左右，社会公众普遍看好的股票其价值就高。凯恩斯更把选购股票比喻为选美，不必根据自己的见解行事，而是需要仔细研究其他人的心理，按多数人认可的原则办，选美是如此，买卖股票时更应如此，关键是在操作时须领先一步。

（2）技术分析法

技术分析法以空中楼阁理论作为其理论基础。它以做图等技术方法寻求最佳买卖点，判别股价趋势，找出支撑线和阻力区，使操作有依据。

空中楼阁理论看重股票的市场属性，注意研究大众的投资心理，对成交量、交投密集区间和短期内的高期望价位等下大力关注。虽然股价走势有时与企业经营状况相背离，但由于对市场把握较准，短期收益可能相当丰厚。当然，弄不好也可能竹篮打水一场空。

2.稳固基础理论

稳固基础理论认为，每一种投资工具，无论是一只普通股股票，还是一种不动产，均有某种"内在价值"作为其稳固基础，它是可以通过仔细分析现在的情况及未来的前景而得出的。当市场价格低于（或高于）这一内在价值时，就会出现一个买进（或卖出）的机会，因为，价格的波动最终将被纠正，返回其内在价值。这样，进行投资就成为将某物的实际价格与其稳固基础价值进行比较的一种单调而易做的事。

这一理论认为，一种股票的内在价值等于其未来的全部股息的现值。现值的计算公式可表示如下：

$$PV = \frac{F_1}{1+r_1} + \frac{F_2}{(1+r_1)(1+r_2)} + \cdots + \frac{F_t}{(1+r_1)(1+r_2)\cdots(1+r_t)}$$

式中：PV——现值；

r$_1$，r$_2$，…，r$_t$——各计息期的利率，显然 r$_1$ 为现期利率，r$_2$，…，r$_t$ 为远期利率；

F$_1$，F$_2$，…，F$_t$——未来收益现金流。

稳固基础理论强调股票的内在价值，注重研究上市公司的个性差异。如何判定股票内在和潜在的价值呢？该理论提出了如下四点依据：

（1）预期增长率。对企业以往的财务报表和有关信息进行分析，并对该行业未来的发展前景提出预测，如今后若干年平均增长率高，则该股票内在价值就较高。

（2）预期股息红利等收益。股票投资除差价收益外，上市企业每年分红和增配股等报酬的多寡也是股东考虑的主要因素，该项收益预期多，多花些钱买入也是合算的。

（3）风险程度。投资要有高收益，但也应规避高风险，对各种风险因素的综合分析，是衡量股票质量的依据。

（4）市场利率水平。市场对利率变化很敏感，利率上浮则股价坚挺，反之则股价下挫。把握近期利率变化趋势，也是判别短期股价是否坚挺的手段。

稳固基础理论为稳健型投资者所推崇，它强调股票内在价值是判定投资的重要依据，用以指导中长期投资。稳固基础理论提出了衡量股票质量的四要素，试图从理论上阐明股价形成的内因。但事实上，股票价值和市场价格两者总有差距，据以实操收益并不明显。但当熊市来临和准备长期投资时，这一理论的优越性就比较显著了，因为好多股票"抗震性"强，会给长期投资回报以不菲的收益。

总之，"空中楼阁理论"讲究市场性，认为风险性中隐含着短期的巨大收益；"稳固基础理论"是抗风险的良药，但有时效果并不明显。两种理论都有各自强调的重点，如何将两者结合起来运用，是每个成熟的投资者都必须学习的课题。

3.4.2 预测股票价格的心理分析法

1.人气指标——OBV线

股市"人气"即股市中投资者群体的心理气氛总和，"人气指标"用OBV线来表示。OBV线是美国投资专家葛兰维（Granville）发明的，葛兰维认为：成交量是股市的信号，股价只不过是它的表现而已，因此，成交量通常比股价先行。OBV线是从成交量变动趋势来预测股价变动的一种方法。OBV线表示成交量与股价之间的配合关系。

OBV线的制作方法是：根据当日的指数与成交量，将它们制成表格，添加涨跌栏、正负数栏与累积数栏。当日股价指数较前一日股价指数高时，则在涨跌栏以△表示，如果较前一日股价指数低，则用×表示。当日指数上涨，成交值是正数，以＋表示；当日指数下跌，成交值是负数，以－表示。将每日涨跌之正负数累积起来，可得一累积数，OBV线便是根据累积数用图形表示出来的。

以某市场某年8月的指数为例，制表3-4，并说明其用法。

表3-4 OBV指数计算

	当日加权指数	涨或跌	成交总值（千万元）	符号	OBV累计成交总值（累积数，千万元）
1	536.99	×	69	－69	14 016（基数）
2	540.64	△	54	＋54	14 070
3	549.65	△	100	＋100	14 170
4	543.90	×	110	－110	14 060
5	541.16	×	86	－86	13 974

用OBV线判断行情变动的趋势原则：

（1）OBV线下降，而此时股价上涨，是卖出股票的信号。

（2）OBV线上升，而此时股价下跌，是买进股票的信号。

（3）OBV线从正的累积数转为负数时，为下跌趋势，应该卖出股票；反之，OBV线从负的累积数转为正数时，应该买进股票。

（4）OBV线缓慢上升，为买进信号，但若是OBV线急速上升，隐含着不可能长久维持大成交量的信息，非但不宜买进，反而应当卖出。

一般来说，OBV线的最大适用之处，是在观察股市经过一段时间盘局整理后，了解何时脱离盘局以及在突破时走势如何，这时，OBV线的变动方向是重要的参考指标。

OBV线亦存在缺点：

第一，它不适用于长线投资，因为人气的聚散很难说有什么规律性。

第二，在市场投机气氛很浓的情况下往往失效，因为投机气氛一浓，做差价的就很多，他们往往一天进出几次，这样当日的成交量会很大，但是市场换手情况并不那么大，能量潮在这个时候就不能有效地反映出能量的真实变化。

第三，当出现股价波动大但当日收盘价与昨日相同的情况时，OBV线没有反应，这是重大缺憾，而股价的大幅波动正体现了多空双方激烈的争斗，人气动向已在改变。

2.心理曲线分析

心理曲线是观察行情涨落的一种短期性指标，它表示股价高于前一天（或前一周）价格的次数（或日数），在某指定期间的总次数（日数）中所占的比重。

心理曲线分析法着眼于股价的涨跌不可能是长期持续的，它只是随着人们心理活动由强（指的是看涨或买进）向弱（指的是看跌或卖出）变动。

心理曲线指标的计算公式为：

心理曲线（%）=高于前一天（或前一周）股价的次数/指定区间的长度×100%

式中的"指定区间的长度"，日曲线一般为12天，周曲线一般为12～13周。

心理曲线分析法的运用如下：

（1）心理曲线指标在25%左右及在此以下的区域为谷底区，在该区域为买进时机。

（2）心理曲线指标在75%左右及以上区域为警戒区，在该区域内为卖出时机。

（3）心理曲线指标在25%～75%之间的区域为正常区，投资者可正常买卖或静观其变。

本章小结

证券市场是长期资金市场，是长期资金的需求者（筹资者）和供给者（投资者）之间进行资金融通和有价证券买卖的场所。它可以促进证券的流通、为企业融通长期资金并预测经济形势的变动。

股票投资决策的理论多种多样。传统理论认为投资者对发行公司的盈余作出预期变化的程度会反映在股价中。投资信息理论认为，从事证券投资实际上等于进行情报较量，消息灵通、情报丰富，才能把握机会，确保获得较大的利益。有效率市场理论认为股票市场是如此高效率，当新信息出现时，股价变动极为迅速，以至于无人始终能迅速地买进或卖出以获利。期望理论认为当非专业投资者在股票市场感到乐观抢购股票和悲观远离市场而导致对市场产生阻碍反应时，专业投资者即进入市场引导股价避开阻碍，他们所采取的市场策略就是和非专业者反向操作，投资者只能追随专业投资者或者与非专业投资者背道而驰。信心理论认为如果投资者过分乐观，往往忽略股票的投资价值，且可能将其抬高到不合常理的水平。相反，投资者对于未来市场情况表示悲观时，就会大量抛售股票，将股价压低到不切实际的水平。随机游走理论认为，不可凭借最近的股价变动形态，来预测其未来的变化方向与幅度。

另外还有一些理论用于预测股票价格，如何将"空中楼阁理论"的市场性与"稳固基础理论"的抗风险性结合，是每个成熟的投资者都必须学习的课题。

拓展阅读

市场走在前面

无论自觉还是不自觉，市场价格的变化不仅仅反映过去，而且反映未来。将要发生的事情投下它们的影子，照在纽约证券交易所。

——威廉·彼得·汉密尔顿

在股票市场"泡"过一段时间的人都会注意到，那些预测市场走势的人，包括分析师、经济学家、投资咨询人员和记者等，总是在事情发生之后无可奈何地分析该事件的影响，而市场早已对此作出反应。换句话说就是，市场走在新闻之前。

证券投资商科斯托兰尼在他的书《这就是股票市场》中是这样描写的：

一般来说，消息不会带来价格波动，而是价格波动带来消息，这无论在巴黎、伦敦还是纽约都一样。一天的交易结束后，每个人都在为当天的价格变化或者趋势反转寻找借口，而这些借口是他两小时前怎么也想不到的。

一个可能的解释是，当市场上涨时，人人都兴高采烈，没人喜欢坏消息和难听的话（这不是人们所需要的，如果听到了也会装聋作哑，不相信就是了）。多多少少在潜意识中，一般大众得到的信息就是分门别类的，用以强化市场情绪，并且总是有一些股民渴望经济学家出面证实这种趋势。当市场见顶回落时，来自各方面的消息和分析却经常是正面的。

还有另外一个解释：当市场走在新闻之前时，仅仅说明一个事实，即市场提前反映经济走势。

（根据公开的网络资料整理）

核心概念

证券投资　证券市场　有效市场理论　证券组合理论

复习思考题

1.试述股票投资风险理论并举例说明。

2.什么是股票价格预测的"空中楼阁理论"与"稳固基础理论"。

3.分析预测股票价格的心理分析法。

【导读】

我国股票市场已有30多年的发展历史，其间经历了数次牛熊市的转换，中国股民既经历过疯狂的上涨市，也深刻体会过"一泻千点"的衰退市。然而，尽管股票市场的风险很大，但中国股民也深知高风险中潜藏着高收益，对股票市场的狂热由中国具有巨大的股民群体这一现象就可见一斑。股票市场亦呈现"二八"原则，而很多投资者的失败并不是输在技术和经验上，更多的时候是输给了自己的心理。因此，在以散户占主导地位的我国证券市场上，了解个人投资者的心理与行为方式对投资者本身的投资行为有很大的借鉴意义。

【引例】 你为什么投资？

每个人的投资动机和目标都不一样，而大部分人并不清楚自己投资的目标，更糟糕的是，很多人为了错误的目的而投资。谁都知道，没有方向的航行最终会迷失，所以我认为，把资产抛进市场投资之前应该思考一下自己为什么要投资。

让我们从马斯洛生命需求理论的视角来讨论这个话题，这样会更容易理清思路。马斯洛的生命需求理论将人的需求分成几个层次——生理需求、安全需求、归属与爱的需求、被尊重的需求和自我实现的需求。

1.生理需求是人最基本的生命需求，包括对食物、睡眠的需求，其本质上也是对"安全"的需求。投资机构推出的"稳定收益理财""退休理财"产品，在宣传推广的时候着重宣讲的就是"产品收益稳定，保值增值，防通胀，保证你的退休安全"。这种理财方式，从根本上是为了解除人们对未来生活不安全感的担忧。偏好投资这种稳定收益产品的人，有更高的"不安全感"，担心未来收入不够多，担心未来生活没有保障。

2.归属与爱的需求和被尊重的需求

这两种需求的满足都必须通过"社会交往"才能实现。很多人做股票买卖的原因是"朋友们都在做"，而一旦开始做，似乎无法避免地就会希望自己做得好一点、赚钱多一点，最起码不要是朋友圈中最差的。表面上看他是为了赚钱，但其实他要的是"赚到钱后，被人尊重"的感觉。在进行股票投资（机）的过程中人们的思想里到底在多大程度上是追求"被尊重"，这需要更深入的心理分析才可能发现。

3.自我实现的需求

从投资心理学的角度分析，每个人在做投资的过程中都融入了对"自我实现"的追求。他们通过投资赚钱来实现自己的"价值"。很多投资者在投资失败后会情绪低落很久，尽管投资亏损的钱相对于他已经拥有的资产根本不算什么，即使丢了这些钱他根本不会情绪低落那么久。这里的一个根本原因就是投资者把投资的过程和投资的成败跟"自我"价值联系在一起，投资的盈亏直接决定了他对自己的评价。投资亏损，表示"自我"的失败，从而带来了对自己的不认可。

4.1 股市中的异常现象与人性的贪婪与恐惧

4.1.1 股市中的时狂现象

1.时狂现象的历史

时狂现象又名"郁金香狂潮"，发端于16世纪末叶的荷兰。1594年，荷兰植物学家沙尔·戴列克留兹从土耳其带回几支郁金香球茎在莱顿大学的药材种植园里种植，他只是想做研究。然而，盛开的郁金香竟被人偷走，于是开始了商业性的栽培，并由此引发了全国性的追逐郁金香的热潮。1634年一支郁金香球茎的售价高达2 500弗罗林（当时欧洲通行的金币），1637年卖到一万荷兰盾，这些钱可以买到一幢私人住宅。当时，囤积郁金香球茎待机抛出可获稳定利润，拥有郁金香则成为地位与威望的象征，许多人利用郁金香球茎进行投机，到1636年已到狂热的地步。由于投机价格严重脱离真实价值，形成过度投机，殃及荷国经济。1637年后，因价格脱离基本价值导致泡沫破裂，球茎市场崩溃，在市场价格下跌的形势下，人们竞相抛售。

2.时狂现象的特征

时狂现象是指一种令人亢奋不已的大众投入状态，或称大众激奋状态，这是一种因一时狂热而失去理性的行为方式。其特征是持续时间长、卷入人数多、行为非理性。它是投资过程中的一种异常现象。

时狂现象或表现为市场"泡沫（bubbles）"，即价格会涨到人们无法相信的高位，完全脱离其内在价值，形成市场的"泡沫"。同时，亦可表现为市场崩盘（crash），即市场价格狂跌到令人无法接受的失实低位。

时狂现象往往由过度的投机行为或因投机气氛过浓而导致。

中国股市也存在时狂现象，"一阵风"态势频现，股市上涨时几乎所有股民都积极跟进，股市下跌时则又拼命跟风抛售。1992年11月到2001年6月，我国股市持续9年上涨，形成持续的牛市，股民发展到6 000万人，这时可谓形成了"全民炒股"的时狂现象。但从2001年6月14日股价开始下跌至2002年1月23日为止，股指从2 202.40点跌至1 444.97点，持续7个月，跌去了757.43点，跌幅达34%，这时市场又出现了狂抛现象。从2007年10月开始，中国股市同样陷入时狂熊市。

4.1.2　时狂现象的背后——人性的贪婪与恐惧

1.贪婪与恐惧是投资者的基本心理现象

证券投资者的基本心理现象为贪婪与恐惧、焦躁与慌乱、盲从与随意。

贪婪是指贪得无厌。投资者多头能赚，空头也能赚，唯独贪婪不能赚。在多头市场期望更低价买入，在空头市场指望更高价卖出，结果是坐失良机；该介入时犹豫不决，该退出时优柔寡断，最终错失良机。

投资者的贪婪表现为：见好不收，羡慕和嫉妒，一味贪低，斤斤计较。

投资者的恐惧心理表现为：害怕亏本，害怕被套，害怕输。

恐惧和贪婪主宰着整个股票市场。

成功的投资者巴菲特说："我们也会有恐惧和贪婪，只不过是在别人贪婪时我们恐惧，别人恐惧时我们贪婪。"

在上述郁金香投资的时狂现象中，一支郁金香球茎的价格一度竟高达5万美元。赌博与投机者趁机进行大宗买卖交易，操纵价格，高卖低买，从中渔利。而当泡沫破碎时，随着郁金香价格的下跌信心消失，恐慌开始，一夜致富的人又变得一文不名。同样，在股票下跌时，恐慌情绪笼罩整个股市，公众信心崩溃，导致股市彻底崩盘。

贪婪与恐惧是人性的弱点，这种人类行为与心理的非理性很难克服，所以历史总是在重演。

2.学会克服贪婪与恐惧

"祸莫大于不知足。"贪婪是人性的一大弱点，也是投资理财的大忌。克服贪婪是身为投资者必须学会的基本技能。然而，贪婪根植于人的心灵深处，要克服它也绝非易事，成功投资者的成功之处，就在于他们能够在拒绝贪婪时坚持"反贪"。这样，在任何背景下他们都能获利。

以"股神"巴菲特为例。有段时间股市上涨，巴菲特却减持了中石油，为此，很多人说"股神老矣"。当然，假如巴菲特能再晚一段时间减持，他就可以多赚上百亿美元。可是，后来的事实却让大家不得不信服巴菲特的拒绝贪婪。再遥想当年美国互联网泡沫全盛之时，巴菲特也是远离贪婪按兵不动，因此屡遭众人非议，而随着互联网泡沫的灰飞烟灭，巴菲特重新获得了人们的尊敬。

其实，早在1984—1986年那轮美国股市的大牛市中，当巨大的诱惑激发了几乎所有人的贪婪欲望之时，巴菲特却开始抛售股票，到1987年10月股市疯狂暴跌时，巴菲特由于仅持有华盛顿邮报、可口可乐等三只重仓股，最后反而在当年的下跌反弹中赚了20%。

平心而论，克服贪婪的确是一件非常困难的事情，只要想一想就连世界公认的"股神"，也常常因为不愿过分贪婪而受到投资者的质疑，就足以说明问题了。

虽然克服贪婪的路遥远而艰难，但只要有勇气和毅力，克服贪婪还是能做到的。

至于恐惧，则会令人过于退缩。股市涨跌是正常的，股市刚上扬时，涨了还涨，见股价已高，股民往往怕追进吃套，然而越怕它越涨，致使许多股民在低位踏空后又在高位买入被套。在股价不断下跌、风险随之释放的过程中，又有股民看到自己手中的股票持续几天跌停就恐惧，不但不敢抄底，反而"割肉"，在"地板价"上失去机会。

做股票就像是比心态，贪婪使"煮熟的鸭子飞了"，恐惧则会失去诸多获利机会。只有克服贪婪与恐惧心理，抱持平和的心态，才能从容应对股市风云。

4.2 股票投资者的需要、动机与行为

4.2.1 股票投资者投资行为的一般模式

股票投资是一种动态的心理与行为。投资行为的心理过程模式可以表示为：需要引发动机，动机引起行为，行为又指向一定的目标。这说明，人的行为都是由动机支配的，而动机则是由需要引发的，人的行为是在某种动机的激发下为了达到某个目标而有目的地实施的。

需要、动机、行为、目标，这四者之间的关系可以用图4-1表示。

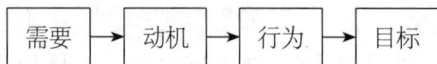

图4-1 动机激发的心理过程模式图

如果将图4-1改画一下，就可得出一张典型的人类行为模式图（图4-2）。

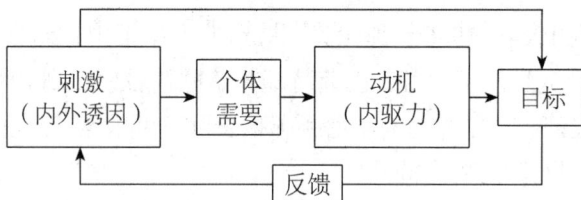

图4-2 人类行为的模式图

从心理学角度分析投资过程，实质就是三类变量之间的相互关系。这三类变量是指刺激变量、机体变量和反应变量。

刺激变量是指对有机体的反应发生影响的刺激条件，其中包括变化且可控的自然与社会大环境刺激。投资的刺激变量大多是社会的、经济的环境变量。

机体变量是指有机体对反应有影响的特性，这些都是有机体本身具有的特性，如性格、动机、内驱力强度。前面我们已经分析了投资者性格、气质等诸多因素对投资绩效的影响。

反应变量是指刺激变量和机体变量在行为上引起的变化。

由此分析可见，上述二图中的需要和动机都是属于机体变量，行为是属于反应变量，外界的目标实际上是刺激变量。

人的投资行为过程，实质上就是社会、经济的环境刺激变量引起机体变量（需要、动机）产生持续不断的兴奋，从而引起投资行为反应，当投资目标达

到之后，经反馈又强化了刺激，如此周而复始，延续不断。

上述投资行为的模式图在一定程度上反映了人类行为和心理活动的共同规律。因为心理学的研究证实了这样一些客观的规律性：人的意志行动开始于需要以及由需要而引起的动机。具体来说，人受到刺激产生需要，需要不满足时，个体内部呈焦虑状态，从而激发动机，通过行为实现目的，满足需要后焦虑得到平息，但又产生新的需要，进而激发新的动机，最后又推动新的行为。如此循环往复，以至无穷，使个体的心理水平达到更高的境界。

4.2.2　股票投资者的投资需要

个体在生理上有对食物、水、氧气、排泄以及避开外界有害刺激等的需求，在心理上有对友谊、自尊以及知识等的追求，这些需求与追求就是需要。其中有些需要是与生俱来的，但绝大部分的需要则是在生活中习得的。

在投资者当中，绝大部分人努力通过制订和实施投资计划来满足一定的个人需要，这也就是投资者投资的个人目标。投资者投资的中心问题是为了应付各种需要而取得收益，这些需要包括财务上的需要、情感上的需要和心理上的需要。大多数投资者的投资动机是为了增加经济实力和对其资产的控制，当然也有的投资者只为在别人面前树立一种富有而又有知识的形象。

美国著名心理学家马斯洛的需要层次理论是最为著名并广为流传的一种动机理论，其影响深远，至今不衰。这一理论在许多领域得到了广泛的运用，如教育、工业、宗教组织以及管理、治疗、自我改善等诸多方面。

马斯洛认为，人有许多基本需要，鉴别基本需求的方法是验证某种需要是否符合下述情况："缺少它引起疾病，有了它免于疾病，恢复它治愈疾病；在某种非常复杂的、自由选择的情况下，丧失它的人宁愿寻求它，而不去寻求其他的满足；在一个健康人身上，它处于静止的、低潮的和不起作用的状态中。"据此，马斯洛提出了人的一系列的基本需要，这些需要存在不同的层次，可排列成一个需要系统。其中最低层次的需要是生理需要，它是一种随生物进化而逐渐变弱的本能和冲动；最高层次的需要是高级的需要，它是随生物进化而逐渐显现的潜能。马斯洛认为，人的需要体系分为五个层次，从生理的、安全的、社交的、尊重的需要，一直到自我实现的需要。

1.生理的需要

这是人类最原始、最基本的需要，指饥饿需要食品，口渴需要饮料，御寒需要衣服，居住需要场所，还有身体有病需要医疗，以及要结婚等。这些需要是人们生命延续的起码要求，若不能满足，人类就无法生存。马斯洛认为，在一切需要之中生理需要是最先产生的，而且是有限的，当需要被满足时，它就不能再作为行为的动力而存在了，这时，人类就从生理需要的支配下解脱出来，产生其他"更高级"的需要。

因此，由生理需要引发的投资需要成为投资需要中最基本的需要，即希望通过投资来获得股息和利息收入，以实现私人资本的增值，更好地满足个人的生理需要。

2.安全的需要

个体的生理需要相对得到满足之后，就会产生安全需要，希望避免如冷、热、毒气、灾害、疼痛等物理方面的伤害，要求职业安定、劳动安全，希望未来生活有保障等。安全的需要是自存的需要，除了对此时此地的考虑以外，还要考虑未来。在安定良好的社会里，一般健康而正常的成年人，其安全需要基本上能够得到满足，但在动荡的社会，安全的需要就显得很突出。

参与证券投资可以满足安全的需要，因为用现金购买证券可以防止意外灾害或被盗造成的损失，使资本更有保障。有不少投资者把购买人寿保险作为其安全财务需求的标准保障。在一般情况下，如果户主过早死亡，人寿保险便能给家庭提供财务上的保障，这种形式的保障是有幼儿的年轻父母的最大需求。也有一部分投资者的主要目的是退休后能有安全稳定的收入，准备资金以补充来自雇主和社会的保障金。这些都是安全的需要在投资需要中的体现。

3.社交的需要

如果上述两种需要都满足了，个体就会出现感情、友谊和归属的需要，如渴望从父母、朋友、同事、上级等那里得到爱护、关怀、友谊、信任，以及渴望得到爱情等。人们还渴望自己有所归属，成为团体成员之一。马斯洛特别强调，人是社会动物，没有人希望自己过孤独的生活，总希望有些知心朋友，有个温暖的集体，渴望在团体中与他人建立深厚的感情，保持友谊和忠诚。

人是一种社会性动物，社交的需要就成为必不可少的一种需要。股票投资可以在某些方面满足这些需要。在电脑还未普及的一段时期，人最集中的地方除了商店之外，就是证券公司了。那时，在证券公司门口，总可见到三五成群的股友们在谈论股票行情，交流各自的观点。如雨后春笋般涌现出的股市沙龙更是聚集了各路热衷股票的投资者，而这在一定程度上正好满足了人们社交的需要，从而激发了人们的投资动机。

4.尊重的需要

作为一个社会人，都有自尊、自重、自信的需要，希望他人尊重自己的人格，希望自己的能力和才华得到他人公正的承认和赞赏，要求在团体中确立自己的地位。这种需要可分为两方面：一是要求和希望得到他人的重视、关心和高度评价，希望自己的工作得到社会的认可，要求有名誉、威望和地位；二是在所处的环境中，希望自己有实力、有成就、有信心。这些需要的满足可以增加人们自信的情感，觉得自己生活在这个世界上有价值、有用处，可对周围环境产生影响力。这些需要一旦受挫，就会使人产生自卑、软弱、无能的感情，从而失去信心。当这些需要得到满足时，就会产生强大动力，表现出持久的干劲。但这种需要很少能够得到充分的满足。

尊重的需要在投资需要上表现为投资者想展示自己的才能，从中得到一种心理上的满足。腰缠万贯者和社会名流以拥有巨额股票来显示自己的财富、声望和地位；一些自认为能力超群的人通过投资股票赚取比别人多的收益来表明自己能力的不同凡响；一些青少年参加股票投资以表明自己已经长大自立了等，这些都是由一种希望获得尊重的需要而引发的动机。

5.自我实现的需要

马斯洛指出，即使人的以上需要都得到了满足，也还会产生新的不满足，这就是要求实现个人聪明、才智、理想与抱负，这是最高层次的一种需要。马斯洛对"自我实现"一词加以限定："说到自我实现需要，就是指他的潜力得以实现的趋势，这种趋势可以说成是希望自己越来越成为自己所期望的人，完成与自己能力相称的一切事情。"

股票市场上，有的投资者参加股票投资，主要是为了参与公司决策，这也是某种程度上自我实现的满足，可以通过自己的努力，影响公司的重要决策，实现自己的投资目标。同时，投资者投资成功的体验，也强化了对自己能力的信心，可以促使投资者向更高目标攀登，"完成与自己能力相称的一切事情"。这种投资需要在高层次的知识分子中占有一定的比例。

4.2.3　股票投资者的投资动机

股票投资是一个令人神往的领域，在美国等西方发达国家，数以亿计的投资者在与股票打交道。那么，是什么促使这么多人从事股票投资呢？换句话说，他们从事股票投资的动机是什么呢？

动机，是直接推动个体活动以达到一定目的的内部动力。个人的一切活动都是由一定的动机所引起的，并指向于一定的目的。动机是个人行为的动力，是引起人们的活动的直接原因，它是一种内部刺激。

动机这一概念包含如下意义：

（1）动机是一种内部刺激，是个人行为的直接原因。

（2）动机为个人行为提出目标。

（3）动机为个人行为提供力量以达到其内在平衡。

（4）动机使个人明确其行为的意义。

由此可见，动机具有两个方面的作用：

一是活动性。个人怀有某种动机之后，能对其行为产生推动作用，表现为对其行为的发动、加强、维持直至终止。

二是选择性。具有某种动机的个人，其行为总是指向于某一目的而忽视其他方面，使其行为表现为明显的选择性。

应该说，每个投资者的投资动机是不同的，它依赖于投资者的财务需要和在社会、家庭以及货币使用上的道德观念。例如，有些投资者参与投资活动仅仅是为了积累财富，而无其他动机；有些投资者是想为子女的高等教育积累资金；还有些投资者是为退休后的收入提供补充，并满足其他方面的财务需要。个人投资者和社会联合团体投资者的投资动机也往往是不同的：个人投资者投资往往是为了增加资产净值，以便能够为未来家庭成员增加资金来源；社会联合团体投资者往往是为了积累资金更好地为其服务对象服务。

总之，在日趋发达的商品经济社会，证券投资在各类经济活动中占有重要地位。随着世界经济的不断发展，证券投资形式更加多样化，内容更具丰富性。与之相适应，证券投资的功能进一步多元化。投资者不但可以通过长期投资获得与其所承担的风险相应的收益，也可以利用证券市场的波动进行短期投资以取得差价收益。当然，由于证券投资的形式多样化、功能多样化，必然也使投资动机越来越复杂化和多元化。归纳起来，一般个人投资者的投资动机主要有以下几种：

1.资本增值动机

人们参与证券投资活动，最基本的动机就是获取股息和利息收入，以实现资本增值。持这种动机的投资者的行为属于投资行为，不带投机性质。投资者比较注重各种不同股票的股息差别，同时也注重股票的质量，以求稳定地获取较高的股息。在当今世界的股票市场上，单纯持这种动机的股票投资者已为数不多。

2.投机动机

持这种动机的投资者参加投资活动，目的主要是从股票价格波动中获取差价收益，他们很少注重股息，因为在他们看来，股息和价差相比微不足道。他们认为，与其为获取股息买进股票而干等，不如在股票市场上短期买进卖出各类股票赚取价差收益好，因此他们极为重视股票市场的供求关系和股票行情变动趋势，把资金投放在价格波动幅度较大的股票上。他们有可能频繁地买卖股票，愿意承担较大的风险而获取较高的收益。有的投资者甚至推波助澜，故意操纵某种股票的价格，以图暴利。

在股票刚发行时，其价格与票面价值大致是一致的。股票进入流通市场后，情况就会发生变化，股票价格越来越脱离其票面价值。有些股票的市场价格与其票面价值相差几倍，甚至几十倍。我国很多公司股票的价格曾经达到票面价值的几十倍乃至数百倍。

在上面所述的股票票面价值与市场价格的价差悬殊的情况下，名义派息率和实际派息率的偏离扩大，使股息往往低于银行存款利率。在这种情况下，人们对股票投资追求更多的是从价格变动中获取收益，而不是追求股息收入。由于这个原因，在股票市场上持投机动机的人较持投资获利动机的人多，投机活动已成为证券投资的一种普遍现象。

应该指出的是，除持投机动机和投资动机的投资者以外，更多的是两种动机兼有的投资者。

3.灵活性动机

灵活性是指投资者在尽可能避免损失的条件下，将投资迅速转化成现金的能力。保留现金灵活性最大，但却无法实现资本的增值，而银行活期存款收益率又太低；相反，动产与不动产的投资一般收益率较高，但投资者将其转化成现金的成本往往太高，而且交易时间也比较长，这类投资灵活性太低。证券投资基本上将灵活性与收益性融合起来，它既能很快转化成现金，又能长期为投资者带来收益。因此，在保证资本增值的前提下，出于灵活性的考虑，投资者可以选择证券投资。

4.参与决策动机

虽然，就广大的投资者而言，特别是我国的投资者，参与决策的意识是比较淡薄的，但部分投资者也可能为了参加公司的决策而购买其股票。在发达的资本主义国家，资本雄厚的投资者为了控制股份公司，有时会大量购买这一公司的股票。

诚然，现代股份经济的特征之一是股权的日趋分散，大规模的股份公司拥有众多的股东，只有极少数的大股东才有参与决策的实际能力，大部分股东无法真正参与决策。因此，实际上绝大多数小股东不太关心所谓公司决策，而更注意股息收益的高低。在我国，股民参与公司管理的意识不强，持这一动机的人很少，倒是很多人都千方百计打听股东大会的"内幕"消息，以获得较大差价，导致投资者角色错位。

5.安全动机

有些投资者之所以参与证券投资，往往是出于安全上的考虑，因为用现金购买证券可以防止意外灾害或被盗造成的损失，使资本更有保障。此类投资者也重视投资收益问题，他们认为把钱存入银行和购买证券安全程度基本相同，但证券投资能提供更高收益，因此采取证券投资的方式更为有利。由于他们更侧重安全问题，所以在投资时多把资金用于价格波动幅度小和收益稳定的债券，在购买证券时，他们也往往要求领取寄存证而不是证券本身，以提高其投资的安全程度。

6.选择动机

边际效用递减规律在一般商品的购买活动中的作用表现为：消费者不会把大量现金花费在一种商品上，尽管这种商品可能对他有极大的吸引力。因为，随着购买数量的增加，效用就会递减。同样，在证券购买活动中，边际效用递减规律也起作用，投资者如果总是购买一种证券会感到乏味，没有一种证券能满足投资者的全部需要。私人投资者在增加投资规模时总希望购买其他种类的证券，目的在于从各种证券的投资效益比较中获得平衡性满足。

7.自我表现动机

这种动机的核心是自我炫耀，从中得到心理满足。正如前面所述，社会上某些巨富以拥有巨额证券资产显示自身的富有、地位及威望；一些自认为能力超群的人通过证券投资赚取比别人多的收益来显示自己能力非凡；部分退休人员及家庭妇女则为了得到社会的价值认可而从事证券投资；另外，一些青少年参与证券投资以表明自己已经成熟，在上海就有为数众多的学生参与股市操作。

8.好奇与挑战动机

这种动机并不鲜见，比如，有人从未买卖过证券，目睹他人买卖证券，自己也想体验一下；有人则眼见别人炒股赚了钱，出于一种挑战心理，也开始买卖证券，力图比别人赚得更多。具有这种动机的投资者往往缺乏必要的技术和心理准备，因而投资较具冲动性，也往往不够稳定。

9.投资癖好

有投资癖好者常具有习惯动机。这类投资者曾长期从事证券投资活动，已经形成习惯，证券投资成为他们生活中必不可少的重要内容，以至于有人投资成癖，极为关心证券行情变化，一日不炒股则坐卧不安。此类超出常规的证券投资活动，一般属于不理智投资行为。

10.避税动机

避税动机是指高税阶层的投资者为逃避收益纳税而选择收益免税的证券或者可提供税收保护的证券进行投资的心理趋向。例如，他们愿意选择可获得利息免税的市政债券进行投资，或者选择能源交通建设方面的证券投资，因为这类证券可以为投资者提供税收保护。

在现代西方社会，许多经济学家已提醒投资者不要被投资活动的税收优惠所蒙蔽，而应同时注意考虑经济方面的因素。

综上所述，投资者的动机是复杂的、多方面的，当然，获取收益始终是其最基本的和最主要的动机。

4.2.4 投资者的高级需要与动机

投资活动是人类经济生活中的一种需要。成功投资者的活动既可满足投资者的物质需要，又可满足其精神需要。投资需要是人类的高级需要。

赚取金钱并不是决定人们是否从事此种活动的主要原因。投资者参与投资活动还有想学习和发现价格运行规律、实现个人价值、获得自我满足的高级动机。这些投资者往往将投资看成新的生活方式与生活体验。

德国学者彼得斯于1999年研究了215名投资者的投资动机。研究结果表明，85%的投资者的第一动机是赚取利润；64%的投资者的第二动机为寻求刺激，因为股市有风险；47%的投资者的第三动机为证明自己在金融领域有能力；25%的投资者将投资看作是自己闲暇时的一份工作。

投资者的成就动机水平与投资者愿意承担的风险水平有着密切的关系。有着强烈成就动机水平的投资者不会选择那些极难或极易投资成功的股票，而是选择风险程度适中的股票去投资。这是因为失败在容易完成的任务上比失败在难度较大的任务上，更令人有挫折感。

显然，适当的赚钱动机是投资者成功的必要条件。任何过强、过弱的赚钱动机都会对操作业绩产生不利影响。

4.3　不同股票投资者的投资行为分析

股票投资者之所以将其资金投入股市，而不用于消费，是为了获取投资报酬。投资报酬由两部分组成：一是投资的本期收益，即投资期内，上市公司派发的股息；二是投资的资本利得，即由于股价变动，投资者买卖股票所获得的差价。因此，投资行为又表现出其自身的特点。

4.3.1　投资者的类型

在股票市场上，根据投资者的行为特点，可把投资者划分为不同的类型。

1.按投资者在股票市场上所起的作用划分

这是一种最通俗、最普通的划分方法。按这种方法划分，投资者可分为：

（1）财力雄厚的大户。

（2）发行公司董事。

（3）市场做手。

（4）一般小额投资者。

发行公司董事和一般小额投资者是两个极端的持股者类型。发行公司董事持有的股票有一部分是"基本董事股"，这类股票除非董事本身不想再居其位，否则是不能随意出手的，而一般小额投资者大多想赚点投资利润，很少愿意长期持股。

一般来说，如果股票大多掌握在大户、公司董事和做手的手里，那么股价就不至于跌得很惨，因为大户也不愿意被套牢。但如果股票大多在一般小额投资者手中，那么行情恐怕难以乐观，因为大户手中股少，散户手中股多，大户不会心甘情愿来照顾行情。

2.按投资持股的时间长短来划分

（1）长期投资者，如公司董事、长期持股的大股东。

（2）中期投资者，如过户的投资者、参与投资的中大户。

（3）短期投资者，如赚取差价利润的短期投资者。

当然，持股时间长短也不是绝对的。有的投资者本来只想做短期投资，后来由于股市行情变化出乎原来的预期，不得不做中期投资；有的投资者，有意从事长期投资，可是股票行情发展于他相对有利，经过盘算，值得获利了结落袋为安，因而变成短期投资。因此说，所谓长期投资者和短期投资者实际上无法截然划分。

3.按投资的心态及投资形态来划分

（1）基本分析投资者，他们是着眼于公司的获利能力、关心股息和资本增值的投资者。

（2）技术分析投资者，他们是着眼于市场因素及差价利润的投资者。

（3）消息研究投资者，他们是以消息好坏来决定操作的投资者。

投资者投资心态及投资形态的不同，对于证券投资有着截然不同的影响。

如果股市大多数投资者为基本分析投资者，他们注重企业获利能力的基本因素，那么股价的变化必然较为平稳。因为除非有特别的变化，发行公司的获利能力一般不会在一夕之间就截然改观。何况基本分析的投资者着眼于长期目标，持股的稳定性强。

如果技术分析投资者在投资者总体中占优势，他们以市场因素和差价利润等因素为操作的着眼点，因而往往股价愈涨愈抢买、股价愈跌愈抛售，造成股市价格的跌宕升降。而当凭打听来的消息决定买卖的投资者占有相当比重时，则将加剧股市的动荡不定。

4.3.2　不同投资者的行为特征

1.股市大户的行为特征

大户总是与小户相对立而存在的。大户能操纵股市，是因为其投资额巨大，交易量惊人。大户之所以成为大户，不仅因为其资金雄厚、持股数额大，还在于有小户、散户为其奠基。因此，大户要进行投资，也需要外围的摇旗呐喊，使散户紧随其后，这样哄抬价位方能得心应手、顺利操作，从而使行情顺势而上。

大户进行投资的形式固然和小户不一样，但他们获取利润的目的与小户毫无区别，所不同的是小户对于股价只能盼望，不能像大户那样哄上、拉高、抬升、随心所欲。

股价的波动与推车上坡的道理一样，大户启动"发动机"的时候，许多散户共助一臂之力，于是股价便扶摇直上，其间有获利退出的投资者，也有加入推动的投资者。一旦后力不济，主力（大户）撤退，车便倒滑而下，难免有人跌倒摔跤（亏损）。若车行平稳，其滑落就缓；若冲刺过激，则滑落也必然迅猛。股价若是拉升迅速，其跌落之势也必惊心动魄。

（1）主力大户的行为动向分析

无疑，股票交易的动态，尤其是大户进行股票交易的动态，对研究和判断股价趋势具有相当的参考价值。大户进出的动态（一般称之为消息），可作为一般投资者买卖股票的决策依据，这是因为大户对股票的选择必然是经过了悉心的研究，而且大户的财力雄厚，极易影响股票价格的波动。

实际上，如果一般投资大众的心理取向一致，达到"众志成城"的程度，那么他的的参与也足以影响股票价格的起落。因此，倘若能掌握一般投资大众的共同心理取向，也就能得到较多的获利机会。

当然，一般的小额投资者在股票市场上，大多只能跟随大户和主力进出，很少能够主动操作股价。然而，跟随主力和大户进出，并不一定就能获利，因为除非是主力和大户的至亲好友，一般人很难获得真实的交易情报。所以，如果对于主力和大户的进出动向判断正确，或许可以搭上股价上涨的"末班车"赚些利润，而如果判断错误则往往被套牢。

要判断市场主力或大户的进出动向，投资者不能只凭道听途说就盲目相信，而必须综合研究市场的各种交易资料，并加以印证，才不至于陷股市之泥沼而不能自拔。

一般情况下，主力大户有意吃进时，不可能到处张扬，否则会使自己吃不到足够的筹码，还增加上涨的压力；只有在买足盘子希望抬高时，或者在获利已有希望时，才会主动设法让一些小额投资者来跟进。因此，研究判断主力大户的买进固然重要，但研究判断主力大户是否卖出，更是小额投资者不可稍有疏忽的关键环节。

主力大户是否卖出，相当难以判断，因为谁也不会大张旗鼓地出货，除非手中持股已经快要出光了。尽管如此，投资者只要细心留意，还是可以从各种交易资料中发现主力大户的卖出迹象的。这些迹象诸如：

第一，当利多消息出现时，成交量突然大增。

第二，股票价格涨得相当高时，成交量大增。

第三，主力大户频频把筹码让出去，而不是转进来。

第四，主力大户接二连三地宣扬某种股票的利多消息，自己却不再大量买进。

（2）大户操作股市的能量分析

从承担风险、博取利润的观点来看，股票投资可视为一个竞局（game），故博弈论（game theory）在股票投资中也得到了应用。在这个竞局中，每一个投资者都为自己的利润而全力以赴，至于对手的损失如何，则全然不顾。

主力大户由于财力雄厚，在股票交易中自然获胜的概率较大，小额投资者则通常处于劣势。然而，股票市场是一个不特定众人集合竞价的场所，因此，买方属于不特定的多数人，卖方也属于不特定的多数人。所以，就买卖而言，并无固定的优势力量存在，即使是资金实力相当雄厚的大户，也不能与整个市场的主体投资者相抗衡。

主力大户尽管具有雄厚的实力，如果不顾整个股票市场的趋势及投资心理，硬是要逆势操作，恐怕也不会有好结果。不过，大户的最有利之处在于，他们可以采用拉抬等操作手段，制造股市气氛，进而汇集市场众多的资金，形成推波助澜的力量。

一般的小额投资者从事股票投资的实力本来就极微弱，如果要在股票交易的竞局中获利，当然必须站在力量较强劲的一方，不论跟随大户（站在力量强的一方）也好，跟随大势（站在多数人的一方）也罢，总不能与股票市场的主流分庭抗礼。

因此，股票的特点和市场的特点，决定股票交易是一个永无止境的竞局，除非投资者获利了结或止损退出，否则谁也不知道谁将最终获胜。

（3）大户与一般投资者的关系分析

股票市场需要各式各样的投资者。需要小额投资者，作为股市的基本群众；需要中大户，作为股市的主力；需要团体投资者及信托投资公司，作为市场调节供需的稳定力量；甚至需要短线进出投机者，作为热络交易、灵活股市的力量。股市行情是各类投资者共同参与的结果。

可见，大户和散户之间的联系十分密切。然而，总有少数目光短浅的知名大户，不知道珍惜自我形象，专以获取短利为能事，不仅丧失众人之心，更使股市的发展受到危害。例如，有的大户操作起股票来一路涨停板，一旦达成目的清除存货后，又像坠雀似的一路跌停板，手法极端而激烈。有的市场大户，本来很精于投资分析，善于做长期投资，拥有不少追随者，却也突然改做短线，大量吃进拉高一两天。类似这种做法，都有损广大投资者利益，降低了投资者的投资热情，也有违股市的最终目的。

2.股市散户的行为特征

散户一般是指股票市场中的小额投资者，之所以称其"散"，是因为他们通常是没有组织、缺乏计划地进行投资，不像大户投资那样富有规划性。

按照常规的观点，股票市场里的散户往往会成为股市的牺牲者。在资金力量庞大、掌握着操作技巧、有着一整套投资计划及策略的大户、做手及投机机构获利之后，套牢的、亏本的往往是缺乏组织和计划的"散兵游勇"——散户。除非是异常精明并能克制自己冲动的投资者，否则不可能获利，可谓"股市投资十人有八人要亏"。

一般的小额投资者（散户）多半抵挡不住市场气氛的诱惑，在行情上涨时抢进、行情下跌时卖出。他们就这样周而复始地为做手以及那些为大户们呐喊摇旗、制造气氛的"号兵"们所左右，而在行情上上下下之间疲于奔命地把资金摔过来又摔过去，最后越摔越少。

听说一位欧洲投资专家，在看到我国一些地方股市人头攒动、股票交易所拥挤不堪的"盛况"时，"叹为观止"。的确，我国股票市场里个人投资者所占比重太高，使见过大场面的专家都要惊叹不已。

由于散户对于投资分析及投资计划"力有未逮"，因此只能天天看着电子显示器见机行事。倘若见机行事的小额投资者太多，那又将加大股票行情的波动幅度。

股市中有这样一句话，叫做"散户跟大户，大户跟机构"，那么机构又跟谁呢？其实就是跟大势看人气，即散户的力量、人心之所向。因此，作为散户股民也不必将大户看得过于神秘并紧随其后，重要的是增强自己的判断能力和预见能力，这样才能在变幻莫测的股市中立于不败之地。

3.对股市做手的行为分析

"做手"在股票市场上是一批特殊的投资者。

在证券市场建立之初，人们不大谈什么业绩，也不谈什么股息，甚至亏损累累的投机股也可以凭着做手的操作一路猛涨。谁要是不信做手的威力比业绩能力强，它偏偏涨给谁看，于是以票面3倍的价格能成交，以票面10倍甚至100倍的价格也能成交了！于是，小额投资者不得不相信做手的确有一套，久而久之，业绩优良的股票没人去理，好股票的价格下跌大家认为是应该的，因为这种股票没有做手，于是就有了股票价格的"板块现象"，如"四川板块"

"东北板块""延中板块"等。而信誉很差的股票只要风闻有人炒作,立即身价倍增,大家都唯恐跟得慢,坐失大捞一把的好时机。于是,投资者一天到晚都在打听什么股票有人做、什么股票没人理,整天为了消息而奔走,也整天被消息折腾得惶惶不安。

应该明白,做手之所以成为做手,主要在于他们不比一般的投资者笨拙。做手不会做一种股票一辈子不放,他们也不会贸然出手让散户们赚钱,因此,不要迷信做手,否则最终受害的是自己。

那么,投资大众怎样判断哪些股票有做手操纵,进而掌握这些股票的动向呢?

根据市场的经验法则,有做手参与的股票,可从价与量的变化上观察出来。做手开始抢进时,市场表现为:

第一,平日成交量不多,忽然大量增加。

第二,股市有大笔转账,而且是一笔转给某一公司时,可能意味着做手向公司有关方面让进股额了。

第三,股价虽然偏低,却每天以最低价收盘,也可能有做手压低吸纳。

做手开始操作时,市场大致会表现出以下迹象:

第一,成交量热络起来,而且买卖较集中,往往集中于少数公司。

第二,股价迅速冲刺而上,往往出乎市场投资人的预料。

第三,有些做手喜欢临收作价,作为拉高行情的手段。

【市场聚焦】　　　　　　茶叶蛋的股市逻辑

一位50多岁的大妈从2002年7月开始就一直在证券营业部门口蹲点做小生意,她经营的品种有包子、小糕点、茶叶蛋、豆浆等。她的茶叶蛋特别好吃,一个八毛、一块五两个。我经常买她的东西,四个茶叶蛋外加一杯豆浆,就是我的一顿早餐。一来二去,我和大妈也就混熟了。

有一次,我问她:"大妈你每天都在这里卖茶叶蛋,我都看你卖了好多年了,生意还好吗?挣钱吗?"

"其实,我不靠卖茶叶蛋挣钱的。"大妈回答。

"那靠什么挣钱?"我奇怪了。

"我靠炒股挣钱。"大妈回答。

"靠炒股挣钱?"我更奇怪了,"您为什么这么自信能靠炒股挣到钱呢?"

"道理很简单啊，"大妈有了几分得意，"我在这个证券公司门口卖茶叶蛋，每天都带100个来，如果在当天卖出的茶叶蛋在20个以下，我就满仓进；如果销量在20个到60个之间，我就持有；如果连续一周都能卖完100个蛋，我就出货了。"

"如果一个都没卖出去怎么办？"我又问。

"那就只能说明一种情况，就是你们证券公司的人都穷得吃不起蛋了，那一定是百年不遇的大熊市到了，我会把我的早餐车都卖了，拿出所有的钱入市。"大妈坚定地说。

我又问："那您现在挣了多少钱了？"

"这是秘密，反正有不少。"大妈颇有几分神秘。

（根据公开的网络资料整理）

4.4 股票投资者的个体心理过程与行为

4.4.1 股民的知觉选择性与股市中的视觉双关效应

在日常生活中，作用于我们感觉器官的客观事物是多种多样的，但在一定的时间内，人总是有选择地以少数事物作为知觉的对象，对它们的知觉格外清晰，这就是知觉的选择性。此时，被知觉的对象好像从其他事物中突出出来，出现在"前面"，而其他事物就退到"后面"去。前者是知觉的对象，后者成为知觉的背景，在一定条件下对象和背景是可以相互转换的。

心理学上有两张著名的视觉双关图。一张是大块黑色中镶嵌着一块白色，如果观察者以黑色为背景，就会看到一只白色的酒杯，而以白色为背景，又会见到两个脸对脸的侧面头像。另一张是用线条勾勒的妇女侧面像，如果观察者将视力集中到上半部，就会看到一位年轻姑娘，而如果将视线集中在下半部，又会觉得这是一位老妇人。背景不同，选择的重点不同，所得影像也不同，这就是心理学上的视觉双关效应。参见图4-3。

在股票市场上，当人们讨论沪深两股市时，常可听到这样的说法：沪市盈利率偏高，上市公司业绩不如深市，因此投资深市比投资沪市风险小。又有人反过来说深圳股市盘子太大，不如沪市盘小稳定，因此投资沪市风险更小。这就是股市中的视觉双关效应。当投资者以不同的股票为观察背景，以不同的因素为关注对象时，就会得出不同的观察结论。

（A）酒杯与侧面人像　　　　　　（B）两可图

图4-3　视觉双关图

不同的股票有不同的特征，同一股票又有不同的侧面，当它们共处一个市场时，就会产生互为背景、互相映照的效果。价位高的股票衬托出低价股的价位之低，大盘股衬托出小盘股的盘小之优，劣质股衬托出绩优股的业绩之优，而绩优股价位的"勇往直前"又使人感到劣质股虽劣但价廉，低价吸纳也蛮值得，如此映照的结果是，投资者感到各种股票都各有所长，都有投资价值。

不同投资者会因自身条件、愿望和习惯偏好，选择不同的观察背景和关注重点，就会造成观察结果上的差异：如新入市者往往以价位为关注的重点，会感到小盘股价高风险大、价低股保险，而一些久经"沙场"或财力较强的投资者则更注重小盘股，认为股小好炒作、盘小冲高快。但股市群体的这种观察选择始终是双向的，有人这样观察，有人那样观察。这种视觉双关效应，使各档股票以别股的"短处"来衬托自持股的"长处"，以自持股的"短处"去衬托别股的"长处"，从而使各股的短处都得到了遮盖或弥补，形成互相帮助、互相支持的局面，使大市更添你好我好大家好的欢乐气氛。因此，视觉双关效应的存在是股市能否较稳定地走得更长一些、更远一些的重要条件。

正确认识股票市场中的视觉双关效应，对我们判断市场趋势具有重要意义。因为，再盲目的投资者（实际上绝对盲目的投资者是不存在的），在决定投资方向时也总要依据一定的背景、进行一番观察，即使一时冲昏了头脑，到一定时候也会醒悟过来。所以，一个有潜力的市场，必定是由一些小型或中型绩优股带头冲锋，由一些大型绩优股适当滞后压阵的。反过来，如果前者已开始显出乏力迹象，而一些劣质股还在不顾一切地向前冲，那一定不是好兆头，很可能就是大调整的前兆。每当这时，投资者就会说：投资没有方向了，或者，投资没有目标了。而所谓没有目标，是因为股市的图像已经紊乱，视觉双关效应荡然无存。

4.4.2　股民的股价错觉

错觉是对客观事物的不正确知觉，它不同于幻觉，是客观事物刺激作用下产生的一种对刺激的主观歪曲的知觉。

股市中，即使是再理性的投资者，在很多时候，也会产生时强时弱的错觉，最明显的莫过于股价错觉。

10元面值的股票卖200元同1元面值的股票卖20元，前者看上去价格更高，这就是大家所知道的股价错觉。这种错觉使同样已达面值20倍的后一种股票，看上去感觉价格还低，有一种虚幻的安全感，而前者却已价高惊人，使人望而生畏。可以说，股价错觉同人的日常生活经验息息相关。我们日常生活当中接触到的价格问题总是同某一具体的计量单位联系在一起的，如水果多少钱1斤，衣服多少钱1件。而常识告诉我们，千总比百大，3总比2大，这种联系经过长期强化，就形成了固定的神经联系，产生条件反射。因此，一接触到股价问题，也自然而然地跟着感觉走。衡量衣服和水果的贵贱还可以靠手摸眼看，凭另一些感觉来修正原来的错觉，而对股票却无法这样做，投资人唯一能够感觉到的只有"多少钱1股"。

1.股价绝对值错觉

10元1股和20元1股，哪只股票价格更高？许多人都认为前者比后者便宜，这实际就是对股价绝对数的一种错觉。但只要我们冷静分析就会发现，有的股票虽然要20元1股或者更高，但其货真价实，"水分"较少；有的股票虽然只要10元1股，但可能已被市场注入了过多的"水分"。某些市场派人士将被注入了过多"水分"的股票称为"水分股"，如果将两只股票同时放到"水"里，20元1股的股票还能吸更多的水分，即可更大幅度地提高价格，而10元1股的股票吸水余地已不大了。如果同样拿去缩水，则结果正好相反。所以，注重股票的内在价值十分重要。

2.股价相对值错觉

甲股已跌掉40%，乙股已跌掉20%，哪只股票价更高？许多人会认为乙股相对价要高。这又是一种价格错觉，我们称之为股价相对值错觉。

股价跌幅的深浅总有其内在原因，大凡跌幅较深往往是定价太高，即使价位回升，要冲破上涨阻力也是困难重重，而跌幅较浅的股票往往说明原先价格比较合理，下跌很可能不是自身的原因，而是大市拖累的结果，一旦大市回升，这种股票更容易轻松冲高，再创佳绩。而买进"水份股"者，这时往往只能眼睁睁地看人家坐多头快车而痛心疾首。股票同商品一样，一分价钱一分货，价高价低是相对而言的，关键要看实质内容。

3.股价的动态错觉

还有一种股价错觉是动态错觉。当股票处于几元1股时，每上涨1元，都会叫人怦然心动，但真正冲破10元、20元后，1元1元的累加反而使人感到它像静止不动了。这从动速角度上看当然是对的，但对原始股东来讲，其盈利绝对值的增加并没有减缓，只是缺少了原先的"心跳感"，使人对涨势更心安理得。所以，在美国股票市场上，有些公司喜欢拆股，以降低高价感，而有些公司却不喜欢拆股，乃至有的面值仅1美元的股票涨到七八千美元依然有人趋之若鹜。因为错觉与人的注意力指向有一定关系，紧盯着红颜色看，再闭上眼睛会看到绿色，紧盯着"十"看，对"一"也就觉察不到了。

另外，股价错觉的强弱还同投资人的习惯偏好有关，平时爱便宜货的人会比一般投资人产生更强的股价错觉。当然，作为一种心理现象，人类的错觉是永远存在的，所以，对一般的股价错觉没必要太顾忌，因为你有的其他人也会有，与市场同向并不能算错，但过于强烈的股价错觉经常会使我们选错股票、走错门径。

4.比价错觉

股民对股价的相对高低会产生错觉。对低价股涨1倍都不觉得贵，而对于高价股涨50%就会觉得贵。股民有买进低价股的偏好，高价股往往曲高和寡。

5.资金量翻番错觉

股民们还有一种错觉，似乎赚到的钱可以每月翻番，其实一个月内赚取10%是可能的，但每个月都赚10%，基本上就是不可能的了，因而指望从资金量翻番中致富的想法是不现实的。

6.涨跌幅错觉

投资者在股票的涨跌幅度上也会产生错觉，认为股票下跌后再上涨也不可能回到原位，因而在股票市场中赔钱比赚钱更容易。

7.除权错觉

这是一种上市公司分红送股后，股价经折算处理，使投资者误以为其价值被低估的一种错觉现象。事实上，除权之后股票便宜了，易为投资者接受，其实这也是一种比价错觉的特例。

8.成交量错觉

这是指成交量的变化会给投资者造成一种对主力机构行为判断上的错觉，因而也会影响投资者的决策，造成失误。

综上所述，股市中的股价是重要的股市变量，最易使人产生错觉，应该格外注意。我们对这些现象进行了归类，参见表4-1。

表4-1　　　　　　　　　　　　**股价错觉的种类、特征**

股价错觉的种类	特征及含义
股价绝对值错觉	对股价绝对值的一种错觉。股民会看好绝对值低的股票
股价相对值错觉	对股票跌幅较低者，股民认为其股价更高
股价的动态错觉	从动速角度看，对涨势心安理得
比价错觉	对低价股涨1倍不觉贵，对高价股涨50%就觉贵
资金量翻番错觉	期望每个月都能赚到钱
涨跌幅错觉	对股票的涨跌幅产生错觉
除权错觉	上市公司的经分红送股后的股票价值会被低估
成交量错觉	成交量变化给投资者造成判断错觉

4.4.3　投资者的情绪与股市操作

1.投资者的情绪与股票的买卖区域

心理学上称情绪是人的心理生活的一个重要方面，它是伴随着认识过程产生的，是人对客观事物是否符合人的需要而产生的体验。

我们知道，人是具有自己的主观世界的，当外界事物作用于人时，人对待事物就会有一定的态度。根据是否符合自身的主观需要，可能采取肯定的态度，也可能采取否定的态度。当采取肯定的态度时，就会产生爱、满意、愉快、尊敬等正面体验；而当采取否定的态度时，就会产生憎恨、不满、痛苦、忧愁、愤怒、恐惧、羞耻和悔恨等负面体验。无论是对客观事物抱持肯定的态度还是否定的态度，我们都能直接体验到，这就是情绪体验。不管是在成熟的股市中，还是在不成熟的股市中，最难控制的就是自己的情绪。

股票市场具有自身的周期性特征，那就是股价指数的起伏不定，总是在

"低价位—高价位—低价位—高价位"间循环往复。这种股票市场的有节奏波动，反映出投资者的情绪状态，即悲观还是乐观。一旦大多数投资者出现了悲观情绪，股票将变得廉价而使投资风险减少，股票市场就进入了一个买进区域。与之相反，当投资者的情绪乐观且受股票的上涨热所驱使，大多数股票的市盈率达到高点时，股票市场就进入了一个卖出区域，因此很可能在一夜之间，股票价格就经历一次暴跌。

2.投资者的基本情绪体验

贪婪与恐惧是成功投资者必须克服的两大情绪体验。贪婪实为一种不符合市场现实的赚钱期望。与其说是贪心才导致了亏损，不如说是该"贪"时产生了过于害怕的情绪从而丧失机遇，而该害怕时又因产生"贪"念而踏入陷阱。

除贪婪与恐惧外，投资者的基本情绪体验还包括焦虑与郁闷。焦虑与郁闷是多种基本情绪体验的复合体。焦虑包括担心、痛苦与不自信等心理情绪体验；抑郁包括痛苦、厌恶、压抑等心理情绪体验。

牛市下赚钱效应不断涌现，投资者对前景越来越兴奋乐观，会产生情绪上的欣快症。但一旦股票处于下跌状态，股民就会焦虑。股票下挫被套时，投资者更会产生无助、沮丧，甚至厌世自杀的倾向。投资者对股市、管理层会产生愤怒、憎恨情绪，更有甚者会产生暴力的行为倾向，成为社会不安定因素。

3.投资者的情绪困扰

股市即人生，股市中的情绪体验是人生过程中情绪体验的表现。投资者成功的喜悦、失败的痛苦，从狂喜到绝望、从愤怒到惊慌，都可能在短短的几天内发生。

在投资过程中，投资者多数是焦虑、抑郁、愤怒、绝望的，不良情绪体验占据主导。

投资者的不良情绪会严重干扰其理性认知在投资决策中所起的作用。面对的情境不确定性越高，情绪对决策的影响也越大。

股民处于不良情绪状态时，由于赌心太强，不接受失败，一心想的是只能赚不能赔。在股价下跌时，这些股民会过度惊慌，随大流地加入恐慌抛售行列。

不良情绪是一种消极的情绪体验，会使投资者操作失误。反过来，操作失误又会加重消极情绪，这就使情绪与操作陷入恶性循环。而消极情绪仅靠发泄未必能调节好，甚至更坏。

当然，过分的乐观情绪同样不利，往往会产生过度自信，从而导致投资者过高估计成功的概率，过低估计决策可能产生的风险。

理性投资者应该摆脱情绪的困扰，这样才能作出正确的投资决策。

4.不良情绪的调节

不良情绪的调节可以从以下几方面进行：

（1）打消赌徒心理和急躁情绪。

（2）杜绝"借鸡生蛋""借钱炒股"。

（3）合理分配和管理资金。

（4）允许、接受可能发生的亏损。

（5）转移注意力。

（6）认错、出局。

（7）资本增加即是成功。

5.情绪与股市操作

那么，我们怎样判断投资者的情绪是悲观还是乐观呢？现在我们以美国华尔街股市为例，资料表明，其悲观态度的最准确迹象出现在道琼斯指数达两年来的最低点之时。自第二次世界大战以来，除非道琼斯指数下跌到两年来的最低点，没有任何一个持久的多头市场是能够形成的。在达此标准以前就开始了的任何涨势都无疑是"虚晃一枪"。

一般来说，买进股票的最好时间是在道琼斯指数跌至两年来的最低点的一个星期之后，这时的价格指数极富诱惑力，也可断定，买进股票是绝不会亏本的。事实上，许多股票已经降到了令人垂涎的低价位，这就标志着一个买进区域的开始，它将一直延续到投资者的情绪再次转为乐观时为止。

投资者乐观情绪的最可信的暗示出现在道琼斯指数涨到两年来的最高点之时。那些曾在过去两年间就买进股票的投资者明显地意识到了时机的成熟，而且人们普遍认为这是个获利的好时机。于是，一个新的投资大军犹如"猛虎下山"一般突然袭击股市，投资热情空前高涨，这种情况一般会持续大约9个月时间。此后，股票市场处于一个脆弱区域，我们称之为警戒区域，它意味着规模巨大的股票价格暴跌将接踵而来。

在华尔街，正如我们所观察到的，一个买进区域总是在道琼斯指数出现两年来的最低点的一周之后开始，到该指数创下两年来的最高纪录的9个月以后结束，随后进入股票市场的警戒区域，它持续到道琼斯指数再次跌到两年来的最低点为止。股票市场就像钟摆一样不停地摆动而不是静止在一个位置，要从两年来的最低点冲到两年来的最高点，然后又跌落到两年来的最低点。这是股市发展的规律，也是经济波动周期的折射。为期两年的经济波动与美国总统的任期有关。前两年，为调整恢复经济时期，经济发展受到抑制；后两年，为竞选（或谋求连任）期，对经济的上行有利。当然，这对分析我国股市周期同样有借鉴意义。

投资者的悲观心理和乐观心理在股市上起着指引作用，成为大多数投资者心目中的技术指导者。这是因为在经济和金融界存在着矛盾相互转化的规则，当大多数人认为前景黯淡时，他们却在无意识地为经济的惊人发展创造条件：投资者的悲观心理使公司投资紧缩，其债券也变得便宜，同时还会引起利率下跌，可就是这种利率的下跌在很大程度上促进了一个大范围的商业经济的复苏。

另一方面，当大家都认为前途坦荡无险时，可以肯定暴风雨即将来临。因为投资者的乐观心理导致公司投资过剩，股票价格超过其自身的价值，也促进了利率的高涨，正是这种高利率反过来抑制经济的上升趋势。

总而言之，买进股票的诱人机会总是在大多数人对经济前景不抱希望时出现的，特别是在股价暴跌、投资者的悲观情绪已泛滥成灾的时候，买进股票即可坐收渔利。当投资者确信一个主要的多头市场正在形成并开始启动时，就应该毫不犹豫地在股票投资上全力以赴，直到投资气候转坏或者一次新的通货膨胀周期开始时为止。同样，卖出股票的时机也是在大多数人充满乐观情绪，甚至是欣喜若狂的时候，此时投资者更应保持冷静，因为这很可能是一次规模巨大的股价暴跌的开始。图 4-4 可清楚地表明这种股市循环。

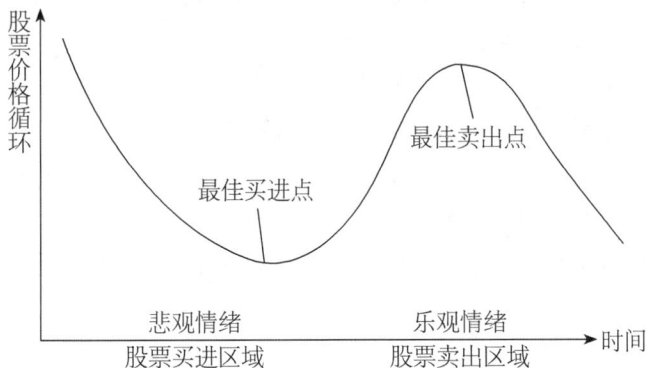

图 4-4　股票价格循环与情绪

【知识链接】 情绪稳定性的自我测验

以上我们分析了投资者的情绪与操作时机的选择之间的关系。股市因与股民的切身利益相关，股价的一点波动常造成股民情绪的变化，如高兴、悲观、焦虑等，它常干扰股民对行情的判断，导致巨大的损失或丧失良机。为此，笔者试编了一套简单的问卷，供投资者对自我情绪的稳定性进行测验。

请你仔细阅读题目，然后在三个答案中选择符合你真实情况的答案，注意只能选择一个。内容如下：

（1）当你拥有的股票下跌，人们纷纷抛出时，你是否常常急于脱手，而不能冷静地分析？

（A）经常如此　　　　（B）很少如此　　　　（C）介于（A）（B）之间

（2）听到利空消息时，你很紧张吗？

（A）很紧张　　　　　（B）不紧张　　　　　（C）有点紧张

（3）对你来说，失败造成的悲观情绪会持续多久？

（A）很长一段时间　　（B）很短的时间　　　（C）介于（A）（B）之间

（4）成功后，你是否兴奋不已，以至于越来越大胆？

（A）是　　　　　　　（B）否　　　　　　　（C）介于（A）（B）之间

（5）你的情绪经常随着股价的波动而波动吗？

（A）经常如此　　　　（B）很少如此　　　　（C）介于（A）（B）之间

（6）股市人气冷落时，你是否常有心灰意冷的感觉？

（A）是　　　　　　　（B）否　　　　　　　（C）介于（A）（B）之间

（7）当你持有的股票进入盘整期，此时股价时高时低，走势微妙，你会常常坐立不安、吃睡不香吗？

（A）经常如此　　　　（B）很少如此　　　　（C）有时如此

（8）股市人气旺盛时，你是否也感到信心百倍？

（A）常有这种感觉　　　　　　　　（B）很少有这种感

（C）介于（A）（B）之间

（9）当你买入某种股票后，股价的走势并非如你当初的预测，这时你能保持冷静吗？

（A）很少能做到这点　　　　　　　（B）基本上做到了这点

（C）介于（A）（B）之间

（10）在股市中，你做到临危不乱了吗？

（A）没有做到　　　　（B）做到了　　　　（C）介于（A）（B）之间

（11）注视着行情显示板时，你是否紧张？

（A）是　　　　　　　（B）否　　　　　　　（C）介于（A）（B）之间

（12）你担心失败吗？

（A）经常如此　　　　（B）很少如此　　　　（C）有时如此

（13）证券交易所的那种气氛常使你：

（A）无法静下来思考　　　　　　　　　　　（B）对思考基本上没有影响

（C）对思考有一定的影响

（14）你常常因听到各种各样的消息而心烦意乱吗？

（A）经常如此　　　　（B）很少如此　　　　（C）介于（A）（B）之间

（15）情绪对你的操作影响如何？

（A）很大　　　　　　（B）很小　　　　　　（C）一般

结果判断：

选择答案（A）记2分，选择答案（B）记-2分，选择答案（C）记0分，然后把15道题的分数相加。总分数越低，则情绪越稳定。具体地说，总分数在-6~2分之间为平均水平，大于2分为情绪不稳定，小于-6分为情绪稳定。

4.5　股市情结

心理学上称"情结"是一组与许多因素相联系的复合情绪。著名人格心理学家荣格用情结表示一种伴随着强烈情绪变化的观念或思想。这种情绪的变化，使保持在无意识中的情结对人的行为产生重要的影响。

股市中的情结是过去的产物，是投资者不能摆脱过去、摆脱自我，沉溺于某种心理体验的产物。在股市中，形形色色的情结是不胜枚举的。

4.5.1　迟到情结

原先没想到要投资的股票，或曾经想到过但由于种种主客观因素没有及早购进，在股市兴旺起来之后看到别人大赚，就会产生"自己迟到了"的念头。这种念头的产生不能说不正常，但心态正常的投资者会知错就改、亡羊补牢，错过第一班，就赶进第二班。而有些人却沉溺于迟到的懊恼中不能自拔。股价每升一步，就喊一声"晚了"，股价越升，这种念头就越强烈，以致结越打越紧，无法解脱。若是有人劝他赶快入市，他会说："晚了，现在再弄已经晚了。"不良情结就是这样叫人不能正确地面对市场、面对未来。许多人的时间就这样莫名其妙地消逝了，机会也就这样一次又一次地溜掉了。应该明白，只要参与投资，永远不会迟，股市中只有被淘汰者，没有迟到者。

4.5.2　错卖情结

投资者因一时不慎做空踏空，这在股市中本是很正常的事，只要感到错卖了，亡羊补牢就是了。可有些投资者却因此而耿耿于怀，产生"错卖情结"，宁愿让懊恼捆住自己，也不愿再做调整。在此，笔者想起遇到的一位投资者，这位投资者在上海望春花（ST中源）股票14.60元时卖出了该股票，后来当该股不见下跌反而上行时，他立即又以15.80元的价位追加买进。有人说他犯傻，他一笑了之，"以后你们就不会笑我傻了"。果然，不出几天该股涨至18元多。别的不说，光是这份洒脱也许就可以保证这位投资者不会被股市淘汰。如果与市场怄气，最终"气死"的总是自己。

4.5.3　恋股情结

还有一种情结也相当普遍，这就是"恋股情结"。有许多投资者在某只股票上赚过钱，就一直对这只股票怀有特殊的好感，以至于当该股股性已变，市场中有了更好的股票可以选择时也往往视而不见。相反，当在某只股票上吃过苦头时，又会对这只股票抱有深深的成见，甚至明知在某些情况下购进不失为明智之举也宁可不买。这种心理有点类似于心理学家弗洛伊德所称的"恋母憎父"情结或"恋父憎母"情结。

情结是股市经验不足的产物，一个情结就是一个套子，于是各种套子把投资者自己给套住了。股市中有人越做越顺，是因为他较能自我解脱；有人越做越背，很大程度上是因为他们"心有千千结"。俗话说，解铃还得系铃人，少想过去多想未来，少想自己多想市场，恐怕是解铃的唯一办法。

4.6　股民的股市记忆

心理学上称记忆是过去的经验在人脑中的反映。人脑感知过的事物、思考过的理论和问题、体验过的情绪和练习过的动作，都可成为记忆的内容。例如，熟读了一首诗，过几天能把它背出来，这就是通过记忆来实现的。

股市有没有记忆力？这是许多专家争论的问题之一。有些专家认为，股市是有记忆力的，过去的股价走势会令人吃惊地重演，并据此总结出了许多股价运行模式或表现模式，建立起了一整套预测股价走势的方法和理论，这就是技术分析法。而在有些专家眼里，股市是没有记忆力的，过去的只是过去，不管表现如何，曾经达到过什么价，都不能用来指导现在。持这种观点的大多数是市场"人气学派"，喜欢根据眼前的人气状况推测股价走势。

股市到底有没有记忆力，我们先看一个典型的例子：

1991年1月14日，上海"电真空"股票兵败530（金额"元"，下同）"高地"，后来在495反弹，至524再度失利，其后上海股市便进入熊市。经过这一场多空战，495和530就在股民心目中留下了一段可怕的记忆，成为笼罩在"电真空"头上的阴影。因此，到5月17日牛市起步后，"电真空"尽管途中两遇波折，而涨势依然十足，但到7月1日，刚刚摸到495门槛，就遭到空头方的强大压力，迅速回落，进入盘整期。后来重新上扬，到523时盘中又起厮杀，经过1.9万余手的交锋才使空方全线溃退，使其安全跨越530高地，进入了一个无拘无束的自由天地。

我们用图4-5表示"电真空"的基本走势。

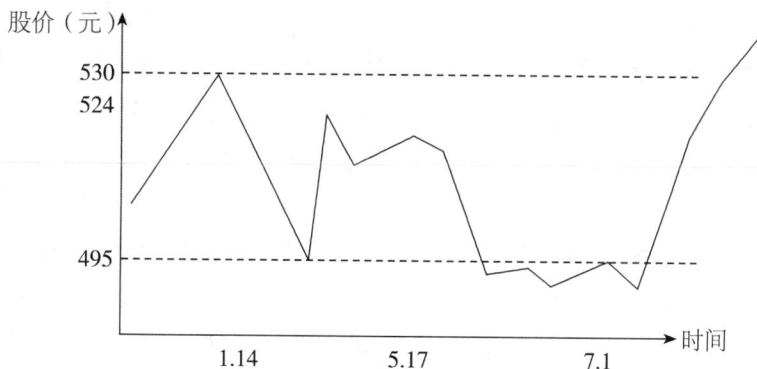

图4-5 1991年"电真空"股价走势

这一例子说明，股市确实是有记忆力的，而所谓股市有记忆力，实质就是股民有记忆力。过去失败过的地方会给人留下了可怕的映射，当人们重新"踏上故地"时，就会情不自禁地回想起令人心有余悸的失败，不敢"贸然造次"。因此，495回落与523抖动，在技术分析家眼里叫阻力线，而从心理分析上来看，就是股民的记忆作用，熊市阴影保留在了头脑中。

但是，这一例子也说明股市其实是没有绝对记忆力的，过去的影像能作用一时，却无法作用长久，能作用局部，却无法作用整体，记忆会慢慢消退、慢慢弱化，取而代之的是新的映射、新的感觉。股价，最终不会总是重演历史，否则，就不可能再创新高。因此，投资者应留意过去，但更要关注现在、展望未来。

然而遗憾的是，许多投资者虽然知晓这一道理，事到临头却往往忘记这一点，以至于沉湎过去而不能自拔。如明知大势已变，涨势已成，却依然不能摆脱熊市的阴影；明知局势已变，大势已去，却依然跳不出牛市的光环。这种现象的产生固然同投资者的分析能力与心理素质有关，但与记忆的形式也有很大关系。记忆的一种主要形式是表象，表象具有形象性、直观性、片段性等特点，人们最容易记住的往往是形象最鲜明、最突出的东西，而不良记忆恰恰给投资人留下了许多深刻而可怕的印迹。

✅　4.7　投资过程中常见的思维定式

4.7.1　什么是思维定式

思维定式（set）是一种重要的思维偏差，指在解决问题过程中作出特定方式的加工准备状态。它是较长时间以来人们在思维上逐渐形成的一种固定模式。例如，作为投资经验总结出来的"持股不动是最好的策略""应采取游击战术，积小胜为大胜"的观念，又如"长线是金，现金为王"的策略等。

不容忽视的是，思维定式常会给人们认识和把握市场、指导投资操作带来误导。

思维定式也就是心理定式，心理定式是人人都有的心理现象。投资新手开始操作时，没有经验，也没有心理定式，能随时根据新的情况作出新的判断，相对成功率很高。到了后期，由于长期受同一股市运行模式的影响，使同一经验被反复印证、强化之后，就形成了一种固定的模式和操作上的心理定式。

心理定式使人的思维与行动达到高度自动化的同时，也会使人们的思维模式固定化、单一化和机械化，在股市中就会影响投资者对行情的随机判断。如有的投资者习惯按消息来判断股市，有的喜欢按单子（买进单多还是卖出单多）来推测买卖盘的变化，有的则喜欢按成交量的大小来衡量人气是否旺盛，诸如此类，不一而足。应该讲，这些方法都是有一定效果的，但效果也都有限。在牛市中，其实用不着这些方法也可赚钱，而在大市巨变阶段，继续照此操作则危害性很大。它不仅会使投资者走入歧途，而且一旦心理定式失灵，就容易造成心理崩溃，以致对明明用得上的经验也会产生动摇、怀疑，于是就更加举止失措，令心态与行为调整的过程更长、更痛苦。

不同的股民会有不同的心理定式，但在股市长期走高或长期走低之后，股民总体的心理定式就是好了还会好、坏了还会坏。这种心理定式的存在，使股价不易出现一旦转好就直线上升、一旦转坏就直线下跌不止的情况。所以，老到的投资者可以有效地利用它，趁大多数人还没真正醒来之前即调整方向。当然，它的前提是投资者不能被自己的心理定式固定住，而应经常观察股市现状，随时积累新的经验、形成新的认识。

4.7.2 产生思维定式的原因

产生思维定式的原因有以下几个：

（1）判断与决策所依据的信息不完整。

（2）信息分析表面化。

（3）不同投资者的不同的归因方式。

（4）情感因素对思维的影响。

4.7.3 克服思维定式的方法

克服思维定式的方法有以下几种：

（1）了解牛市、熊市的循环周期，分析常犯的错误。

（2）分析市场及市场外信息。

（3）分析方法综合化，包括心理与行为分析。

（4）克服归因偏好。

（5）对股票不要有好恶情感的偏好。

4.8　投资者的认知特点

4.8.1 投资者认知过程的理性与非理性

在此，我们需要了解认知过程的完全理性与有限理性。

传统理论认为，人们在进行投资决策的过程中是完全理性的。投资者期望在承受一定风险的前提下实现收益的最大化。

但是，传统理论无法解释市场的异常现象，如过度反应现象与反应不足现象，此时，实际股价会超过或低于其内在价值。为此，出现了"有限理性"的假设。

有限理性假设认为，没有必要去追求操作的理想化或最优状态。因此，没有必要去追求资金使用效率上的最优化。完全理性假设违背认知上的有限理性假设，会给盈利操作带来负面影响。

4.8.2　过度自信理论

过度自信（over-confidence）理论是指投资者在投资过程中产生对自己预测市场能力和赚钱能力的一种过高估计。这样的投资者往往认为，别人的投资决策是非理性的，而自己的投资行为则是理性行为。

过度自信的投资者喜冒风险，忽略交易成本。事实上，在股市中这种人并不一定获得高收益。

4.8.3　投资者的认知偏差

投资者的认知偏差包括乐观主义偏差、事后认知偏差与短视偏差。

（1）乐观主义偏差（optimism bias）。这是指大多数投资者对市场的未来有一种乐观的估计，他们总是相信市场会向好的方面转化。对于可能产生的不好的结果估计不足，过高估计自己对投资行为的控制能力。乐观主义者在牛市中常有不俗的表现，但在熊市里会成为受害者。

（2）事后认知偏差（hindsight bias）。这是指投资者在事后往往完全回想起事前自己的实际的心理状态和想法，事前可能会有这样或那样的原因，使投资者没能作出正确的决策，到了事后，投资者似乎变得相当清楚和明白，市场走势本该如此。

（3）短视偏差（myopic bias）。这是指投资者对于市场的短期走势过于看重，而易忽略市场的长期方向。大多数投资者的长线持股时间不会超过两年。许多投资者以5天或5个星期来判断行情的未来趋势。

4.8.4　投资者认知的启发性特点

认知启发（cognitive heuristics）是一种认知偏差，也是提高决策效率的方法，它能使人准确、快速、简捷地在不确定因素的市场中及时作出决策。

认知启发告诉投资者，只需对那些最明显、形成判断最必要的信息进行加工。

认知启发包括表征性启发、获得性启发、锚定启发等。现分述如下：

（1）表征性启发。这是指要根据当前信息的相似程度，通过表面特征的类似性，推断规律的一致性。这种方法会导致错误的决策。这是因为，一味迷信过去的经验而不去分析市场情况的变化，多半会使决策出现偏差。

（2）获得性启发。这是指根据某种信息容易被想起来的程度，判断与该信息相关的事件发生的可能性。这也容易产生认知偏差，因为投资者会高估股价暴跌出现的概率，从而胆子变得越来越小。

（3）锚定启发。这是指当人们对模糊信息进行推理时，倾向于先找出一个类似事物作为参考，或称为锚定（anchoring）。当投资者没有更多的有效信息作参考时，在投资过程中就会习惯于将最近的价格水平作为自己判断股价走势的参考点进行锚定。

4.8.5 投资者的后悔心理状态

由于过早卖出获利股票，或在熊市背景下没能及时止损，或获小利而未能兑现后又被套牢等投资判断与决策上的差错，投资者会感到难过和产生不良情绪，也会由此产生后悔的心理状态。后悔心理则会使投资者表现出优柔寡断、害怕后悔、逃避后悔等情绪。如果市场证明你是错误的，那么会产生更强烈的后悔情绪。

投资者有害怕后悔、追求自豪的动机。害怕后悔与追求自豪动机就易造成投资者持有获利股票时间太短、持有亏损股票时间太长的情况，这种现象被称为处置效应（disposition effect）。处置效应是投资者被高位套牢的心理依据之一。投资者为了保留自豪感，常常会把亏损的股票长时间留在手里。

产生这种现象的原因还在于不同"心理账户"的资金难以转化。投资者往往不愿意为了开一个新的心理账户而将另一个已经亏损的心理账户关闭。

本章小结

股市时狂现象的背后凸显了人性的贪婪与恐惧、焦躁与慌乱、盲从与随意。只有克服贪婪与恐惧心理，抱以平和心态，才能从容应对股市风云。

股票投资者的投资需要是多种多样的，有生理的、安全的、社交的、尊重的需要，也有自我实现的需要。股票投资者的动机是复杂的、多面的，有资本增值动机、投机动机，也有自我表现动机、好奇与挑战动机等，但是获取收益始终是其最基本的和最主要的动机。

股市中，即使是再理性的投资者，也会产生股价错觉，包括股价绝对值错觉、股价相对值错觉、股价的动态错觉、比价错觉、资金量翻番错觉、涨跌幅错觉、除权错觉及成交量错觉等，同样情绪也会对股市的操作带来影响，买进股票的诱人机会总是在大多数人对经济前景不抱希望时出现的，特别是在股价暴跌、投资者的悲观情绪已泛滥成灾的时候，此时，买进股票即可坐收渔利。同样，卖出股票的时机也是在大多数人充满乐观，甚至是欣喜若狂的时候，这时，投资者更应保持冷静，因为很可能一次规模巨大的股价暴跌即将开始。

股票投资中，会受到判断与决策所依据信息的不完整性、信息分析的表面化、不同投资者的不同的归因方式、情感等多方面因素的影响，而这些因素都会促使投资者形成一定的思维定式，因此投资者要通过了解市场牛熊的循环周期，分析市场及市场外的信息，克服归因偏好等方式来克服思维定式。

拓展阅读　　　　**为什么你认为自己能准确知晓何时发生股市崩盘？**

自信过度是指过高评估自己的个人能力。这种行为偏好毫无疑问地与自己过去的经验相关。一些研究者认为，这同样是决策心理学中最重要的研究内容。个人投资者普遍认为自己要比一般的投资者优秀，而各类专业投资者也同样这么认为。许多研究表明，心理学家、外科医生、护士、工程师、法官、谈判专家、企业主、经理、投资银行家和市场专家，是对自己分析问题的能力自信过度程度最高的人群。进行问卷调查，通过让答题者回答难易不一的问题，并且对每一个答案的正确程度给出自信度（用百分比表示）可以显示出这种现象。当一群人中实际答题正确的比例明显低于平均自认为正确的水平时，便可称为自信过度。值得一提的是，研究发现，随着题目难度的增加，自信过度的程度也增加。当然也有极少数的特例，比如当人们回答一些极其简单的问题时反而会显出严重自信不足，尤其当一道简单的题目迅速重新出现在面前时。

过度的自信令投资者相信自己"明白"了市场，自己有能力去预测市场的短期走向，包括最高、最低价位。舒勒对1987年10月19日这个股市暴跌日进行了研究，从而验证了个人投资者和机构投资者均自信过度。他在暴跌日后一周向几位投资者寄去了一份问卷，询问他们在暴跌日时的操作表现，结果：29%的被问卷者说他们在暴跌当日就准确知道市场会跌到什么程度，而在暴跌日买入股票的投资者中48%的人认为自己有能力评估市场最低点。如同答题者所表现的那样，这种信心并非以客观事实做依据，更多的是"和本能相关的一些东西"……

自信过度会令人们不是去利用手头的资料，而是去相信个人的"信仰"或凭一些征兆去作出决定。若一项投资项目已经在自信过度者心里"定位"好了，他就必须最小化与之相关的风险，排除一些自认为不可能发生的风险局面，但往往，对这个项目产品的过度投资最终会证明，其投资组合的分散度和选择产品的眼光都不怎么样。

（根据公开的网络资料整理）

核心概念

时狂现象　投资需要　投资动机　股价错觉　股民的认知偏差

复习思考题

1.为什么说人性的贪婪与恐惧是时狂现象背后的基本心理现象？

2.什么是投资者的高级需要与动机？

3.简述不同股票投资者的类型及其行为特征。

4.分析股价错觉的种类及其对股价判断的影响。

5.试述股票价格循环与股民情绪的相关性。

【导读】

　　长期以来，以散户为主的投资者结构一直被看做中国股市波动剧烈的主要原因。鉴于此，证监会于1997年颁布了《证券投资基金管理暂行办法》[①]，以期改善投资者结构，促进股市的持续、稳定和健康发展。在此背景下，机构投资者的迅速发展，增强了股市的筹资功能，推动了金融体制改革。然而，机构投资者并不总是能够稳定市场，相反甚至接连曝出"基金黑幕"，加剧了股价的波动性。因此，分析机构投资者投资行为的特征，学习机构投资者的投资理念和策略，掌握机构投资者的炒作节奏，对于广大散户投资者来说是很有意义的。

本章重点内容

【引例】　　　　　　　羊群行为在动物以及人类社会中的体现

　　法国科学家让–亨利·法布尔曾经做过一个松毛虫实验。他把若干条松毛虫放在一个花盆的边缘，使其首尾相连排成一圈，又在不远处撒了一些松毛虫喜欢吃的松叶，松毛虫开始一个跟一个地绕着花盆边缘一圈又一圈地爬，这一爬就是七天七夜，饥饿劳累的松毛虫尽数死去。其实，只要任何一条松毛虫稍微改变一下爬行的线路就能吃到嘴边的松叶。

　　动物如此，人也不见得更高明。社会心理学家研究发现，影响人从众的最重要的因素是持某种意见的人数多少，而不是这个意见本身。人多本身似乎就有说服力，很少有人会在众口一词的情况下还坚持自己的不同意见。"群众的眼睛是雪亮的""木秀于林，风必摧之""出头的椽子先烂"等观念束缚了我们的行动。20世纪末期，网络经济发展迅速，".com"公司遍地开花，很多投资者都在"跑马圈地"卖概念，IT业的CEO们在比赛烧钱，烧多少钱，股票就

[①] 已失效，被《证券投资基金管理公司管理办法》（2012修订）取代。

能涨多少，于是，越来越多的人义无反顾地往前冲。2001年，一朝泡沫破灭，浮华尽散，大家这才发现在狂热的市场气氛下，获利的只是领头羊，跟风的人都成了牺牲者。不仅如此，2008年的全球金融危机以及2015年下半年国内股市的几近崩盘，无一不与羊群行为有关。

传媒经常充当羊群效应的煽动者，一条传闻经过传媒的传播就会成为公认的事实，一个观点借助电视宣传就能变成了民意。游行示威、大选造势、镇压异己等政治权术都是在借助羊群效应。

5.1　机构投资者的内涵

5.1.1　机构投资者的概念

机构投资者是进行金融意义上的投资的非个人化和社会化和团体或机构，包括用自有资金或者从分散的公众手中筹集的资金专门进行有价证券投资活动的法人机构。机构投资者由于拥有巨额资金，因而拥有强大的市场势力（market power），可影响股票价格走势。相反，个人投资者中的中小散户则只能作为价格的接受者。因此，机构投资者的投资行为在很多方面与中小散户投资者不同。

机构投资者是证券市场的重要参与者，同时也是证券市场有效运行的重要基础。机构投资者运营的健康、有序，有利于证券市场的长远发展。这是由于机构投资者往往拥有庞大的可支配资金，具有较强的专业分析能力和信息收集能力，能够较有效地实现证券市场信息的传递、处理及利用，从而保证证券市场运行的有效性和证券价格的合理性。另外，由于机构投资者往往持有较大数量的证券，因而他们难以像个人投资者那样"用脚投票"来实现其目的。因为这样做会使证券价格波动较大，从而使机构投资者承受较高的退出成本。这使得机构投资者往往介入企业治理，以利于提高上市公司的质量，从而促进证券市场的长远发展。

【知识链接】　机构投资者与一般投资者有何本质上的区别？

机构投资者与一般投资者最根本的差别在于投资者是否拥有某种程度的市场势力，拥有市场势力的投资者可看作机构投资者，反之则为一般投资者。此处的市场势力不仅指对于证券价格的影响力，也包括对于市场中交易主体的信息分布、信念形成等方面的影响力。根据以上定义，若一家基金公司没有上述的市场势力，则严格意义上来讲就不能算作我们所说的机构投资者。

（根据公开的网络资料整理）

5.1.2　机构投资者的种类

对机构投资者进行分类的标准有多种，本书按资金来源不同将其分为证券投资基金、证券公司、社保基金、保险公司、QFII五类机构投资者。为了便于理解不同机构投资者的投资行为，有必要对各类机构投资者进行阐释。

1.证券投资基金

证券投资基金是一种利益共享、风险共担的集合证券投资方式，即通过发行基金单位，集合投资者的资金，由基金托管人托管，由基金管理人管理和运用资金，从事股票、债券等金融工具投资。证券投资基金一般可分为封闭式基金和开放式基金。封闭式基金是指基金发起人在设立基金时对发行总额进行设定，当足额筹集完资金后，在一定时间内不再接受新的投资，即对基金进行封闭，投资者也不能申请赎回，只能通过证券经纪商在二级市场进行竞价交易。与封闭式基金不同的是，开放式基金对基金规模没有限制，可以随时发行新的基金份额并允许投资人赎回投资基金。开放式基金由于其在激励约束机制、信息透明度和流动性等方面明显优于封闭式基金，因此已成为国际市场的主流基金产品。证券投资基金资金雄厚并且配备了大量投资专家，在投资领域积累了丰富经验，加之监管力度的加强，对资本市场的健康运作起到了很大的推动作用。2004—2017年，我国公募基金数量增长情况如图5-1所示。

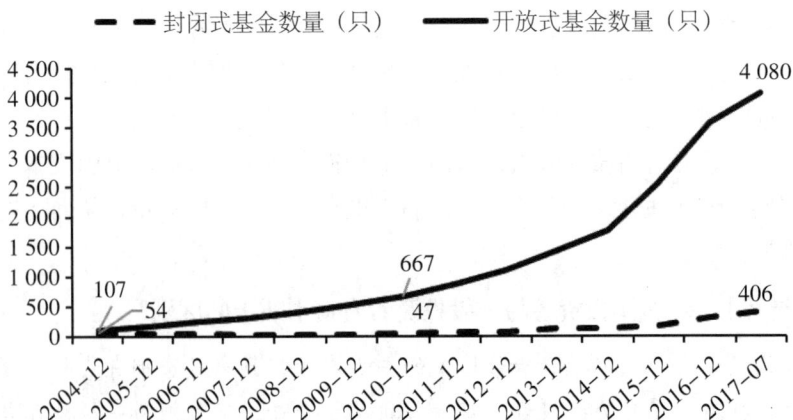

图5-1　2004—2017年我国公募基金数量增长情况（封闭式对比开放式）

2.证券公司

证券公司是指经国务院证券监管机构批准设立的专门从事证券业务的金融机构。证券公司的业务范围包括：代理证券发行、买卖或自营证券买卖，也可以从事咨询业务、兼并与收购业务以及提供资产管理业务。资产管理业务是证券公司的一项主要业务，其作为资产管理人，接受客户的委托对客户的资产进行经营运作，为客户提供证券及其他金融产品的投资管理服务，此时，证券公司符合机构投资者的定义。除此之外，证券公司也会利用自有资金进入证券市场运作以获取利益。

3.社保基金

社保基金是由国有股减持划入资金及股权资产、中央财政拨入资金、经国务院批准以其他方式筹集的资金或投资收益构成的，交由专门机构进行管理以实现保值增值的社会保障基金。社保基金投资运作的基本原则是在保证基金安全性、流动性的前提下，实现基金的增值。社保基金的运作直接关系到国民资产的安全与社会的稳定，因此国家对社保基金的运作有很多具体要求。

4.保险公司

保险公司的利润来源主要有两个渠道。一是承保盈利，当支付的赔款总额小于保险费总收入时就产生了承保盈利。大多数保险公司都很难通过承保来盈利，而是通过第二个渠道获取利益——投资盈利。保险公司收入保险费与支付赔偿之间存在时间差，使得保险公司存在稳定的资金存量，保险公司可以充分利用这些闲置资金进行投资，既可以保持资金较高的流动性，也可以获取一定的投资收益。一般情况下只有大型的保险公司才能进行股票投资，而且需满足偿付能力充足率的要求。保险公司进行股票投资要在组织架构、专业队伍、投资规则、系统建设和风险控制方面符合规定。在严格的准入条件和监管环境下，能进入股市的保险公司基本上都是行业的优秀企业，具备先进的投资理念和丰富的管理经验。

5.QFII（合格境外机构投资者）

QFII是符合《合格境外机构投资者境内证券投资管理办法》中规定的条件，经证监会审核批准，取得国家外汇管理局额度要求的中国境外基金管理机构、保险公司、证券公司和其他资产管理机构。我国引入QFII的目的在于加强市场的竞争，同时引进国外先进的管理方法和价值投资理念，促进我国资本市场的健康发展。QFII具有以下特征：与我国上市公司无业务往来，独立性较强；投资决策不受政府的干扰；投资管理人都是老练精明的投资者；遵循价值投资理念，是公司治理的积极参与者。2019年9月10日，国家外汇管理局已宣布，经国务院批准，决定取消QFII的投资额度限制。

5.1.3 机构投资者的特征

1. 机构投资者的中介性

机构投资者就其性质而言，是一种社会化的、集合的投资者。但就其特征来看，则呈现出复杂性，这主要是基于在委托代理关系中代理人并不能完全反映委托人的意志，或称激励不相容。机构投资者都是金融中介服务机构，能够极大地降低信息成本、有效规避交易风险。机构投资者的中介性是相当明显的，更为具体地说，其所提供的中介功能表现在如下方面：

（1）信息成本较低

信息是保证投资成功的前提，投资者投资于任何一种金融工具都存在一个收集有关该企业及其证券的信息的问题，而收集加工信息是需要花费时间和费用的，而且需要投资者具备专门的知识、技能和经验，以至于对一个普通投资者而言，这几乎是不可能做到的。机构投资者的从业人员大都接受过高等教育和专业训练，他们是证券投资分析专家，知识全面、思维敏捷、工作勤奋，具有较高的综合素质，专家从事信息加工的成本一般会比普通的投资者低得多。投资者通过机构投资者投资于各类金融工具，也使投资者需要获取的信息大大减少，从而可以降低交易成本。各种金融工具的特性不一样，上市公司的经营状况千差万别，市场变幻莫测，投资者直接参与市场投资时所需获取的信息量是巨大的，而通过机构投资者间接入市，只需获得有关机构投资者的经营管理信息就够了。

（2）风险分散合理

个人投资者的资产规模太小，一般难以通过合理的投资组合来规避风险，其投资收入也基本上依赖于单个或若干个公司的正常运转。当公司经营出现困难时，个人投资者就很难在不同公司股票之间分散风险。而机构投资者一般都采用组合投资的方式，投资于各行业及不同公司。这种分散化的投资策略可以大大降低单个行业或单个公司的非系统性风险，从而有效规避"把所有鸡蛋放在一个篮子里"的风险。同时，机构投资者更容易及时发现、调整和转移风险，也就能更快地在投资活动中运用新的风险规避工具。

（3）规模效益较高

随着规模的扩大，边际成本递减，机构投资者更易于达到较优的投资规模。机构投资者作为金融中介机构，它雇用经济、金融、会计、审计、法律等方面的专家来完成投资的各项管理工作，进行专业化的分工与协作，提高了运作效率。此外，投资者谈判和签订合同、监督和管制合约履行需要花费时间及金钱，而机构投资者的出现使众多的个人交易为机构交易所替代，个人投资者可以将这些工作交由机构投资者去完成，从而大大节约成本。

（4）监督力量较强

个人投资者大多无力承担交易后高昂的监督成本，除了"用脚投票"以外，很难直接介入公司控制权。但是机构投资者介入公司治理结构的事例时有发生，这是机构投资者监督公司管理层的主要策略之一。由于监督成本可在部分"终极投资者"之间分担，且具有重复操作的技能优势，所以机构投资者更有机会、更有能力介入公司管理。对于单个的投资者来说，其交易后由于监督成本很高无力或不愿意承担监督公司经营之职。从上述分析可知，机构投资者通过专家操作有效地分散风险，发挥规模优势，形成专门进行投资业务的经营机构。从分工的角度看，这种制度安排无疑是符合经济原则的。

2. 机构投资者的法律特征

从机构投资者的法律特征来看，机构投资者是由单个投资者转化而来的，通过发行受益凭证或通过契约（合约）而募集资金进行金融投资，其一方面具有了投资者的特征，另一方面又涉及信托代理等问题。从涉及的法律法规所规范的行为关系的角度看，每类机构投资者基本上都按以下原则或特性运作：

（1）诚信原则

诚信原则是最基本的受托人义务，是忠诚原则和守信原则的简称。忠诚原则要求受托人要诚实地为其受益人服务。这要求受托人要置受益人之利益于其自身利益或第三方利益之上，更要避免出现受托人的自利性交易。通常机构投资者只能依法收取手续费，而不能利用其受托人之地位和权力及委托人之资产自谋私利，尤其在涉及受益人利益的交易和决策中不能掺杂其个人利益的考虑，否则就违背了忠诚原则。这要求受托人要抵制个人私利之诱惑。当然，这里所谈的受托人利益既包括受托人机构自身的利益，也包括受托机构中雇员的利益。机构投资者的忠诚问题贯穿信托关系行为中的各个方面，从金融资产的购买与出卖到投票权的代理等，这要求机构投资者尽最大努力为其客户或受益人负责。而守信原则是指机构投资者对于预先约定的为客户服务的承诺都要无条件地一一遵从，对于由不可抗力所造成的失信要作出诚实明确的解释。

（2）审慎原则

审慎原则也称谨慎人原则，就是指受托人在管理客户或受益人之财产时要像对待自己的财产那样尽心尽力，甚至要比管理自己的财产更趋于保守，更趋于慎重。当然，这种谨慎是指通常意义上的谨慎，但这种谨慎又是没法准确测度的。一般或通常的小心谨慎是受托行为的测度标准，不过这也只能通过法律推定来完成，因为这种谨慎行为是无法进行定量分析的。根据谨慎人原则，投资要考虑多重因素，这些因素包括：①根据分散化投资原则确定的证券组合的构成；②投资的流动性现行收益；③根据养老金计划之目标确定的所有证券组合的期望收益。由于不存在真正客观的标准衡量受托人的义务，人们只能通过观察受托人在作出合理的投资决策之时是否根据可得到的信息而行动来判断。

（3）勤勉原则

勤勉原则包括两个方面：一是在业务上要不断创新，以设计更多、更方便的交易品种来满足受益人的需要；二是在交易过程中不应当放过任何一个增加受益人财富的机会，哪怕付出的努力很多而增加的收益很少。受托机构中的雇员，不论在何时何地，在何种有利于或不利于自身利益的局面下，都应当时刻以职业精神来勉励自己，把增进受益人的福利作为自己唯一的宗旨。上述两个方面的内容都要求机构投资者有勤勉务实的精神，要求机构投资者比其他部门中的从业人员更加倍地努力。当然，勤勉原则里面也隐含了勤俭节约的意思，它要求机构投资者不能过分享受在职消费和支取过多的薪酬，因为这样会间接损害基金公司股东和个人投资者的利益。

3.机构投资者与个人投资者的不同

机构投资者与个人投资者相比，具有以下特点：

（1）投资管理专业化

机构投资者一般具有较为雄厚的资金实力，在投资决策运作、信息收集分析、上市公司研究、投资理财方式等方面都配备专门部门，由证券投资专家进行管理。1997年以来，国内的主要证券经营机构，都先后成立了自己的证券研究所。个人投资者由于资金有限又高度分散，同时绝大部分都是小户投资者，缺乏足够时间去收集信息、分析行情、判断走势，也缺少足够的资料数据去分析上市公司经营情况。因此，从理论上讲，机构投资者的投资行为相对理性化，投资规模相对较大，投资周期相对较长，从而有利于证券市场的健康稳定发展。

（2）投资结构组合化

证券市场是一个风险较高的市场，机构投资者入市资金越多，承受的风险就越大。为了尽可能降低风险，机构投资者在投资过程中会进行合理投资组合。机构投资者庞大的资金、专业化的管理和多方位的市场研究，也为建立有效的投资组合提供了可能。个人投资者受自身的条件所限，难以进行科学、合理的投资组合，相对来说，承担的风险也较高。

（3）投资行为规范化

机构投资者是一个具有独立法人地位的经济实体，投资行为受到多方面的监管，相对来说也就较为规范。一方面，为了保证证券交易的"公开、公平、公正"原则，维护社会稳定，保障资金安全，中央和地方政府制定了一系列的法规来规范和监督机构投资者的投资行为；另一方面，投资机构本身通过自律管理，从各个方面规范自己的投资行为，从而保护客户的利益，维护自己在社会上的信誉。

5.2 机构投资者的行为特征

不同机构投资者的投资行为、方式和策略明显不同，在决定资产配置时，有强烈的风险厌恶者，也有运用复杂技术的积极战略者。在一些机构投资者使用指数型保守投资策略时，另外一些基金则进行更积极的资金管理。但是，无论是哪一类的机构投资者，它们在投资时都会有一些共同的投资理念和原则。

1.遵循一定的投资理念和富有凝聚力的企业文化

在经济全球化的时代，企业之间的竞争越来越表现为文化和理念的竞争，企业文化和投资理念是保证企业生存和发展的基础。机构投资者在市场激烈的竞争中不断发展壮大，虽然有的被兼并或淘汰，但生存下来的都逐步形成了自己独特的投资理念和富有凝聚力的企业文化。引导企业发展战略的目标只有一个，即实现最大的增长，在增长中实现相关各方的价值增值。

2.多元化的业务结构

以投资银行为例，其收入主要来源包括：投资银行业务，即传统的承销业务及收购兼并等财务顾问业务；自营业务及客户指定交易业务；经纪业务；净利息和股息收入；资产管理和其他服务费。它们还充分利用各自的独特优势重点发展某项业务，在特定领域树立各自的品牌。它们还积极参与全球业务，尤其是大量参与全球跨境并购业务活动。

3.资产配置的差异化和全球化

差异化和全球化不仅是分散风险的手段，更是创造长远业务增长的关键。以欧洲国家养老基金的资产配置情况为例，它们的资产结构明显不同：投资股票比例最高的是英国，其次是爱尔兰和比利时，德国和西班牙最低。除去英国，欧洲养老基金资产的30%左右投资于股票市场，而且随着养老基金体系的转变，投资会进一步上升。另外，所谓非传统资产类别（alternative asset classes）有不断增加的趋势，如投资于更小规模的资本化股票和风险资本等。资产配置也会受基金类型的影响，如固定收益养老基金和固定缴款养老基金就不同。养老金固定缴款计划管理的大部分责任在于受益人，资产组合可能更多的是风险厌恶型，导致次优结果（sub-optimal results）；而养老金固定收益计划管理在很大程度上是由专业资产管理人操作的，发起人有较大的风险容忍度，趋向拥有更高比例的股权和较小比例的债券及货币工具。机构投资者资产组合的地区分布反映了过去几年国际化资本流动的大量增长，有统计数据证明了这个事实。养老基金拥有最大比例的国外资产，保险公司的地区多样化比例最低。尽管近几年来在新兴市场的投资一直在增加，来自工业化国家的机构投资者的国际资产还是倾向集中于工业化国家的证券。无论是根据资产类型决定主要的资产组合框架的战略水平，还是选择具体证券的战术水平，其决定都不能独立于当时的环境。投资机构化趋势的增强使机构投资者在考虑风险和回报的同时，也会追求资产配置差异的最大化，这就在机构投资者中间产生了不同的投资行为。

4.个性化的投资策略

机构投资者的投资策略主要分为积极管理模式和消极管理模式。20世纪80年代以前，人们普遍相信市场有选股高手和把握时机高手，相信他们能够取得超额的投资收益，因此积极管理模式一直是传统上的主流。但在20世纪80年代后期，消极管理模式越来越受到重视。两者的区别在于投资组合是如何组建的，前者的投资组合是为了取得高于指数的收益，通过市场时机、热点转换、个股选择来增加收益，后者的投资组合只是简单地复制指数。后来又出现了混合管理模式，其关键是有选择地承担风险，在某些领域通过技术操作可以获得额外收益，而在另外一些领域则采取消极管理模式。

【知识链接】　　　　**积极投资策略和消极投资策略的区别**

积极投资策略与消极投资策略是经典的股票投资策略，二者的根本区别源于投资理念，即对"人是否能够战胜市场"这一问题的回答。

主张积极策略的投资者往往否认证券市场的有效性，他们认为市场上总是存在着大量被错误定价的股票，因此投资者可以有效识别并捕捉市场定价无效的区间，从而持续稳定地预测资本市场的未来运行轨迹，根据这一预测体系形成以"时机抉择"为特征的投资策略，从而在无效市场中获得超过其风险承担水平的超额收益，达到战胜市场的目标。

主张消极策略的投资者则认为，市场定价机制是有效率的，每种股票的当前市场价格总是能够反映其内在价值和所有的公开信息，股价是"公平"的。这样，市场中不存在由于价格被错误估计而导致的超额收益，投资者无法对投资时机作出长期、系统、正确的判断，因此他们否认"时机抉择"的功效，放弃对投资对象价格转折点作出系统预测的努力，而以现代数理统计为基础，根据投资对象价格的规律性特征选择自己的投资战略与投资策略，取得与所承担的风险相匹配的收益。

20世纪80年代以前，积极投资策略一直是主流的投资策略，多数投资大师、实务达人都奉行积极投资策略。人们普遍相信出色的基金管理人的存在，他们可以取得比市场平均水平更好的业绩，即战胜市场。20世纪80年代后，具有低成本、低风险、长期收益稳定优势的消极投资策略开始受到关注，进入90年代，该策略已被广泛应用。其影响主要表现在退休及养老基金、指数基金等。该策略主要依靠分散化投资与市场指数的表现相匹配，通常采用指数化投资方法。指数化投资强调的是投资多样化，减少交易活动和交易成本。

（根据公开的网络资料整理）

5.3　机构投资者的有限理性

经济学理论中理性的内涵集中体现在"理性经济人"假设上。通常认为，对理性的刻画在确定性条件下表现为效用函数的最大化，在不确定条件下表现为期望效用的最大化，偏离最大化原则就属于非理性。实际上，经济学中的理性是一个内涵十分丰富的多维度概念，不同时期、不同背景下的经济理论对理性的界定和理解有较大的差异。现代经济学最基本、最主要的假定是经济人理性行为假定。在微观经济理论得以建立的众多假定中，至少有两个基本的假设条件：合乎理性的人的假设条件及完全信息的假设条件。而所谓合乎理性的经济活动都是以利己为动机，力图以最小的经济代价去追逐和获得自身最大的经济利益。可见，作为主流经济学基本假定的经济人理性行为在这里是一种实现个人利益最大化的最有效途径或手段，理性等同于严格的精密计算。由于这一假定与现实明显不符，诺贝尔经济学奖得主西蒙（Simon）提出了"有限理性"的概念。

有限理性是指当人们所处的环境相对于他们有限的智力而言太复杂时所依靠的理性。西蒙建立有限理性概念所采用的步骤如下：个人或组织会追求可能相互冲突的多重目标；对于决策者，为追求这些目标而从中选择的可相互替代的方案不是事先给定的，因此决策者需要通过一种过程来制订出可相互替代的方案；与决策环境的复杂性相比，决策者智力的限制在这个阶段已经存在并且一般会阻止决策者考虑所有的可替代方案；当决策者不得不考虑这些替代方案的排序时，这种限制也存在，以至于决策者采用"经验学习法"来达到目的；最后，给定期望水平，决策者采用一种"满意的"而不是"最优的"战略，寻找足够好或满意的解。如西蒙所说："人类行为在意图上是理性的，但仅能实现有限的理性。"由此可见，有限理性与理性经济人假定相比只是更多考虑了客观能力方面所受的限制。此外，知识理性从另外一个角度对理性进行了阐述。知识理性有两层含义：一是交易者最大限度地利用可获得的知识形成自己的信念，强调序贯决策中人们的信念更新能力，这通常指"贝叶斯理性"；二是决策者努力获知关于其他个体特征的知识即高阶知识（信念）方面的能力，这又被称为"交互理性"。

实际中，机构投资者和一般投资者一样，也会违背有效市场假说中的理性人假设，体现出有限理性。

一是机构投资者同样要面对因信息披露问题导致的信息不对称，并因此可能会出现有限理性行为。机构投资者对信息的理性分析能力再高，但如果上市公司披露的信息极不完善，机构投资者在没有渠道获取更多有用信息的情况下，同样可能会忽略所能获得的信息，根据主观判断进行投机或产生盲目从众行为。

二是机构投资者的行为也同样会有认知偏差和行为偏差。机构投资者在整个投资过程中，对信息的解读、对未来收益的预期和最后投资决策都是由一个个的个体来完成的，证券分析师、基金经理等分别扮演着不同的角色。这些个体除了受到信息披露质量的影响外，也不可避免要受到个人的心理、情绪、知识水平和判别能力等多方面的影响。这样，一般个人投资者所有的有限理性行为，如过度自信、从众、后悔厌恶、损失厌恶和启发式偏差（heuristic bias）等，也会在机构投资者那里体现出来。但要承认的是，机构投资者是扮演不同角色的个体，由于职能分工和专业化（如负责信息研究和咨询的证券分析师），与一般的个人投资者相比，非理性方面的特征通常要显得弱一些。

三是委托代理问题也会使机构投资者产生有限理性行为。以基金为例，由于作为代理人的基金经理和作为委托人的基金投资者之间存在信息不对称，基金经理面临个体理性和集体理性的抉择。若基金经理选择个体理性，在投资决策中考虑的是个人效益最大化，会重视自己在社会上的声誉，有时会放弃自己基于信息的理性判断，采取从众行为，使自己避免因犯错误而遭受较大的损失。这时对于基金经理个人来说是理性的，而对于投资于基金的集体来说则是非理性的。

5.4 机构投资者的行为分析

5.4.1 机构投资者的操纵行为

一般而言，股价操纵属于市场操纵的范畴。而证券市场操纵，其目标是利用能导致非自然（unnatural）市场价格的技术来改变金融证券的价格，常用的技术有虚假交易（wash sales）或散布虚假的市场价格信息。粗略地讲，当个体（或群体）对企业股票的交易在某种程度上影响着股票价格而使之对自己有利时，市场操纵就发生了。因此，操纵股价意味着存在某种影响市场价格的势力。在此意义上，机构投资者与股价操纵有着天然的联系。

从本质上讲，机构投资者的股价操纵行为主要包括基于行动的操纵、基于信息的操纵和基于交易的操纵。

1.基于行动的操纵

基于行动的操纵（action-based manipulation）是指操纵者采取的行动改变了资产（股票）的实际（或可观测）价值而从中渔利。其中两种典型的操纵方式是市场囤积和市场逼空（short squeeze）。这两种操纵策略密切相关，常常相伴出现。市场囤积指的是某交易者持有的某证券头寸已经大于此证券的实际或浮动供给量，这意味着一定有其他交易者拥有卖空的头寸。此时，囤积者故意减少供给或报出很高的卖出价格，由于卖空者受头寸、期限等因素的制约而必须买回证券以平仓，因此他不得不以比卖空时价位高的价格买回证券，操纵者便由此获利。在我国证券市场上，此类操纵往往由与上市公司有特定联系的机构投资者进行，包括利用资产重组、资产置换等可以直接操纵股票基本面价值的行动。从法律方面看，此类操纵行为完全可能在合法范围内进行，因此，要彻底杜绝此类操纵方式比较困难。当然，并不是所有的机构投资者都有使用此类操纵手法的可能。

2.基于信息的操纵

基于信息的操纵（information-based manipulation）指的是通过发布虚假信息或者传播流言蜚语来影响股票的市场价格。比较常见的形式是庄家、上市公司、证券分析师（新闻媒体）共谋操纵。当然，各国的证券法都对基于信息的操纵（也包括基于行动的操纵）做出了比较严格、具体的规定和限制。换言之，此种股价操纵的方式实际上非常容易触犯法律。在证券市场上，此类操纵股价的方法是证券监管部门重点打击的对象。

【市场聚焦】　　　　　　　　　**"安硕信息"异常交易案**

2014年5月至2015年2月期间，安硕信息（300380）在有关信息披露以及10次接待多家机构投资者的过程中，持续披露开展互联网金融相关业务这一不准确、不完整的误导性信息；东方证券（600958）研究所计算机行业首席分析师浦俊懿、行业研究员郑奇威违反证券投资咨询业务法律法规，在未经公司内控部门审批、复核的情况下，使用"极具业务延展性……强烈看好……最优质的银行IT标的……"等夸大性、误导性的语言文字编写邮件，向128家金融机构的1 279名人员累计发送邮件1.1万余封，传播安硕信息开展互联网金融的有关业务信息。上述披露、传播行为发生后，部分基金管理公司于2014年11月1日至2015年5月27日大量买入"安硕信息"，累计共有221只公募基金持有安硕信息最高达74.84%的流通股，推动安硕信息股价从2014年4月30日的28.30元/股上涨至2015年5月13日的450元/股，涨幅为15.9倍。证监会依法对安硕信息的误导性陈述行为处以法定幅度内的"顶格"处罚，并对浦俊懿、郑奇威在证券交易活动中作出信息误导的行为分别处以罚金。

（根据公开的网络资料整理）

3.基于交易的操纵

在所有的股价操纵形式中，基于交易的操纵（trade-based manipulation）是最不容易判定的。这是因为此类操纵往往仅通过买卖证券来实现，没有采用任何公众可以察觉的非交易行动来改变公司股票的价值，也没有散布虚假信息，只是由于交易者是大户，又有较大的市场影响力，其买卖行为能在某种程度上影响了股票的价格。这类操纵行为是市场中最为常见的。从理论上讲，交易者的信息不完全是构成这类操纵行为的基础。实际上，证券市场中常见的"庄家拉起股价—散户跟风买入—庄家出逃"就属于这类操纵行为的表现形式之一。

【市场聚焦】 **任良成操纵多只股票案**

任良成以上海任行投资管理有限公司（为任良成设立的一人有限责任公司）为平台，专营股票大宗交易业务。2011年之后，任良成数次通过大宗交易接盘股票，在二级市场上操纵股价并卖出获利，已被证监会多次查处。其中，2014年4月至12月，为先后实现大宗交易买入的16只股票在二级市场的顺利卖出，任良成在大宗交易日之前或之后，控制使用员工和融资方提供的数十个证券账户，在盘中通过高价申报、撤销申报等手段，使股票价格产生较大的涨幅，并于大宗交易日后的次日或几日内卖出。2016年11月，证监会依法没收任良成上述违法行为所得9 999万余元，并处以两倍罚款，罚没金额合计近3亿元。

（根据公开的网络资料整理）

5.4.2　机构投资者的投机分析

这里有必要先对投机这一概念加以较为明确的界定。从广义上讲，任何一项经济活动，只要包含了对未来不确定风险的预测，都可以称为投机。投机作为一个经济学范畴，学术界就其内涵并没有达成共识。但在证券市场上，投机的一个狭义定义是指很少关心或根本不考虑股价和未来股利收益的关系，仅仅想通过低买高卖的交易策略、依靠价差获利。与狭义的投机定义相对应，投资可以定义为通过长期持有证券获得未来股利收益的行为。投机又可以分为基于基本价值的投机和基于市场心理的投机。

基本价值是指预期未来股利收益的折现值，由于证券市场的不确定性和各交易者私人信息的不同，各人心目中的有关证券的基本价值会有不同，理性的交易者正是根据较为精确的信息不断调整自己心目中的基本价值，以此确定价格是否被高估或低估，高估时卖出，低估时买入，所以基于基本价值的投机常常被看作理性的投机，并认为理性投机的存在是有利于证券市场的。基于市场心理的投机不以证券基本价值为买卖依据，而是重视其他交易者的看法和心理（即高阶信念），通常以技术分析方法来确定证券走势。如果交易者心目中有关于某证券的基本价值同时发现其价格与价值偏离，但又认为市场行情继续看涨（或看跌）而采取从众行为，则这是一种理性的投机；如果交易者是根据某种噪声认为行情仍然看涨或看跌，则这种基于市场心理的投机是非理性的投机。

5.5 机构投资者的羊群行为

机构投资者存在羊群行为已经成为学术界的共识。克劳斯和斯托尔（Kraus & Stoll，1972）最先提出了机构投资者平行交易（parallel trading）的概念，他们将大量机构投资者在同一时间内以同方向交易同一只股票的行为定义为平行交易，即机构投资者的羊群行为。羊群行为反映的是投资者的一种非理性的行为，具体是指在信息不充分或者不对称的情况下，某一投资者的行为受到其他投资者行为的影响，过度依赖市场中压倒性的盘口，导致所作出的决策不是建立在充分独立的对投资标的的分析上，而是来自市场中绝大多数的意见。

本节主要以证券投资基金为例来介绍机构投资者的羊群行为。造成投资基金羊群行为的原因是多方面的，除了本身的专业素质外，更主要的是国内股市本身存在着严重的制度缺陷和结构失调，从而使投资基金运作和外部市场环境之间产生了尖锐的矛盾，进而导致基金经理独立与理性的思考能力蜕化为从众行为，基金的投资风格和投资个性湮没在羊群行为之中。机构投资者羊群行为的成因如图5-2所示。

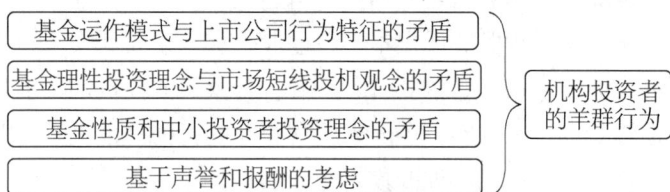

图5-2 机构投资者羊群行为的成因

首先是基金运作模式与上市公司行为特征的矛盾。从运作角度来看，不同类型的基金风格实际上是按照所投资企业的风格来划分的，并且为了充分发挥多元化组合投资的优势，基金至少应分散投资到20只股票上。但从我国上市公司的情况来看，由于改制不彻底和市场约束机制软化，相当部分的上市公司产生了"国有企业复归"的现象，以致上市越早的企业平均盈利水平越低。这种情况使我国股市缺乏足够的蓝筹股和绩优成长股，可供选择的投资品种较为有限。另外，大量的资产重组也使企业的经营情况和产业特征处于不稳定的状态。在这种市场环境下，基金无法形成并坚持既定的投资风格，只能追逐市场热点，从而使多个基金同时买卖相同的股票。

其次是基金理性投资理念与市场短线投机观念的矛盾。作为一个新兴市场，我国股市存在着高投机性、高换手率，以及市场和个股频繁、剧烈波动的特点，市场上充斥着短线投机观念。基金的理性投资理念遭到了"适者生存"法则的严重挑战，越来越多的基金经理放弃了原来奉行的成长型或价值型投资理念，在某种程度上退化为"追逐热点、短线运作"的投资方式。瑞士信贷2013年对全球股市换手率（turnover ratio）做了一次计算，中国和土耳其分别居于全球第一和第二位，超过所有发达国家。意大利和日本两个发达国家分别居于第三和第四位，美国仅排在第八位，这里的"换手率"是指某一时期内成交股份的总价值除以该时期的平均市值。

再次是基金性质和中小投资者投资理念的矛盾。基金是一种代人理财的集合投资方式，但我国广大的基金投资者缺乏长期投资的观念，将基金看作短期内能为自己带来丰厚利润的工具、一种"准股票"，一旦基金表现落后于市场或同行，或净资产值有所下降，基金经理就会遭到投资者的责备和质询。在这种巨大的压力下，某些基金为了不使本基金净资产值落至最后一名，不得不改变原先确定的长期投资理念，在运作上呈现从众和跟风的趋向。

最后是基于声誉和报酬的考虑。这在基金经理中较为普遍。由于雇主不了解基金经理的投资能力，基金经理也不了解自身的投资能力，为了避免因投资失误而出现名誉风险，基金经理有模仿其他基金经理的投资决策的动机，因为这至少可以获得行业的平均利润。因此，经理们更多地关注其他经理的投资行为，而较少关心自己的信息和对标的物的分析，或者说即使有了自己的分析结果，由于和别人的差别较大，也会放弃自己的分析结果而采取和同行相似的决策。假如许多基金经理都采取同样的行为，羊群行为就产生了。同时，基金经理采取模仿别人的策略还缘于其面临报酬降低的风险。在存在道德风险和逆向选择的条件下，基金投资人的最优决策是和基金经理签订与基准挂钩的报酬合约，使基金经理的报酬根据其所管理的基金的相对表现来确定，并和其管理的基金的业绩成正比。但这种报酬结构会使基金经理人的报酬激励机制被扭曲，间接促使基金经理追随同行进行投资决策，最终导致无效的投资组合。在与基准挂钩的报酬结构下，如果基金经理的表现落后于基准，那么基金经理将面临极大的压力，甚至职位不保。

所以，保险谨慎的决策是舍弃自己的信息或信念，尽量避免使用过于独特的投资决策，以免业绩落后于指数或同行。在这一情况下，当某些股票或概念在市场上成为潮流或可能成为潮流时，不少基金经理也会因此而加入，以免自身业绩被市场大势或其他基金经理所抛离。反之，如果基金投资这类股票遭受损失，那么也比投资其他股票产生损失更容易被基金持有人所接受。

上述结论在宏观和微观方面都有重要的现实意义。从宏观角度来看，基金的交易行为是一系列因素复合作用的结果，反映了我国股市内在的制度缺陷。因此，在一个以筹资为导向、上市公司业绩缺乏成长性且风险难以控制的市场上，投资基金的发展未必能给人们带来期望的结果。事实上，良好的行业前景、高速的业绩成长性、及时的信息披露、完善的市场监管，才是市场稳定发展的关键因素。从微观角度而言，现有的投资基金几乎给人千篇一律的感觉，不利于基金业多元化和差别化的发展。因此，投资基金宜根据自身的投资目标确定投资组合和风格，这样才能充分满足不同投资者对收益-风险组合的多元化需求，基金本身的发展才有坚实的基础。

本章小结

作为证券市场的重要参与者，机构投资者是进行金融意义上的投资行为的非个人化和社会化的团体或机构，包括用自有资金或者从分散的公众手中筹集的资金专门进行有价证券投资活动的法人机构。按资金来源不同可将机构投资者分为证券投资基金、证券公司、社保基金、保险公司、QFII五类机构投资者。机构投资者的中介性表现在信息成本较低、风险分散合理、监督力量较强及规模效益较高等方面，另外机构投资者与个人投资者相比，具有投资管理专业化、投资结构组合化及投资行为规范化等特点。

机构投资者的行为特征包括：遵循一定的投资理念和富有凝聚力的企业文化、多元化的业务结构、资产配置的差异化和全球化以及个性化的投资策略。而且实际中，机构投资者也可能会违背有效市场假说中的理性人假设，体现为有限理性。一是机构投资者同样要面对因信息披露问题导致的信息不对称，并因此可能会出现有限理性行为。

二是机构投资者也同样会有认知偏差和行为偏差。三是委托代理问题也会使机构投资者产生有限理性的行为。

机构投资者的行为主要有操纵行为、投机行为及羊群行为，其中股价操纵行为主要有三种方式：基于行动的操纵、基于信息的操纵和基于交易的操纵。

拓展阅读 ▶

利用庄家的"欲纵故擒"之计

在证券市场中，尽管庄家的操纵手法千变万化，但目的只有一个，就是吸引散户盲目跟进，直至血本无归。其实，在这种操作的背后，往往蕴含着一种难得的投资机遇。投资者只要识别出庄家的内在用意，选择在庄家发动震撼行为时积极介入，便能坐享庄家拉升的成果。庄家惯用的"诡计"就是在股市的底部顺利地以低价位吸到廉价的筹码，而在顶部顺利地以高价位出掉筹码。为了达到攻心为上、以小博大的目的，庄家常在顶部操纵多头的势力，在底部助长空头的威力，只等趋势转折那一刻的到来。

在行情顶部，庄家为了达到在顶部区域轻松出货的目的，不惜以暂时性的加仓追买、增加成本为代价，不遗余力地抬升指数、拉高股价，尽其全力来营造涨了还要涨的人气与氛围，让绝大多数轻仓和空仓的投资者加价加量，在比其进货成本更高的位置上疯狂抢筹。这里的"擒"表现为主力表面镇静实则急不可待的出货用意；这里的"纵"指的则是其为营造人气而拉升股价与指数、暂时增加其相应持仓成本的行为。

如果出货顺利的话，有心的主力只需要一擒一纵就可以了；如果出货不是很顺利的话，那么主力可以学习诸葛亮的"七擒七纵"法，来进行多次拉升、强行逼空的操作，由不得中小投资者不急，逼使他们最终因经不起贪婪股价"涨了还能涨"的诱惑而在高位空翻多，将大量的资金套死在高位而换回满仓的高成本筹码。

因此，为了避免中了主力在行情顶部"欲擒故纵"的诡计，中小投资者就应当有自己的主心骨，分清行情之顶部、股指之高低。在"高处不胜寒"时，一旦看到主力刻意营造出的逼空长阳，不但不去加仓，反而要分批减仓，甚至彻底空仓，和市场主力及其他中小投资者反向操作，如此才能保全自己，回避风险。

当然，我们也可以反过来看行情底部。为了达到在底部区域轻松进货的目的，主力往往以不惜成本、买高卖低的方式来打压股价，压低指数，这就是我们常说的"砸盘式"的破坏性操作。进行砸盘，为的是进行一种"击鼓传花"似的"博傻"，引诱广大中小投资者不断地以比主力更低的位置，不计成本地抛售比主力用以砸盘的筹码更大量的廉价筹码，使主力实现了轻松获取低成本筹码的目的。这里的"擒"表现为主力表面上抛售实则急不可待等着进货的真实目的；这里的"纵"指的则是主力"欲取之，必先予之"，通过打压指数和股价，在关键点位与价位所进行的破坏性的抛售行为。

在主力"一擒一纵"或"数擒数纵"的刻意打压下，弱者恒弱的思维定式便在绝大多数中小投资者的脑海中深深地刻画出轨迹，直到最后一刻无以复加，因无法承受的恐惧而导致信心崩溃，不计成本地斩仓割肉，而中了主力在更低位置大量吸筹的"奸计"。

因此，为了防止在底部上当受骗，中小投资者应当洞明现实的风险远小于潜在的收益这一现实，跟着主力不断打压，越跌越买，直到开出一根令"死多头"胆寒的见底之长阴线时全部满仓为止。主力是人而不是"神"，只要我们在应当恐惧时不贪婪，应当贪婪时不恐惧，主力即使有比"欲擒故纵"之计更厉害的办法，又能奈我们何呢？

（根据公开的网络资料整理）

核心概念 ▶

　　市场势力　证券投资基金　有限理性　羊群行为

复习思考题 ▶

　　1.试述机构投资者的有限理性。
　　2.分析机构投资者价格操纵的三种方式。

第6章　股票投资者的群体心理

股票
投资者的群体心理　第6章

【导读】

　　群体是个体的共同体，它不是个体的简单相加，而是超过了这一总和。群体对个体能产生巨大的影响，个体在群体中会产生不同于独处环境中的行为反应，从而形成各种群体心理现象。一个个体的力量虽然十分微小，不能对市场的走势产生影响，但是"团结就是力量"，群体的力量和公众一致的心理预期足以影响股市的整体动向，既可以在短期内推动股价急剧上扬，也能让股价一路下滑。因此，分析投资者的群体心理效应是非常重要的。

本章重点内容

【引例】　　　　　　　直线X到底有多长

　　1956年，社会心理学家阿希进行了一个有关群体压力的经典试验。阿希将被试者分成7人小组，请他们参加所谓的知觉判断试验。

　　事实上，在7名被试者中，只有编号为6的人是真正的被试者，其他人均为试验助手。

　　被试者与其他群体成员围着桌子坐下后，试验者依次呈现50套两张一组的卡片。两张卡片中，一张画有一条标准直线，另一张画有三条直线，其中一条和标准线一样长（如图6-1所示）。

　　被试者的任务是在每呈现一套卡片时，判断编号依次为A、B、C的三条直线中，哪一条直线与标准直线一样长。试验开始后，头两次比较平静，全体成员都选了同一条直线。作为6号的真被试者开始觉得知觉判断很容易。在第三组比较时，助手们开始按事先的安排故意做错误的判断。被

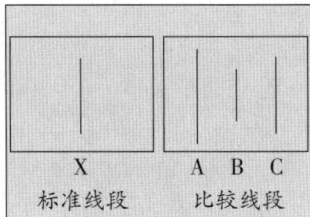

图6-1　卡片示意图

试者听着这些判断，困惑越来越大，因为他要等到第6个才能说出自己的看法，必须先听前5人的判断。

试验结果表明，数十名自己独立判断时准确率超过99%的被试者，跟随大家一起作出错误判断的总比率占全部反应的37%。75%的被试者至少有一次屈从了群体压力，做了从众但明显错误的判断。

让这些看到事物真相的聪明人说谎，保持与群体或他人一致的，不是什么魔法，而是一个"沉默的螺旋"。"沉默的螺旋"是西方传播学中的理论，由德国心理学家纽曼提出。

人出于社会天性，为防止在交往中变得孤立，总是寻求与周围关系的和谐，这样，在舆论上就形成一种沉默的螺旋现象。当人们在公开发表意见的时候，如果感觉到自己的意见处于优势时，便倾向于积极大胆地发表意见；当发觉自己的意见处于劣势时，为防止可能的被孤立会保持沉默。而一方的沉默，往往造成另一方意见的更强大有力，如此循环往复，便形成了一方越来越强大、另一方越来越沉默的螺旋发展过程。

正是因为一个巨大的、沉默的螺旋在你的心里转动，不管自己是否愿意作出某种行为，你也会尽量与周围人保持一致。对"木秀于林风必摧之"的恐惧，使我们不能坚持自己的意见。知道了这点，我们也就理解了那些"虽千万人吾往矣"的英雄的艰辛，并对他们心怀敬意，因为坚持正确的己见的可贵正在于此。

6.1 投资行为与群体心理分析

群体是个体的共同体，个体按某一特征结合在一起，共同活动、相互交往，就形成了群体。个体通过参加群体活动而融入社会，成为社会的一员。个体的一生是在不同的社会群体中度过的，他不仅从属于许多群体，而且在不同群体中占有一定的地位，扮演一定的角色，因此说人是"社会人"。

社会心理学家霍曼斯（G. C. Homans）认为，群体不是个体的简单总和，而是超过了这一总和。群体对个体能产生巨大的影响，个体在群体中会产生不同于独处环境中的行为反应，从而形成各种群体心理现象，诸如从众、流言等。

6.1.1 投资者的群体心理效应概述

证券市场是一个动态的开放市场，参与人数众多，因而影响股价的因素很复杂。其中，投资者的群体心理因素起着重要作用。我们除了研究影响市场的各种客观因素外，也应该重视对心理因素的研究，有时公众心理甚至会左右证券交易的市场走势。投资者的群体心理对股价的影响，主要是通过投资者的心理变化引起证券供求关系发生变化，从而影响行情。因此，分析投资者的群体心理效应是非常重要的。

1.投资群体的心理乘数效应

投资群体有一种极端心理倾向，就是行情看涨时更加乐观，行情看跌时更加悲观。因此，当股市萧条时，即使某些个股前景看涨，也少人问津；当股市繁荣时，即使某些个股前景看淡，不具投资价值，人们也会争相购入，唯恐失去良机。可见，正是由于群体心理的乘数效应，股市一旦呈现涨势，就有可能引发"井喷行情"；而股市一旦陷入跌势，则容易"一泻千里"。

2.投资群体的心理偏好效应

如同人们对于商品会有不同的偏好一样，投资者也会偏好某类股票，对某类股票感兴趣的投资者，往往几经考虑，最终还是购买该类股票作为投资选择。例如，有的投资者总离不开绩优股，因为他们偏爱其相对稳定的收益，不喜欢冒险；相反，另一类投资者则具有强烈的风险收益意识，喜好购买资产重组股。

产生投资偏好的原因一般有以下三方面：

第一，信息偏好。因投资者所处的环境及地位等各不相同，所能获得的信息也就不完全，一般投资者获得信息都限于少数几种特定的来源，这样他们就只能选择可获得信息来源的股票作为投资方向。

第二，习惯偏好。投资者如果曾在某只股票上获利，一般就会对该股票产生好感，会很自然地继续投资于这一股票。

第三，安全偏好。如果投资者经常接触某类股票，就会比较熟悉这类股票的股性，出于投资安全考虑，便更愿意投资于这类股票。

6.1.2 股市的发展周期与群体心态

股票市场与其他市场一样有着自身的发展周期，纵观世界各国的股市，有些股市处于比较稳定的状态，而有些股市则起伏剧烈、长期处于颓势。呈现这两种截然不同局面的主要原因在于它们处在不同的发展阶段，这既是各国股票市场发展不均衡所致，更是投资者群体心理反应的结果。

不同股票市场的发展情况可能不尽相同，但如果我们仔细观察西方国家股票市场的发展历史，不难看出有五个发展阶段比较明显，即休眠阶段、操纵阶段、投机阶段、调整阶段和成熟阶段。这里具体剖析一下五个发展阶段的特点：

1.休眠阶段

这是股票市场的初级阶段。开始时大部分人对股票市场都比较陌生，只有极少数人涉足股市，因此交易量不多，几乎没有公司挂牌，而且股票的上市价格接近票面价值。随着时间的推移，一些精明的投资者发现股票的红利收益超过了其他投资的收益时，他们便纷纷转而投资股票，起初谨慎小心，到后来便积极购买，引起股票交易量逐渐增加，股价也缓慢攀升。

2.操纵阶段

在此阶段，由于市场上股票供给匮乏、股票供需矛盾突出以及股票市场管理法规不健全，便为市场投机者操纵一种或多种股票的价格创造了条件，一旦价格上涨，操纵者就利用股票的差价套利。这种活跃的交易，同样也可能是由于政府制定了宽松的政策，激发起投资者的投资热情所引起的。此外，一个国家和公司的经济景气程度突然回升，也会引发投资者对股票的狂热购买。

3.投机阶段

当一部分人在股票交易中"发了财"，甚至成为众人瞩目的"暴发户"时，就会吸引一大批投资者进入股市，掀起"炒股热"，当股价上涨到远离基本价值以及交易量猛升时，投机阶段便开始了。尽管政府会采取一些限制投机的措施，诸如政府机构入市托盘、增加交易管理场所、搞活上市公司的承销业务等，但总体而言，投机仍然不可避免。面对股价的持续狂涨和市盈率的攀升，头脑冷静的投资者会认识到，股价被炒得如此之高表明现在股票价格与其内在价值已经相背离了，于是他们会开始抛售，致使股价与股指开始波动，股价逐渐下调，甚至大幅跳水，调整阶段便开始了。

4.调整阶段

这一阶段的股市基本上处于低迷状态，股市的熊市期有可能延续几个月甚至数年之久，能否使股市走出低谷，恢复投资者对股市的信心，主要取决于股价下跌幅度和银行利率水平、证券市场管理法规是否完善、市场利好措施是否出台以及机构大户的投资行为。在调整阶段，大部分投资者都不愿忍痛割肉抛售股票，而坚持把它作为长期投资并寄希望于股价重新上涨，这表明广大股民经过股市风雨的洗礼，其总体素质水平以及心理承受能力有所提高。随着证券市场法规制度的日益完善，股市将逐渐发展到成熟阶段。

5.成熟阶段

随着广大股民的入市操作日益规范和熟练以及新的投资团体的形成与介入（诸如信托投资公司、保险公司入市等，这些团体一般是由专业人士经营的），会大大减少整个股市运作的盲目性，有利于股市稳定、健康地发展。随着股票供应渠道的拓宽、投资风险的降低，尽管股价仍会不断上扬，但其波动幅度将不会太大，同时，因经济呈现出长期增长的趋势，企业盈利继续上升，股市发展将达到巅峰状态，并持续很长一段时间。

从长期发展趋势来看，股市的发展将日趋成熟。上证综指指数2015—2017年间的变化情况（图6-2所示）就可以说明这一点。

图6-2　2015—2017年上证综指指数变化曲线

6.1.3　市场周期五个阶段中的群体心理特征

市场一般会经历人人兴高采烈期、市场逐渐趋同期、投资者更加贪心期、价格回落期、恢复期五个阶段，股民群体在这五个阶段中具有不同的群体心理特征。现分述如下：

1.人人兴高采烈期

这一时期，市场股价已经稳定上涨了数日，甚至更久，几乎没有任何停顿。此时，股民群体对市场走势有着过度乐观的判断。乐观情绪相互传染，投资者反而不知道现在是否是买入股票的最佳时机。此时市场上存在大量进行投资和投机的机会，以至于投资者在太多的机会面前反而显得无所适从。此时股民会低估负面的政治和经济新闻的影响，甚至根本不予理会。但同时，那些意味着市场会在近期发生变化的局部调整会使过分紧张的投资者提早离场，而其他人对此根本不会注意。

2.市场逐渐趋同期

此时，从财经记者到股票经纪人以及专家与顾问们的建议变得越来越一致。他们经常提醒投资者："市场很快将出现调整，甚至可能持续较长的时间，但与真正到达市场巅峰还存在一定距离。"此时，股票价格达到了前所未有的高度。随着市场价格不断创下新高，投资者变得既兴奋又不安，你会不断听到这样的评论："市场正在不断向前发展""市场正在走向不可预知的领域""市场正在试验新的价格成交幅度"。此时，投资者谁都不愿意错过机会，就好像眼看着谷仓之门就要关闭，人们争先恐后地要挤进来，赶上大潮流的末班车，但如果仔细观察，你会发现这些现象更集中发生在那些价格处于下降边缘的股票上。此时，由于谁都无法判定正确的股票价格，投资者开始对新闻作出过度反应，从而引发价格剧烈波动。而此时的股票上升势头越猛，市场趋势越得以持续，但实际的股票收益已开始下降，市场频繁出现小规模的价格起伏。

3. 投资者更加贪心期

由于所有股票的价格都已经很高或者过高，股民们很难找到好的投资机会，推荐低价股票的内情通报越来越多。投资者在购买股票时不再依据收益、价格分析等基本因素。此时，投资者会变得更加贪心，股民常常是全家入市，受欢迎的股票板块吸引了大量短期投资资金，送上门来的客户非常多，投资乐观情绪泛滥。

4.价格回落期

此时，负面消息开始引起关注，媒体会解释市场下跌原因。此时，股民会对负面信息作出过度反应，导致股市下跌。股民因急抛股票遭受损失，开始对未来表示悲观，对市场走势感到迷茫。

股民也开始谈论股市崩溃、金融灾难发生的话题。此时，政府必会呼吁大家对市场保持冷静。

5.恢复期

此时，投资者谨小慎微，不敢将资本投入市场。但是，对市场的过度反应现象已经弱化。股民因为认为股票走势前景暗淡，转而去购买基金、蓝筹股等。股民"钟情"共同基金、单位信托，对投资基金等的投入增加。此时，市场信心慢慢恢复，新周期重新开始。

6.1.4　群体心理价位与股市操作

所谓心理价位是指投资者根据股价走势所预先设定的股票交易价格。它既是一个获利的目标，也是一个止损的界限，是投资者的判断力和承受力在心理上的尺度。群体心理价位的形成是广大投资者心理价位共同作用的结果。

在广大的投资人群中，既存在着相近的心理价位，也存在着截然不同的心理价位。由于投资者存在个体素质差异，就难免产生心理价位的判断差异。例如，对于同一股票的同一价位，你认为已经接近浪峰他却认为尚在谷底，你认为已经开始进入熊市他却认为是牛市的起点，可谓仁者见仁、智者见智。一般来说，有了正确的心理价位，才能从波动的股市中平稳心态、顺势操作，既不盲目跟进，也不跟风抛售，而是在山穷水尽时看到柳暗花明，在晴空朗日时察觉山雨欲来，从而领先一步跨入风光胜地或躲入避风港湾。

股市中没有常胜将军，但是一个合理的心理价位却能使投资者操作有序、进退有方。然而，确立一个合理的心理价位，不是盲人摸象、侥幸所得，而是取决于投资者对市场信息、企业优劣、供求矛盾、形势政策等系统性风险以及非系统性风险的科学分析，它既是一种由表及里、由浅入深、去伪存真、去粗取精的思维方式，也是一个随股市变化而不断认识、不断调整的综合性过程，它从属于市场规律，也有自身的特性。

以上主要讨论了个体心理价位问题，相对应的就是群体心理价位问题。个人的心理价位只对个体起作用，对股价影响甚微，因此，下面我们讨论群体心理价位。

1.群体心理价位形成的过程

股价走势的高点和低点是个体投资者最关心的两个问题。一般来说，在股价上涨阶段，人们关心的是本次涨势的高点；在股市下跌阶段，人们关心的则是低点何在。股价的高点和低点可从几方面确定，如经典的基本分析强调市盈率、净资产率、股息红利率与增长率，以此测定的是理论期望价格，不属于心理价位。纯粹的技术分析根据股价运行模式，把眼前的价格走势与成交量制成各种图表，以此推测价格变动，这样测定的价位也不属于心理价位。股市群体心理价位只存在股市大众的感觉与期望中，并通过大众的口耳相传逐步形成。

心理价位是应市场的需要而产生的。不管哪类投资者，在进行决策时，总希望有所依据，有明确的目标可追，否则就会感到不踏实。而股市是人气聚散之地，当人气过于充沛时，基本分析往往退居幕后，技术分析也会像武器钝化，一般投资人就会想：股价到底要涨到哪儿？尤其当股价连创新高，连最起码的横向比较也找不到较合适的参照系时更是如此。无方向、无目标是投资人最头痛的事。

这时，一些市场人士往往会因势而作，根据各自的经验、感觉提出各种价位，这正是个人猜测阶段。然而各种价位出来后，有的迅速被淘汰，有的几经流传、碰撞、筛选，终因较符合大多数人的感觉而被广泛接受，群体心理价位就这样产生了，它很像同行之间的"自由议价"，一经产生，又会成为同行间做生意的基准。所以，群体心理价位是市场态势十分明朗、人气十分充沛时的产物，而它的产生，又像茫茫夜海中的灯塔，隐现于波涛之中，顺应了夜航人的心理需求，吸引众多的投资者不顾一切地往这个目标奔去，其效果也往往会"心想事成"。

2.群体心理价位的特性

股市可谓风云变幻，直接影响投资者的心理变化，在确立群体心理价位的过程中，投资者的心态往往显得微妙复杂。

（1）阶梯性

我们以1992年3月"延中实业"股价为例，其从98.9元上扬至199.9元仅仅用了3个交易日（股票面值为10元），每天平均涨幅为29.4%，换手率为25.2%，最高最低的申报差价为51.4元；从210元上扬至290.15元时，只用了6个交易日，平均涨幅下降为6.4%，换手率为30.4%，最高最低的申报差价也已缩小为15.7元；而从302.3元涨至371元，用了9个交易日，平均涨幅下降至2.3元，而最高最低的申报差价仅为6.95元。可见，在股价连续上扬的走势中，人们的心理价位好比上楼登高，起步时体力充沛，可一步三级，随着体力的消耗，越向上速度越慢，渐渐每上一个台阶都需要一番努力。而当3月12日跌势刚起，第二天就出现了卖盘骤增、买盘寥落的情况，尤其中小散户，抛售如潮。可见，人们的心理价位在梯形上升时，往往越是高价位，心理越脆弱，神经越敏感，而操作也越谨慎。

（2）攀比性

攀比性即股票投资的比价心理。它指两种或两种以上有类似属性的股票的价位常因投资者的心理攀比作用而趋于接近。比价心理存在的客观基础是股票间存在着某些相关可比因素，这些因素通过个体的联想，就产生了股价期望。因此，所谓比价，实质就是联想，联想的要素是股票价位、质量、流通量等。最常见的比价有同类型股心理比价、同概念股心理比价、同地域股心理比价以及板块股心理比价。

造成股票投资心理比价的内在动力，是投资者普遍存在着比较属性相仿而市盈率和价位偏低的股票的心理，因为唯有此法，风险才小。当然，此种投资方法也确有可取之处。但由心理比价产生的股价，有真实价值回归和市场恶性炒作两类，所以，投资者判断和操作时，应谨慎从事。

第一，同类型股心理比价。同类型股是指同属一个类型的股票，如工业股、商业股等。1993年4月，《上海证券报》公布了一家商业股1992年的年度报告，企业税后利润为负数，一般而言，投资者应该看淡此股。然而，同日，商业类的中百、华联、小飞、豫园涨幅分别为8.22%、9.93%、17.38%和10.9%，于是，次日复牌的该股票急起直追，其涨幅在中百和华联之上，高达3.58%，可见，市场完全忽视了其年报利润为负的事实。

第二，同概念股心理比价。同概念股是指同类型中同一行业的股票。如工业股中还可细分为纺织股、电力股等。浦东大众和大众出租同为公用事业类中的出租汽车行业。1993年3月29日，浦东大众除权收盘价为14.85元，因其盘子小、质地优良和价位偏低等因素，深受投资者追捧，至4月26日股价上扬至26.16元，涨幅达76%，而同期的大众出租涨幅为53%，两者价位走近。然而，市场也有盲目攀比现象。例如，同年5月25日刊出的福耀上市公告书，被誉为上市公告书的范本，福耀玻璃被投资者追捧自然而然，但不寻常的是与福耀同为玻璃股的某股票尽管业绩平平，却也被市场恶性炒作，短短11个交易日股价就由9.80元飙升至最高价16元，涨幅达63%，风光一时，当然随后其股价便迅速回落。另外，由于投资者投资股票的心理比较作用，当时的新锦江和沪昌的上市开盘价就比照了同为饮食业的新亚和同为钢铁业的异钢。

第三，同地域股心理比价。同地域股是指同处一地或地域相邻的股票，这既有浦东股和浦西股之分，也有本地股和外地股之别。北京的两只同为商业类百货行业的股票，曾在同一日收盘价分别为 19.70 元和 22 元，但不出 4 日因投资者的心理比价作用而价格相当，后又互为消长。又如，某个时期，因兴起浦东热，浦东股就不分良莠地皆表现超凡。这都是同地域股心理比价作用的结果。

第四，板块股心理比价。板块股是指由市盈率相近的股票所组成的同一个板块。1993 年 4 月 8 日，从申达到广电的个股平均涨幅为 22.89%，其中有的涨幅竟为 27.73%，令人震惊，这是因为投资者填单时注意力过于集中在某些板块，致使所涉的个股呈板块上扬之势，当日 A 股股指涨幅仅为 12.87%，次日 A 股股指涨幅为 0.61%，而从申达到广电的个股跌幅却达 2.69%，其中三爱富、广电分别下跌 7.69% 和 7.5%，位列同日 A 股个股跌幅前茅。

（3）阶段性

随着股市的不断发展，投资者对于心理价位的确立已从初级阶段逐步走向高级阶段。在股市开放初期，投资者心理价位比较低，往往以高于债券利息作为获利标准，只求与溢价相等就满足了。随着证交所的成立，分散的柜台交易转向集中竞价的二级市场，投资者的心理价位进入了一个新阶段。当投资人群迅速扩展，供求矛盾逐步突出时，人们的金融意识提高，心理价位的投机因素也逐渐增加，从而出现脱离市盈率、狂热追涨的现象，之后又渐趋理性。可见，一定阶段的股市状况正是该阶段投资者的心理价位的反映。

一个股市是否成熟稳定常取决于投资人群中合理的心理价位是否占主导地位。从上海、深圳两地的股市特点可以看出，不稳定的心态一旦占主流，这必然导致股市的不稳定，偏高的心理价位引发的是股市的暴涨，而偏低的心理价位则引发股市的暴跌，可见心理价位对股市的影响之大。随着股市的发展成熟，合理的心理价位必将主导股市的起伏。

3. 群体心理价位的采纳和引导

（1）心理价位的采纳

采纳心理价位是一件既简单又复杂的事情。说其简单，是因为心理价位是一个数字，简洁明了，不费我们的脑子；说其复杂，是因为采纳心理价位除了要同人气状况进行对比外，还要掌握几个特点：

一是适中性。在股价涨势的初期、中期和后期，心理价位往往会一高再高。一般来说，早期的心理价位大多会偏于保守，后期的则会偏于激进，有时甚至是盲目乐观的产物。

二是单纯性。合理的心理价位至少是大多数人公认的，因此比较单纯，众口一价，如果同一时间内数价混行，反而说明股民分歧极大，这时明智的投资者往往会择低者而从之，甚至干脆不加理会。

三是近似性。低心理价位操作一定要有足够的提前量。因为心理价位是一把"双刃剑"，在实际价位低于它时，它会产生吸引力，当实际价未触及它时，它就会引力顿失，使股价跳水。所以，股价越高，提前量应越大。

（2）心理价位的引导

形成一个理性的心理价位并使之成为投资人群的共识，不是一朝一夕就能办到的，这首先有待于股市机制的不断完善和证券机构的引导，为了防止暴涨暴跌现象的发生，必须经常不断地引导投资者增强风险意识，了解上市公司的经营业绩和发展前景，明确供需矛盾的解决前景，借鉴中外股市的经验教训，提高对股票投资的理性认识。其次还有待于投资者自身素质的提高，切实认识到股票不是储蓄，不仅需要财力，还需要智力和精力。股市既有收益又有风险，高收益与高风险是成正比的，如何趋利避害、顺势而为，是一门科学，我们应该克服追涨时只听利多、杀跌时只听利空的偏执心理，提高对经济环境和股市情况的综合分析和判断能力，这样，既符合股市规律又有利于投资者自身的合理的心理价位就会不断确立。

可以相信，随着我国经济环境的迅速改善，股市机制的不断完善，健康稳定的股市与投资者必将走上共同成熟与共同发展之路。

6.1.5 群体心理气氛与股市人气

股市人气即股市中投资者群体心理气氛的总称，是人们无意识从众行为的展示。任何投资者或多或少都会受到股市人气的影响，因为人气与股市有着密不可分的关系，人气聚则股市兴，人气散则股市衰，股市人气无时无刻不影响着投资者的投资信心及股市表现。可见，股市人气是指投资者群体的心理预期及其投资行为等多方面心理气氛的总和。影响股市人气形成的因素较多，不同的时间、不同的政策背景下，其主导因素也各不相同，具体有如下因素：

1.人气与政策

股市中必要的政策调控已为广大股民所接受。"一心一意跟党走"似乎已成为发财诀窍之一。这是跟着政策导向走、以图先机的生动写照。每每有重大政策出台，人气总是为之所动。

当然，政策对股市人气的聚散既有决定性的一面，也有依赖性的一面，因为股民的投资热情始终是活跃股市的动力，也是股份制改革的"催化剂"。试想，如果股市人气不聚、交易萎缩、资金离场、熊气弥漫，在这种低迷的情况下又如何发展何谈扩容？所以，我们应凭天时、地利与人气，将股市机制改革推进到一个新的发展阶段，减少股市对政策保护的过分依赖，让"无形的手"更多地发挥作用，使股市尽快走上良性发展的轨道。

2. 人气与主力

俗话说，"散户看大户，大户看机构"，可见主力大户对股市人气聚散的巨大影响。主力大户的一举一动都在股市上起着举足轻重的放大乘数效应。当然，在利益驱动下，人气的趋势与主力的动向也时有背离。广大中小散户与主力大户之间既依存又"斗争"的关系，构成了股市中对立统一的格局。

3. 人气与信息

传媒是散户的主要信息源，而信息的影响力在股市中远比在其他领域显著。例如，报纸杂志、广播电视等传媒中的各类信息是利多或利空，会让人们议论纷纷、猜测不已；而股市发展早期每天各证券经营网点门前、自发的马路股市沙龙等，都是各类未经证实的信息飞短流长的场所。随着种种信息的传播，人气也不断消长。总之，没有人气不足以成市，股民的投资热情是股票发行的前提，没有人气则上市公司无法成立；没有人气，股市也无法扩容、无以发展。所以，人气是一种资源，我们应该认识人气、理解人气、引导人气，为投资者服务。

6.1.6 投资者的群体决策

作为一个理性的投资者，在人气盛时，不应人云亦云、盲目乐观，而应冷静地分析思考；当人气衰时，更应保持清醒的头脑，作出自己的客观判断。但事实上，股市的变化莫测，常使投资者感到势单力孤难以把握，因此，许多投资者都喜欢在决策之前同他人交换一下意见、交流一下信息，久而久之就形成了一个松散型的股市决策群体，构成了股市中群策群力的独特风景线。下面我们分析一下群体决策的利弊：

1. 群体决策的有利因素

（1）群体中存在较多的综合性知识和信息，在决策过程中可以集思广益，提高决策质量。

（2）群体决策允许大家参与并发挥作用，可从多个角度提出不同的方案，因此考虑周密、方案全面。

（3）群体的决策成为大家的决议，会使更多人对问题的解决产生更大的责任感和信念，为进一步行动提供心理上的支持。

2.群体决策的不利因素

投资实践证明，大多数群体决策的绩效都不理想，有的甚至胜少败多，屡屡误判大势。有的投资者个体思路清晰、进退有序，然而加入群体之后反而迟疑不决、举措失当。这说明群体决策并不是最好的决策方法，投资者还是应以个人决策为宜。

大量的社会心理学实验表明，当个体发现自己的言行与群体不一致时，他会感到紧张与焦虑，这促使他与群体保持一致，其结果会导致群体乐观时群情激昂，对股市前景作出过于乐观的判断与决策；而一旦股市风浪骤起，就容易呈现过度的悲观与保守，导致决策失当。造成上述群体决策失误的原因主要有以下三个方面：

（1）责任分散。群体决策使决策失误的责任由个体转为群体，这就大大减轻了群体成员的心理压力，使个体投资者在群体讨论过程中易于草率地下结论、做判断。

（2）信息交流。当投资者尚未进入群体时，他对于股市信息的了解尚不全面透彻，因此，分析判断也更加慎重，更注意从全局的角度去看股市。而进入群体后，由于各种信息的互相交流，个体投资者感到自己掌握了最新的信息，所以慎重心态也就大为减弱。

（3）情感互动。这类情况极为普遍。例如，在从前马路股市沙龙的讨论中，开始时大多数人可能都认为目前的盘整行情属于正常现象，盘整后股指仍会创新高，然而，当有人提出法人股、国家股上市扩容以及债转股上市流通等问题时，就会触动大家的消极情绪，结果便是讨论基调越来越低，最终错失良机。

可见，在群体决策时，冷静的思考会让位于群体的压力，最终讨论结果总是取决于何人的话更具感染力、更能激发起人们的心理共鸣，这些人的看法也总是左右群体决策。

6.1.7 投资者的群体心理阶段分析

中国证券市场作为社会主义市场经济的一部分，其发展经历了四个不同阶段，而每个阶段的不同特点都折射出了投资者群体心理的发展轨迹。

中国股市的萌芽阶段是1984年7月到1990年12月。

1984年7月，北京天桥商场售出第一张股票；同年12月，上海飞乐音响发行股票；1985年1月1日，延中股票发行，但股票不能公开上市令投资者兑现不便，投资人群中谨慎观望心态强烈。小飞乐、延中于1986年9月26日正式挂牌，在上海市静安区一间16平方米的小房中上市交易（中国二级股市就诞生于这一天）。1990年12月，上海证交所正式成立，深圳证交所同月试营业。从此，中国股市二级市场正式开始了艰难的探索历程。1999年7月1日，随着《中华人民共和国证券法》的正式实施，中国股市迈入了日渐成熟的阶段。然而，中国股市真正的成熟期并未到来，股市的起伏跌宕反映了股民群体心理的不稳定。

已经走过近40多年历程的中国股市，仍然在一次又一次地刺伤股民的心，也在逐渐除去他们的狂热与激进，使他们渐渐看到股市真有风险，投资必须谨慎，同时，也让他们看到了投资获利的机会。相信屡经风雨的广大投资者一定可以调整自己，以积极理性的心态面对投资机会。

6.2 投资中的从众行为

6.2.1 从众行为概述

1. 从众的基本含义

从众指个体在社会群体的压力下，放弃自己的意见，转变原有的态度，采取与大多数人一致的行动的行为。所谓"随波逐流""人云亦云"就是从众的最好例证，它是人类生活中非常普遍的现象。社会心理学家认为，从众行为是在群体一致性的压力下，个体试图寻求解除自身与群体之间冲突、增强安全感的一种手段。实际存在的或头脑中想象到的压力，会促使个体产生符合社会或团体要求的行为与态度。个体不仅在行动上表现出来，而且在信念上也改变了原来的观点，放弃了原有意见，从而产生从众行为。个体在解决某个问题时，一方面可能按自己的意图、愿望而采取行动，另一方面也可能根据群体规范、领导意见或群体中大多数人的意愿制定行动策略，由于随大流、人云亦云总是安全和不担风险的，所以在现实生活中不少人喜欢从众，以求得心理上的平衡，减少内心的冲突。

从众行为在怎样的心理状态下容易出现呢？C. A. 基斯勒（1969年）从个

体的角度出发，提出了引发从众行为的四种需求或愿望：

(1) 与大家保持一致以实现团体目标。

(2) 为取得团体中其他成员的好感。

(3) 维持良好人际关系的现状。

(4) 不愿意感受到与众不同的压力。

2. 从众与顺从

与从众行为相类似的概念是顺从行为。顺从行为虽然也是个体受到群体压力而表现出符合外界要求的行为，但其内心仍然坚持自己的观点，保留自己的意见，仅作表面上的服从。从众行为与顺从行为的区别在于是否出自内心的意愿。自愿放弃自己原有的意见附和他人的意志，遵守群体规范，这是从众行为；虽然行为上与他人一致，但内心态度并未改变，保留个体的观点而去附和客观要求，作出权宜的行为改变，这是顺从行为，其特点是"口服心不服"。两者的共同点都是迫于外界压力而产生的相符行为。外界压力，主要是指社会舆论、群体心理气氛等，而不是社会和群体的明文规定。

3. 反从众与独立

个体行为既有从众现象，也有反从众的独立行为。具有这种行为倾向的个体，之所以能够克服群体的压力，不发生从众行为，是因为认识到群体行为可能是错误的。他们蔑视群体规范，保持自己的态度与信念。从个性上看，这种类型的人独立性强，不易受人暗示，所作所为不愿意被他人的行为所支配，有时也可能是某种逆反心理的表现。

【知识链接】　　　　　　　　什么是逆反心理

逆反心理在心理学上又叫控制心理，它是指行为主体按照特定的标准或社会规范对人们进行引导和控制时，行为客体产生的反向心理活动。也可以说是人们由于受某种原因的影响而产生的对某事物（内容和形式）持对立、抵触、反对态度的心理状态。

逆反心理是指为了维护自尊，而对对方的要求采取相反的态度和言行的一种心理状态。逆反心理作为一种心理状态，有其独有的特性：

一是具有明确的针对性与否定性。它总是带有对某一具体对象表示否定的思想情绪和心理状态。

二是具有强烈的主观体验性。主观体验性是逆反心理产生的心理基础，逆反心理则是客观事物经过人的主观体验而产生的主观对客观的情感与态度。主观体验性使得人对人对事的看法不是依据事物的客观性和事情的是非曲直去判断、表达，而是倾向主观判断。

三是具有浓厚的感情色彩。这是由逆反心理所具有的主观体验性所派生出的另一个显著特点。它往往以个人的感情为标准来确定对事物的态度与情感。能满足需要、对自己有利的，就会引起肯定性的体验，产生肯定的情感，如赞成、满意等；不能满足需要、对自己不利的，就会引起否定性的体验，产生否定的情感，如反对、不满、厌恶等。逆反心理的感情色彩具有明显的否定性。

（根据公开的网络资料整理）

6.2.2 投资中的从众行为

股民心理对于股市具有重大影响，其中从众就是一个重要的股民群体心理现象。

1.股市从众现象概述

从众是股市中最常见的投资心理与行为之一。当多数人买进股票，其他人便改变原有态度跟着买进，这就是股市从众。股市从众一般发生在信息不畅、缺乏可比较标准的情况下，所以投资者应把自己的投资行为建立在深入分析行情的基础之上，采取"人买我卖、人卖我买"的投资策略。这一策略强调不要盲目从众，不能一跟到底，要变单纯的从众为把握人气的涨落，及时作出应有的反应。

2.股市从众的形成原因

导致股市从众的原因一般有以下四个方面：

（1）心理因素

股市的变幻莫测会对投资者产生无形的压力，使投资者乐于与多数人接近，以免产生孤独感。因而，投资者很难不受投资群体心理与行为的感染与影响，真正做到"特立独行"。比如，有的股民事先想好去抛股票，但一到人气沸腾的股市中就变得迟疑不决，似乎在这种情形下抛售股票很不光彩。如果看到股票抛售者较多，他就会变得坦然一点，因为他有众可从了。

（2）人气因素

股价指数时刻都在变化，股民追涨杀跌、买进抛出，形成了股市人气。如果多数人认为股价将上涨，则会形成多方逼空的态势，股指将创新高，在此情形下，大多数股民，特别是散户，往往盲目从众跟风买入，为股价的上涨推波助澜；反之，股民则盲目从众跟风抛售，这会加速股指下滑，甚至引起股价大跌。可见，股市从众是股市动荡加剧的重要因素之一。

（3）风险因素

股市永远是效益与风险同在。由于大多数股民有过被套的切身体验，因而投资入市时谨小慎微，往往不敢相信自己的判断，只好追随大多数人的操作，力求稳妥，避免被套。

（4）行情因素

纵观股市的波动，有三个行情阶段最易引起投资者的从众行为。一是上涨期。此时股市人气旺盛，一片利好景象。身处其中的股民被市场强烈的人气所感染，于是群起跟风，盲目跟进。二是下跌期。股民人心惶惶，此时的盲目从众会导致群体溃逃，割肉清仓。三是盘整期。此时行情难测，股民们迷茫不安，也易产生从众行为。

3.如何克服股市从众行为

股市从众行为原因复杂，股民们必须不断总结自己的投资经验，提高自己独立分析、独立判断的能力。具体措施为：

第一，不为股市人气所惑。人气乐观时，股价上涨，多数人急于买进，但自己是否也买进，则需深思熟虑；当人气悲观时，股价下跌，这时需正确预测下跌幅度，把握行情，以求出奇制胜。

第二，提高对风险的心理承受能力。盲目从众往往与个体心理承受能力不强有关。股市如战场，提高自己对风险的心理承受能力，也是克服盲目从众行为的必要前提。

6.3　投资中的流言现象

6.3.1　流言概述

1.流言的定义

流言是提不出任何信得过的、确切的依据，而在人群中传播的一种特定消息。流言作为一种极为普遍的社会心理现象，所引发的连锁反应极为迅速。股市则是流言的温床，因为大量公众的存在及其对于股市话题的共同关注，为流言的产生提供了主客观条件。

"流言"一词，最早见于《尚书·金滕》："武王既丧，管叔及其群弟乃流言于国，曰：公将不利于孺子。"后南宋蔡沈对其作了注解："流言，无根之言，如水之流自彼而至此也。"可见，流言就是一种无根据的假消息。

2.流言内容的变化

G.奥尔波特等人进行实验后发现，口头传播流言后，其内容会发生明显的歪曲。生活中经常可以遇到这种情况，某件事一传十、十传百，越传越走样，最后面目全非。在传播过程中，流言内容的变化表现出以下特点：

（1）流言内容越传越变得简单扼要，省去了许多具体繁琐细节，流失了许多内核信息，越到后来越使人感到内容平淡。

（2）听到流言的人，由于对其中有些内容比较感兴趣，因而留下了较为深刻的印象，经他再次传播时，就会突出强调其印象深刻的部分。

（3）流言接受者以自己已有的知识经验、需要、态度等主观因素来理解流言的内容，凡是他认为合乎逻辑的部分就接受下来，同时凭自己的想象对它进行进一步加工之后再广为传播。

（4）流言不是平均而广泛地传播给社会上的每个人，它只传给那些与传播者有密切关系的人。流言往往传播在一个群体之内，因为群体成员对当前的某些问题是共同关心与注意的。流言传播的速度往往是开始缓慢，然后不断加快，当达到了高潮并接近饱和状态即人人皆知的时候，又变得缓慢起来，整个传播过程呈现S形。

6.3.2 流言产生与传播的主客观因素

流言的产生与传播总有其特殊背景，与社会个体、群体的某些特点相关。

1.流言产生的社会情境

流言总是发生在与人们有重大关系的问题上，奥尔波特提出了流言的发生与流传有三个条件：

（1）在缺乏可靠信息的情况下，最容易产生与传播流言。人们越不了解事实真相，流言就越容易传播。

（2）人们若焦虑不安，会促使流言的产生和传播。例如，某一龙头股股价急跌之后，人们就会变得焦虑不安，担心将对大盘产生联动效应，于是关于大盘要跌的各种流言就开始产生和传播了。

（3）处在一定社会情境中的个人，被置于显要地位时，也容易产生关于他的流言，因为关于个人的流言，往往针对的是处于比较重要的社会地位之上的人。例如，证券主管部门负责人的一句话，就有可能引发股市流言，造成市场波动。

2.流言形成的心理原因

流言的形成，主要根源于个体在认识上的偏差。个体平时观察事物、记忆事物时，往往不够细致，总会有所遗漏、颠倒，甚至混淆；在与他人交往的过程中，也可能对于对方的某些含糊言词，凭自己的经验来理解，自圆其说，致使外界信息失真、失实或遗漏；此外，个体还受自己希望、恐惧、忧虑、怨愤等各种情绪的影响。所以，当他把自己耳闻目睹的事件转告他人时，就可能在不知不觉中对信息进行某种加工，于是无根据的流言就会随之而起。

3.流言传播的动机分析

传播的流言往往言过其实、耸人听闻，以至于以讹传讹、误人不浅。有的流言则是个体根据自身的愿望、恐惧、怨恨而加以附会的结果。由于人们的愿望未被满足，人们的恐惧未能消除，人们的怨恨未能发泄，因此他们在传播流言时往往会加以附会，意图达到心理上的平衡。有的流言是个体根据事实的因果关系进行主观猜测的结果。人们总是认为凡事有因必有果、有果必有因，从而简单地把并非属于因果关系的事物强加联系，并进行合理化，以致混淆了事实的真相。

6.3.3　流言传播的影响

流言作为一种社会情境会对个体产生直接的刺激作用。流言一旦形成并广为传播之后，就会成为一种社会心理环境，而个体处于这种社会心理环境之中，也就自然而然地受到影响。每当人们听到流言，尤其是被众人广泛传播的流言，往往会信以为真。《战国策》中曾记载了这样一则故事：有一个与曾参同名的人杀了人，有人却告诉曾参的母亲说曾参杀了人，曾母不信；过了一会儿，又有人去讲曾参杀人，曾母还是不信；等到第三次来人讲曾参杀了人，曾母却相信了。这则故事说明，由于周围屡次发出相同的消息，处在这一情境中的个体往往就会听信流言。

流言对社会群体的影响不容忽视。群体中个体之间的相互接触，使流言不断变化，进一步加强了它的力量。关于股市政策变化的流言被传播时，往往会引起股民的恐慌心理，造成强烈的情绪反应，造成股市的剧烈波动。

其实，流言是完全可以被制止的，因为它缺乏事实的依据。国家有关部门通过传媒发布公告，向人们澄清事实的真相，就可以彻底制止流言的传播。此外，人们只要保持冷静的头脑、理智的态度，就可以正确辨别流言，主动劝说他人不要参与流言的传播。

6.3.4 股市流言的现象分析

1.股市流言与谣言

股市流言,是股民心理的折射,代表了传播者的愿望与利益。流言与谣言有所不同,谣言是恶意的攻击,是谣言制造者故意捏造、散布的假消息。两者的区别在于动机不同,但其共同点在于,它们都缺乏明确的事实依据并广为流传。

股市谣言,乃是有人为了个人目的故意捏造和散布的某种消息,它往往被说得有根有据,对投资者造成巨大的伤害。比如庄家为达到拉高出货的目的,散布某机构已开始护盘的消息,使得许多不明内情的散户跟风进入被套。

流言虽然也是不实消息,但并非纯粹的凭空捏造,如有的流言是因为投资者听到某个消息,就根据自己的经验进行加工,再讲给他人听,以至于越传越走样;有的流言是投资者对传闻想当然地加以猜测,这种猜测经过多人流传就变成了"消息"。总之,流言虽然也是不实之词,但并非故意捏造的产物,它代表了传播者的愿望和利益。

2.股市流言的形成原因

社会心理学的研究表明,流言的产生常与社会动荡、突发事件以及某种社会危机状态相联系。社会公众的存在及其对有关问题的共同关注是流言产生的必要条件。证券市场就充分提供了流言产生的各种主客观条件,切身利益决定了广大股民对于股价涨跌的密切关注,而证券投资的高风险性又使股民常处于高度紧张之中。为了消除这种紧张和不安,使自己的资本实现最大可能的增值,股民们迫切需要各种股市信息,因此他们喜欢聚在一起互通消息,共同探讨投资策略。

由于股民们在观察、理解、记忆等方面存在个体差异,他们对于信息的误传、歪曲、讹传就在所难免。心理紧张以及对各种信息的敏感与关注,更是降低了他们对流言的鉴别力,助长了流言的产生与传播。而证券公司的集中交易方式、股民人群的相互感染与暗示,也为流言的产生和传播创造了环境条件,特别是在股市敏感期,如波动期、整理期以及某种经济政策、证券法规即将出台的前夕,股民人群处于观望状态,而正式途径的消息无法满足股民的迫切需要,于是各种小道消息、传闻流言便成为股民们预测未来、消除恐慌心理的主要依据,大量流言一经产生便迅速传遍整个股市。

总之，股市必有流言，因为股民的心理特点决定了股市是流言产生的最佳温床。

3.股市流言的种类和传播过程

（1）股市流言的种类

股市流言多种多样。凡是能引起股价变化的因素，都可以成为流言的内容。一般我们可把股市流言分为三类：

第一，有关股市政策的流言。它是关于股市宏观政策、证券法规，以及对股市有重大影响的政治、经济事件等方面的流言。现实决定了政策性因素对于中国股市具有重大影响，也决定了股民对于这类信息有深切关注。

第二，有关上市公司的流言。上市公司的经营状况、分红派息，尤其是增资配股、新股上市等消息都能对股市产生直接影响。

第三，有关主力大户的流言。机构、大户投资者的资金雄厚，他们的举动会对股市产生相当大的影响，因此其投资行为一直受到中小散户们的密切关注。

以上三类流言构成了股市流言的主要内容。此外，还有其他大量的关于股市状况的流言，诸如炒股如何赚钱、暴跌使多少人被套等，同样在股市内外广为传播。

（2）股市流言的传播过程

随着我国证券市场的发展，股民总数激增，为股市流言的产生创造了广阔的空间。为了获取最大收益，股民群体内部经常利用自身的关系网互通信息。流言传播常以下列方式出现："喂，老李，据一位证券公司的朋友说……""据一位管理层人士透露……"这些消息有可能是真实的，也有可能仅是传播者自己的分析和猜测。各种传媒的含糊报道，是导致大量猜测产生并在群体内部流传的重要原因。股市流言一经产生便会作用于它的接受者，使他们产生相应的操作，同时，又会向其他投资者传播。

总体而言，流言的传播渠道是一种链式信息网络系统，但在各种传播途径上又有所不同，具体可分为以下四种类型：

①单串型：由A传至B，B传至C，C传至D……消息依次传递至接受者。

②发散型：由A将消息传给所有人。

③随机型：由A以随机的方式，将消息传递给某部分人，这些人又随机地将消息再传递给另一些人，依此类推。

④集聚型：由A将消息传递给某些特定的人，这些人再将消息传递给另一

部分特定的人。

随着信息日益公开化，股市流言的传播速度不断加快，不久便会达到"鼎沸期"，此时，传播网络纵横交错，接受者与传播者人数剧增，而主力大户则利用流言有意拉抬或打压股价，这就引起股价的更大波动。流言所引起的股指波动作为一种反馈信息，既"证实"了流言，同时也造成了一种人为事实，迫使一些将信将疑者不得不顺势跟风。上述交互作用将有力地推动股市流言的进一步传播。

流言与股指的交互作用是股市流言区别于其他种类流言的重要特征，它导致了股市流言以加速度的方式达到传播的鼎沸期。鼎沸期过后，流言便开始走向衰退。衰退的方式主要有两种：第一种是被新闻媒体公布的事实真相所证属伪而很快消失；第二种是长期得不到证实而自行消失。但无论是哪种形式，股市流言独有的交互效应，常使它的衰退过程较其他流言更长。尤其是它对股市的影响，即使在流言消失之后，往往还要持续一段时间才能彻底消除。

4.股市流言的特点

在传播过程中，股市流言的内容会发生变化，其特点在本节开头已有提及，再归纳如下：

（1）一般化。股市流言的传播者并非听到什么就传播什么，而是往往删除许多具体细节，这样就使许多有效信息流失了，越到后来越会使人感到内容很一般。

（2）强调化。股市流言的接受者常会去除他不感兴趣的内容，保留并强调给他留下深刻印象的内容，当他再次传播消息时，就会突出这一部分，结果就可能抹杀消息的本意或夸大了消息的意义。

（3）个性化。股市流言的接受者都是以自己的主观意志来理解流言的内容，凡是他认为合乎逻辑的部分就接受，同时凭自己的想象对它进行进一步加工后再广为传播。

5.股市流言与自我保护

股市流言对于股市的稳定与发展的影响是消极的，那么，作为一名投资者，如何能在流言四起的股市当中透过流言的迷雾使自己立于不败之地呢？以下两点十分重要：

（1）提高鉴别股市流言的意识与能力

当流言传播时，每个人都有可能被它所迷惑，如果这仅仅归因于股民们的鉴别能力不够，不足以说明其实质，缺乏鉴别意识才是根本原因。某些投资者太容易相信他人了，他们几乎毫不怀疑地接受所获得的每一条信息，情绪紧张以及对信息的过分敏感则进一步降低了其本来就不强的鉴别意识，于是各种流言就趁机而入。

要避免为股市流言所惑，投资者必须首先提高自己的鉴别意识，并在对流言的鉴别中不断提高自己的鉴别能力，消除紧张心理，稳定情绪，对股市进行全面分析，把握股市整体走势，认清当下股市形势，预测可能产生的流言及其性质等，这是保持头脑冷静、提高鉴别能力的关键。

（2）分析与预测股市流言对投资的影响

投资者鉴别出流言后，就应对股市流言的性质、传播状况及其对股价的可能影响进行全面分析和预测。运用股市流言与股指股价的交互作用规律，结合当时的具体情况进行系统分析，以确保预测准确、投资成功。

6.4　投资者的人群分类

随着我国证券市场的发展，证券投资正日益成为当代中国人经济生活的重要组成部分。由于广大股民的投资行为与证券市场的经济效能密切相关，因此，了解目前股民的行为特征及其群体分类，已成为推动我国证券市场健康发展的一个非常重要的现实课题。研究这一课题的目的是通过调查取样、统计分析，以深入研究投资者的行为特征及其群体分类。相信该研究成果对于广大股民增加对自身的了解，促进其投资理念的成熟与投资方法的完善具有重要的现实意义；同时对于有效激活证券市场，强化其经济效能，进一步建立和完善具有中国特色的证券市场管理与决策体制也会起到积极作用。

国内有关投资行为特征的唯一一例实证研究是俞文钊教授等人于1994年针对上海股民的投资行为与个性特征所作出的，该研究得出的成功投资者的八个行为特征维度分别是：股票知识、分析能力、决策果断性、性格倾向、信息敏感性、冒险性、自信心、心理承受力与社会经济环境，但对于投资人群目前的行为特征状况尚没有人进行过系统研究。

有关投资人群的分类，人们看法不一，诸如按照投资者的操作方式可将投资者分为中长期投资者与短期投资者；按照资金量的大小可将投资者分为主力大户与中小散户；按照购买动机可将投资者分为投资型、投机型、赌博型；格雷厄姆则按照投资风格将投资者分为防御型与进攻型两类。可见，投资人群的分类方法很多，然而，上述分类方法都有一个共同的缺陷，即缺乏对投资者行为特征的实证研究，可操作程度低。基于此，我们需要从投资者行为特征着手，运用定量分析方法对投资人群进行分类。

2004年，笔者对投资者人群分类进行了系统研究。

本研究的调查对象是上海股民（入市时间均在一年及以上），调查样本从申银万国、海通、南方、国泰等证券公司股民中随机抽取，共发放调查问卷110份，回收有效问卷84份，回收率为76%。

本研究根据无结构访谈、有结构访谈、个案跟踪以及预测问卷所获结果，编制了有关股民投资行为特征的调查问卷。问卷内容分为两部分：

（1）股民个人情况调查，诸如性别、年龄、学历、收入、入市时间与单位性质等。

（2）股民行为特征调查表的项目采用四点量表测定。

研究结果表明，投资者的行为特征因素有如表6-1所示的几个特点。

表6-1　　　　　　　　　　**投资者的行为特征因素**

F1 果断冒险	果断、冒险敢为、判断决策力、占有欲、思维分析力、接受新事物力、对信息的敏感性、独立性、专注、认真、大胆
F2 轻松乐观	轻松、乐观、心理承受力、自信、豁达、情绪稳定、进取
F3 理智冷静	理智、冷静、精明、聪慧、细心、洞察力、有与投资有关的知识、现实
F4 犹豫依赖	犹豫不决、依赖、浮躁、紧张、冲动
F5 耐心谨慎	耐心、谨慎、诚实

由表6-1可知，第一主成分负荷量最大的因素，可命名为"果断冒险"；第二主成分负荷量最大的因素，可命名为"轻松乐观"；第三主成分负荷量最大的因素，可命名为"理智冷静"；第四主成分负荷量最大的因素，可命名为"犹豫依赖"；第五主成分负荷量最大的因素，可命名为"耐心谨慎"。

由此我们可以得出结论：第一类投资者，果断冒险居中、轻松乐观最低、理智冷静最高、犹豫依赖最高、耐心谨慎最低。第二类投资者，果断冒险最高、轻松乐观居中、理智冷静最低、犹豫依赖居中、耐心谨慎居中。第三类投资者，果断冒险最低、轻松乐观最高、理智冷静居中、犹豫依赖最低、耐心谨慎最高。

由此我们可将投资者群体分为三类：乐观保守型、冒险型与冷静保守型。三类投资者在人群总体中的分布情况详见图6-3。从图6-3中可见，冷静保守型投资者占据总投资者的47%，几乎接近一半，乐观保守型与冒险型投资者则各占25%左右。

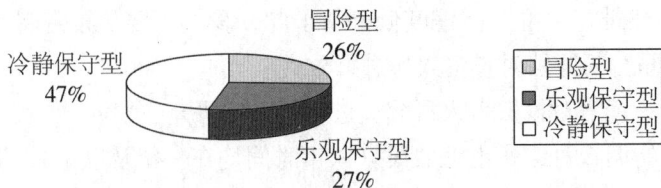

图6-3　三类投资者在人群总体中的分布

　　上述五个因素中既包含了对投资有益的因素（果断冒险、轻松乐观、理智冷静、耐心谨慎），也包括了对投资有害的因素（犹豫依赖），这说明投资者要取得成功，必须注重培养有益于投资的行为特征因素，积极消除有害于投资的行为特征因素。根据以上的分类标准，读者可鉴别一下自己属于哪一类的投资者。

本章小结

　　投资者的群体心理对股价的影响，主要是通过投资者的心理变化引起证券供求关系发生变化，从而影响行情。这里说的影响主要表现为投资群体的心理乘数效应和投资群体的心理偏好效应。

　　心理价位是指投资者根据股价走势所预先设定的股票交易价格。它既是一个获利的目标，也是一个止损的界限，是投资者的判断力和承受力在心理上的尺度。群体心理价位的形成是广大投资者心理价位共同作用的结果。

　　从众是股市中常见的投资心理与行为之一，当多数人买进股票，其他人便会改变原有态度跟着买进，这就是股市从众，它往往受到心理因素、人气因素、风险因素及行情因素的影响，股民们必须不断总结自己的投资经验，加强自己的独立分析、独立判断能力。

　　股民心理特点决定了股市是流言产生的最佳温床，股市流言是股民心理的折射，代表了传播者的愿望与利益。股市流言对于股市的稳定与发展的影响是消极的，作为一名投资者，要提高鉴别股市流言的意识与能力，分析与预测股市流言对投资的影响。

市场不一定是对的

"市场总是对的"这句话不完全正确，市场有时也会出错。出错的原因在于市场上的"噪声"太多，错误的信息、传闻、消息会干扰股价。

股市本无什么客观合理的趋势，趋势仅仅是投资者情绪变动的数量化描述。这个逻辑的推论是，股票只有一个合理价格，但由于投资者认知水平的差异和掌握信息的局限，股票价格不是处于高估状态，就是处于低估状态，而很少处于合理状态。基于这一命题的投资哲学就是利用市场的错误赚钱。

当然，一般的投资者对市场的判断达不到如此高的彻悟性，只能是借鉴，借鉴"市场也有犯错的时候"，抓住市场的错误赚钱。因此，要从判断市场的准确性来入手，其中重要的一点就是分辨市场消息的准确度。

巴菲特就是一个真正做到利用市场的错误来赚大钱的人。他的老师格雷厄姆说过："市场先生有着极端的性格，有时异常兴奋，有时充满了恐惧；有时思想充满智慧，有时又会患上严重的癫狂症；有时长达数月之久都消沉寡言，有时又意气风发。更严重的是，市场先生总是拒绝承认自己是疯狂的，因为有无数的研究机构证明市场先生是理性的、具有效率的。这些机构设计了'β'值来控制风险，又设计了最佳的投资组合来降低风险，这些理论让市场先生拒绝承认自己有病。可是，不管理论多么完美，市场先生间歇性的疯狂却是不争的事实。"

其实错误只有两种，不是市场错误就是自己错误。艾略特说过："波浪理论不会有错，错的是艾略特。"他的说法和格雷厄姆有些差异，但是两个人都在描述相同的事实，其关键是，你如何利用市场的错误和自己的错误来赚大钱。利用市场的错误要学会价值分析，不要被价格的暴涨和暴跌所迷惑；利用自己的错误要学会及时修正，不要因一时的得失而陷入被动。因此，真正的投资高手是能同时利用市场的错误和自己的错误来赚大钱的人。

（根据公开的网络资料整理）

核心概念 ▶

群体心理效应　群体心理价位　股市人气　股市流言

复习思考题 ▶

1.试述市场周期五个阶段中群体的心理特征。

2.分析群体心理气氛与股市人气的相关性。

3.投资者群体分为哪三种类型？

【导读】

随着我国经济的持续发展，人们的就业机会增多，可支配收入也快速增长，逐渐富裕的人们手中的闲散资金也越来越多。为了使财富保值和增值，人们开始寻找投资标的。根据安全性的大小划分，银行存款的安全性最高，然而收益最低。股票虽然是高收益的投资标的，但风险不可忽视，尤其当一个家庭存在教育、住房等未来需求时，如果将所有的资金都投入股市则是不理智的。债券的收益和风险介于股票和银行存款之间，是比较稳妥的投资标的。本章将着重探讨债券投资的心理与行为。

本章重点内容

【引例】　　　　　中国债券市场迅速发展

中国的债券市场已经成为世界第三大债券市场，随着对外开放的加速推进，中国在开放境外投资人方面有了较大突破，境外投资者投资银行间债券市场已形成以境外三类机构以及QFII、RQFII为主的制度框架。与此同时，银行间债券市场已初步完成了对境外发行人的开放，境外企业境内发债融资的渠道基本畅通。但与发达国家市场的外国债券相比，熊猫债市场的发展仍远远落后。当前中国债券市场开放具备了内外有利的条件，但也面临挑战，需要我们把握机遇，迎接挑战。

中国债券市场为什么能实现飞跃呢？这跟我国债券市场所处的发展阶段有关，我国的债券市场在2010年之后就逐渐发展成为世界第三大债券市场。到2016年6月末，中国债市总托管余额就已达57.6万亿元。债券市场余额占GDP之比也呈现螺旋式上升趋势，早在2015年年末已达70.8%。当年全年，各类债券发行量达22.87万亿元，较2014年增加了10.88万亿元。其中，政府债券发行量大幅增长，金融债券发行量增长迅速，公司信用类债券发行量显著提高。当时，中国债券市场交易规模就已达670.31万亿元，相比2014年增长了86.94%。

债券市场余额在实现绝对量快速增长的同时，增速也快于GDP，但是债券市场余额占GDP的比重与发达国家相比还有很大差距。欧美发达国家债券市场余额占GDP比重一般都超过100%，甚至超过200%。因此，即使取中位数，我们也仍然还有很大的成长空间，这种成长潜力也是市场开放中很重要的吸引力。

（根据公开的网络资料整理）

7.1　储蓄、债券和股票

7.1.1　储蓄、债券和股票的性质比较

储蓄、债券和股票是投资者主要的投资方式。受自身经济、心理等因素的影响，投资者既可以选择把钱存入银行，也可选择购买债券和股票或做其他投资。投资者选择的基础首先来源于对储蓄、债券和股票三者的比较：

1.储蓄与债券的区别

二者主要表现为未到期变现的方式不同，定期储蓄如需提前支取，本金可全额收回，在扣除利息税后可获得一定的利息收入，而债券变现要通过市场出售，利息收益取决于市场行情。

2.债券与股票的区别

从性质上看，股票表示的是对公司的所有权，而债券所表示的只是一种债权。购买股票的投资者有参与经营的权力（当持有该股票足够多时），而购买债券的投资者则没有参与经营的权力。

从获得报酬的先后看，债券又优于股票。在公司派发股息之前，必须首先偿还债券利息。当公司破产清算时，首先必须偿还债券。优先求偿权顺序为债券、优先股、普通股。

从投资风险大小看，股票大于债券。债券有到期日，到期公司应把本息付清；债券有固定利息，不论公司当年经营盈亏，债券的利息都是要如期照付的，债券利息计入税前的开支。而股票没有到期日，股东把资本交给公司后，资本即归公司支配，非到停业清理或解散，资本是不能退还股东的。

【知识链接】 **什么是储蓄国债?**

储蓄国债是指财政部在国内发行、通过商业银行面向个人投资者销售的、以电子方式记录债权的、不可流通的人民币债券,是满足长期储蓄性投资需求、较多偏重储蓄功能的一种债务品种。

通俗来说,就相当于到银行去开一个专用账号,只不过里面记载的不是存款,而是储蓄国债的买卖和利息收入。经过一段时间的运行之后,相信储蓄国债将会取代现在的国债,成为国债的最主要发行方式。

(根据公开的网络资料整理)

7.1.2 储蓄、债券和股票的收益比较

储蓄的收益主要来源于储蓄利息。任何时候投资者都可知道其准确的偿还价值,本金能够充分收回。储蓄安全、方便,无须太多金融知识就可进行。虽然储蓄存款的收益比债券和股票的收益少,但风险小,所以,一般投资者都乐于将日常结余货币用于储蓄。尤其是经济收入较低、心理承受能力较弱、金融投资知识欠缺的投资者,会将其大部分或全部余款用于储蓄。

债券是固定收益证券,其利息率是固定的,债券投资可通过市场交易中市场价格与票面金额之间的差额获得超额收益。债券投资兼顾了收入、风险和流动性等几个方面,其收益优于储蓄,风险小于股票。对于投资者来说,债券既提供了货币的安全性,又提供了较高的收益。但债券是固定收益证券,当银行利率上调和通货膨胀、货币贬值时,也会给投资者带来一定的风险。债券的种类不同,收益也不同。一般来说,国家债券、金融债券流动性强且收益稳定,所以其收益要比企业债券低一些。企业债券的利息收入要缴纳个人所得税,因此,经济收入高且有一定风险承受能力的人较乐于投资债券。

股票的收益有股息、红利和股票升值三个来源。股息是对投资者的报酬,企业盈余作了其他扣除后,余留部分可用于发放股息。红利是企业发放股息之后剩余部分的分配。股票升值是股票市场价格高于发行价格所带来的收益。一般来说,证券的收益与风险成正比,股票投资风险较大,所以股票投资的收益高于债券。进行股票投资一般要求投资者不仅有较好的经济条件,而且需要较强的心理承受能力和一定的金融知识。

7.1.3 储蓄、债券和股票的风险比较

证券交易结果与人们的预期未必一致,存在不确定因素,这些因素可以统

称为证券交易中的风险。风险与收益联系比较密切，而且较高的收益通常会伴有较大的风险。从这个意义上讲，收益较低又较稳定的银行储蓄存款风险最小；债券收益一般要高于同期储蓄存款，但预期收益受到较多因素影响，风险较储蓄存款高；股票收益高于前两者，但其伴随的风险同样高于前两者。

我们可用表7-1对储蓄、债券、股票的投资效用加以比较。

表7-1　　　　　　　储蓄、债券、股票的投资效用比较

类型	收益性	流动性	安全性	风险性
储蓄	低	高	高	低
债券	中	中	中	中
股票	高	低	低	高

【市场聚焦】　　　2017年首批储蓄类国债发行，全年18只，哪种更适合你？

2017年储蓄国债（凭证式）的三年期票面年利率是3.8%，五年期票面年利率是4.17%。全年只发行18只该类国债，看看购买哪种国债更适合你？

一、国债利率、支取优势仍在

2017年发行的储蓄类国债包括凭证式国债和电子式储蓄国债，从3月起到11月，每月都有1只三年期和1只五年期的品种出炉，其中，凭证式共8只，电子式共10只。

3月7日公布的利率与2016年最后一期持平。与同期限银行定期存款（当时三年期年利率3%不到，五年期年利率3.5%不到）相比显然具有一定优势。

和其他理财产品相比，国债具有"可提前支取"的优势。除了持有不满6个月不予计息外，满6个月但未持有到期，赎回可以享受部分利息，且持有时间越长越划算。相对于定存提前支取全部享受活期利息、银行理财不可提前赎回，国债的灵活性更吸引人。

二、2016年国债销售"前温后热"

在利率下行的影响下，2016年全年各期储蓄类国债的发行利率也跟着下调。其中，三年期发行利率从4.0%下调至3.9%，后进一步调整至3.8%；五年期发行利率则从4.42%下调至4.32%、4.22%，直至4.17%。

然而，受到避险需求以及长线投资意愿的带动，2016年浙江省宁波市储蓄类国债总体销售形势好于2015年。来自中国人民银行宁波市中心支行的统计显示：2016年，宁波市全辖发行储蓄类国债总金额为36.5亿元，全年储蓄

类国债销售呈"前温后热"趋势。以第四期凭证式国债为例，在交行各网点开售仅 10 分钟，五年期国债即销售一空，部分客户转而投资三年期国债，30 分钟后也售罄。

业内人士分析认为，2016 年年初以来，由于股市不尽如人意、P2P 理财风险不断加剧，投资者理财心态趋于谨慎。从 2016 年 10 月起，投资者对降息的预期不断提升，越来越多的人选择购买安全且增值的储蓄国债来锁定收益。

三、哪种国债更适合你

购买国债的渠道主要是银行柜面、网银以及移动电子设备银行，凭证式国债可在银行网点持现金直接购买，而电子式则需先开立个人国债账户。

在选择期限上，五年期国债仍是最佳选择。这是因为国债一般采取分档计息的规则，满 36 个月不满 60 个月，按发行利率计息并扣除 60 天利息。按此计算，购买五年期的国债，即使没有持有到期，如持有 3 年，提前兑取时，扣取部分利息及手续费后，所获取的利息仍高于三年期国债。

具体品种选择上，还要分清楚凭证式和电子式的区别。两者起息日不同，凭证式从购买当日开始计算利息，而电子式则从一个统一的日期开始计息；提前支取规定也不同，电子式持有不满半年不能提前支取，凭证式在半年内可提前支取，但不计付利息。需要注意的是，无论是哪一种储蓄国债，提前支取都会有利息和手续费的损失。

此外，电子式国债每年付息一次，最后一年支付本金；而同类型的凭证式国债，只能 3 年之后一次性提取本息。

（根据公开的网络资料整理）

7.2 债券市场的分类

在债券市场中，投资者取得投资收益的方式有两种：第一种是持有至到期获得利息收入；第二种是像"炒股"一样，在二级市场买卖债券。我国债券市场分为交易所市场、银行间市场和银行柜台市场。交易所市场通过交易指令集中竞价进行交易，银行间市场通过一对一询价进行交易，银行柜台市场则通过挂牌价格一对多地进行交易。交易所市场属于场内市场，机构和个人投资者都可以广泛参与。而银行间市场和银行柜台市场都属于债券的场外市场。银行间市场的交易者都是机构投资者；银行柜台市场的交易者则主要是中小投资者，其中大量的是个人投资者。

【知识链接】　　　　　　　　　**外国债券的某些昵称**

外国债券是指外国借款人（政府、私人公司或国际金融机构）所在国（地区）与发行市场所在国（地区）不同并以发行市场所在国（地区）的货币为面值货币发行的债券。其中具有代表性的外国债券包括：（1）点心债，即在我国香港发行的以人民币计价的外国债券；（2）熊猫债，即外国机构在中国债券市场发行的以人民币计价的外国债券；（3）武士债券，即在日本债券市场发行的外国证券；（4）扬基债，即在美国债券市场发行的外国债券。

（根据公开的网络资料整理）

1.交易所市场

目前在交易所债市流通的有国债、企业债、可转债和公司债等。在交易所市场里，个人投资者只要在证券公司的营业部开设债券账户，就可以像买股票一样来购买债券，包括"打新债"，并且还可以实现债券的差价交易，交易最低限额是1 000元。传统的交易所债券市场通常只采用竞价撮合交易方式，即按照时间优先、价格优先的原则，由交易系统对投资者买卖指令进行匹配最后达成交易。我国上海和深圳证券交易所除了沿用传统的竞价撮合交易方式外，近年也在相应的平台上引入了场外交易方式。

2.银行柜台市场

投资者通过银行柜台债券市场可以投资的债券品种有凭证式国债和记账式国债。其中，凭证式国债不能流通转让，适合中老年个人投资者；记账式国债则可自由买卖、流通转让。

个人可在相关银行开立记账式国债账户并进行记账式国债柜台交易。银行根据债券市场的变化情况自主制定并调整债券买卖价格。投资人即使在发行期间没有买到国债，也可以在发行结束后，通过商业银行柜台随时买卖国债。由于承办柜台交易的商业银行均为银行间债券市场成员，商业银行可以根据需求情况及时通过银行间债券市场买进国债，再通过柜台卖给投资人。此外，个人投资者还可以通过柜台购买凭证式国债，凭证式国债的流动性差，仅面向个人投资者发售，更主要发挥储蓄功能，投资者只能持有到期，获取票面利息收入。

3.银行间市场

银行间市场的债券存量占了我国债券存量的绝大部分，除了国债和金融债外，次级债、企业短期融资券、商业银行普通金融债和外币债券等都只在银行间市场交易。这些品种普遍具有较高的收益，流动性强，但个人投资者尚不能直接投资，只能通过间接投资的方式参与银行间债券市场。投资者可以买入银行、券商、基金等机构的相关理财产品，间接参与银行间市场。

7.3 "曲线"投资债券市场——债基投资

银行间债券市场是债券交易的主体，债券存量和交易量占全市场90%以上，属大宗交易市场，参与者只能是机构投资者，个人是无法参与的；交易所市场虽然个人可以参与，但因参与者不多，市场成交不活跃；柜台购买国债一般要持有到期才能得到票面利息，损失了流动性，一旦持有期利率变化，投资者可能要付出一定的机会成本，同时普通投资者在银行的柜台是买不到企业债和金融债的。然而，得益于金融创新，债券型基金为个人投资者提供了可以进入多个债券交易市场的途径。

7.3.1 债券型基金

债券型基金（亦称债券基金）是以国债、金融债等固定收益类金融工具为主要投资对象的基金。因为其投资的产品收益比较稳定，又被称为"固定收益基金"。根据是否投资股票的不同，债券型基金又可分为纯债券型基金与偏债券型基金。两者的区别在于：纯债券型基金不投资股票，而偏债券型基金可以投资少量的股票。偏债券型基金的优点在于可以根据股票市场走势灵活地进行资产配置，在控制风险的条件下分享股票市场带来的机会。

债券型基金一般分为一级债基、二级债基、纯债基金三类。一级债基不能在二级市场上买入股票，但可以通过以可转债转股的方式持有股票，也可以通过一级市场参与新股申购；二级债基可以在二级市场上买卖股票，一般来说，二级债基的股票仓位占比不超过基金净资产20%；纯债基金只投资债券资产，可转债也纳入纯债基金的投资范围。按照风险的程度排序，一般而言，纯债基金＜一级债基＜二级债基。

7.3.2 债券型基金的特点

1.风险较低

通过集中投资者的资金对不同的债券进行组合投资，能有效降低单一投资者直接投资于某种债券可能面临的风险。但是，由于债券是固定收益产品，因此相对于股票基金，债券基金风险低而回报率也不高。

2.专家理财

投资债券的收益主要取决于对利率变化预期的判断和对债券信用状况的辨别，需要对宏观经济运行状况、市场资金供求状况、发债主体的资质等很多方面进行专门研究，而个人投资者往往不具备这些专业能力。

3.流动性好

投资者如果直接购买债券，需要持有到期才能获得票面利率收益；而债券基金可随时赎回，在不影响收益的前提下保持很好的流动性。

4.收益稳定

注重当期收益。债券基金主要追求当期较为固定的收入，相对于股票基金而言缺乏增值的潜力，较适合不愿过多冒险、谋求当期稳定收益的投资者。

5.起点低

市面上的债券基金最低认购额很小，大部分债券型基金只需要1 000元便可进行投资。

7.3.3　债券基金和货币基金的区别

1.投资对象不同

从债券基金和货币基金的名字就不难看出，这两种基金的投资方向不同。债券基金主要投资于债券，部分还可投资于股票；货币基金主要投资于货币市场，如短期国债、回购、央行票据、银行存款等。

2.风险和收益水平不同

货币基金投资对象为一年以内的金融工具，期限较短；而债券基金可以投资于一年以上的长期债券。两者相比，货币基金更加稳健，收益率相对较低，追求的是安全性；债券基金投资范围较货币基金更广，收益率通常也相对更高，安全性则不如货币型基金。

3.所需费用不同

短债基金没有申购和赎回费用，但有管理费，普通的债券基金有申购和赎回费用，还有管理费；而货币基金基本无认/申购费及赎回费。

4.赎回到账时间不同

短债基金赎回的到账时间和货币基金相同。普通债券基金赎回，资金到账时间为T+5个工作日；货币基金赎回，资金到账时间为T+2个工作日。

7.4　债券投资的心理分析

7.4.1　债券投资的个体心理分析

1. 人的生存欲望

就人的自然性而言，人的生存欲望和其他生物是一样的，都是延续生命。就人的社会性而言，人的生存欲望递进了一次，对社会的贡献大于对社会的索取。本来，自然而然的状态是人生活的最佳状态，但是，在现实生活中，作为一个个体，人必须去追求、必须去创造。人从出生那一刻起，就受到各种权利和义务的制约，由于现实生活有各种"枷锁"，如果想过自己喜欢的生活，手中必须有可支配的财富，世俗地说就是"钱不是万能的，但没有钱是万万不能的"。赚钱可以分为三种：第一种，用体力赚钱；第二种，用脑力赚钱；第三种，用钱赚钱。用钱赚钱是生钱最快也是风险较高的方式。

除了银行存款、股票投资等，债券投资也是比较有代表性的一种。赚钱越快，意味着前期付出越多，投入的精力也越多，比别人承受的压力也越大。如果选择了债券投资这个行业，就必须明确进入这个行业的目标，任何投资都要求有回报，那么也必须承担相应的风险，包括损失的可能。

2. 人的权利欲望

人的权利欲望导致了人们对成功的渴望、对一切的控制欲望。反映到债券投资上，许多投资者妄想战胜资本市场，执着于抄底摸顶，最后却惨淡收场。殊不知，"战胜市场"的最佳方法就是和市场做朋友、和趋势做朋友，只有把自己战胜市场的欲望化为融入市场的力量，我们才可以在债券投资市场大展拳脚，实现预期目标。例如，某日某债券最新中证估值为 105.35 元（净价），14时 58 分 39 秒，某投资者以 99.8 元申报卖出 80 手并以该价格成交。这种情况，导致债券收盘价较中证估值低了 5.27%。由于该投资者在临近收盘时以低于中证估值幅度较大的价格卖出债券，导致该债券收盘价格低于中证估值 5.27%，上交所对此及时采取了相应的监管行动，因为与股票交易相比，债券交易价格波动幅度通常较小，而投资者在临近收盘时发生导致债券收盘价格大幅偏离中证估值的交易行为，很可能对市场中持有该债券的其他相关资产组合，如债券型或混合型投资基金的估值产生较大影响。这时，如果投资者通过申赎相关资产组合进行套利，还可能进一步损害资产组合原持有人的利益。据此，上交所对投资者影响债券收盘价格的行为适用了更为严格的监管标准。

3.人的存在价值欲望

自我实现是人的需求层次的最高境界。人们总是在低层次的生活需要满足后，向高一级的需求靠拢，一步步提升自己的需求。在债券投资操作当中也是如此。如果投资者的投资技术和投资境界达到一定程度，也会由低层次的赚钱上升为高层次的自我实现，在投资生涯当中找到自己的快乐。

7.4.2　债券投资者的心理态势

1.债券投资中的收益心理

债券投资是一种比较保守的证券投资，此类投资的投资者主要有两种类型：大部分投资者，他们购买债券一般持有至到期，很少买进卖出，他们购买债券的目的不在于获得债券利息之外价格攀升带来的利润，而在于保息避险；另一些投资者，他们不满足债券利息收入，还进行债券市场投资或投机，以期从债券价格变动中获益。

2.债券投资中的保值心理

一般来讲，债券的收益率比通货膨胀率要高，一些投资者在安全保值心理的支配下，用生活结余购买债券。具有保值心理的投资者对市场物价变动十分敏感，当通货膨胀预期心理增强，即大多数人认为物价将要大幅上涨时，他们会将债券抛出兑现，转为购物保值；当预期市场价格平稳或下降时，他们则积极购买债券，以求获得高于储蓄利息的收益。

3.债券投资中的信誉心理

债券发行是一种筹资活动。从发行者看，它是国家、金融机构或企业以信用方式吸收闲散资金的一种形式。投资者在债券种类的选择上，除了考虑收益外，信誉好坏也是一个十分重要的因素。投资者对信誉较好的国库券、金融债券及由金融机构担保的企业债券的选购较为踊跃。

7.5　银行间债券市场机构投资者的行为分析

近年来，我国银行间债券市场稳步发展，机构投资者数量涨幅较快，各种类型的机构投资者债券持有量不断增长。商业银行、保险公司、证券公司和基金等不同类型机构投资者的风险偏好均呈下降趋势，投资者的投资结构也在不断调整中。

7.5.1 机构规模稳步增长

据统计，早在 2016 年年末，我国银行间债券市场各类参与主体总计就已达 14 127 家，较前一年增加了 4 491 家。其中，境内法人类参与机构 2 329 家，较前一年增加 235 家；境内非法人类机构投资者 11 391 家，较前一年增加了 4 151 家；境外机构投资者 407 家，较前一年增加了 105 家。而央行官网发布的《2020 年金融市场运行情况》显示，2020 年我国投资者数量进一步增加。到 2020 年年末，银行间债券市场各类参与主体共计 27 958 家，较 2019 年年末增加了 3 911 家。银行间市场存款类金融机构持有债券余额 57.7 万亿元，持债占比 57.4%，与上年末基本持平。

7.5.2 债券交易市场交投活跃

1. 交易总量的结构情况

近年来，虽然受到新冠肺炎疫情的影响，我国债券交易市场交投状况依然比较活跃。

《2020 年金融市场运行情况》提供了如下数据：2020 年我国银行间债券市场现券交易量 232.8 万亿元，日均成交 9 350.4 亿元，同比增长 12%。交易所债券市场现券成交 20.2 万亿元，日均成交 830.4 亿元，同比增长 142.6%。银行间市场信用拆借、回购交易总成交量 1 106.9 万亿元，同比增长 14%。其中同业拆借累计成交 147.1 万亿元，同比下降 3%；质押式回购累计成交 952.7 万亿元，同比增长 17.6%；买断式回购累计成交 7 万亿元，同比下降 26.3%。

2. 交易券种的结构情况

从全市场交易券种来看，银行间债券市场更青睐政策性金融债、国债和中期票据，交易标的券种向政府信用债和短期债聚拢。

银行类机构交易集中于低风险、短期限品种。大型商业银行交易主要集中于政策性金融债且其比例不断提高，超短期融资券成为仅次于政策性金融债的品种；政策性银行也主要偏好政策性金融债和超短期融资券；股份制商业银行主要配置政策性金融债和中期票据；城市商业银行倾向政策性金融债、国债和中期票据；农村商业银行和农村合作银行交易政策性金融债最多；村镇银行增加对中期票据、短期融资券和超短期融资券的交易，企业债大幅下降；外资银行的交易比较集中，主要为政策性金融债和国债。

非银行金融机构和非法人机构交易总体偏好信用类债券。证券公司和保险公司交易偏好的前三位是企业债、政策性金融债和中期票据，其他非银行金融机构偏好短期融资券、企业债和中期票据。

3.交易方向的情况

基金等非法人机构、境外投资者、外资银行、大型商业银行和政策性银行、保险机构等表现为现券净买入，其中基金等非法人机构是最主要的净买入方。外资银行、境外机构投资者和非法人机构大量配置准政府信用类债券。

7.5.3　债券交易的方式

1.债券的现货交易

现货交易最初是指债券的买卖双方一旦成交后，买方立即付款，卖方立即交券，实行当场钱货两清的做法。但是，随着债券交易量的扩大，债券很难在买卖成交后立即办理交割，导致了债券的成交和交割的脱节。债券买卖成交至交割完的这段时间，是为了给证券交易所和其他中介机构比较充足的时间进行账务处理，给买卖双方足够的时间进行备款调券的准备。在实践中，为了防止有些人利用债券买卖成交后至交割前的空档时间进行债券再次买卖的投机活动，各国（地区）的债券主管机构或证券法规都对成交至交割完的这段时间做了规定，以保护投资者利益。其交割形式主要有当日交割、次日交割和例行日交割三种。在现货交易中，债券的买方必须支付现款。采取每笔交易单独清算交割的做法，一般不采用对冲的做法。

2.债券的期货交易

债券的期货交易是指交易双方成交后，交割和清算要按期货合约中规定的价格在未来某一时间进行的交易。期货交易的交割结算时限一般有半个月、一个月、两个月、三个月等几种，各国（地区）的交易所均有差异。在交割结算日，如果债券市价高于签约成交日的价格，买方就会受益，卖方受损；反之则卖方受益，买方受损。由于交割结算日期均在远期，所以买卖双方都必须承担一项义务，即到期时买方必须接受所买债券，卖方必须拿出债券进行交割，双方券款结清。至于双方交割时是一手交钱、一手交货，还是转买转卖冲销后只交割结算差额，则要根据合约行事。

3.期权交易

期权交易又称选择权交易，是一种在一定时期内债券买卖权的交易，它不是实物交易，期权的买方是花钱购买一种权利，这种权利可以使他在规定时期内，以事先约好的价格，向期权的卖方购买或出售既定数量的某种债券或者放弃行使买卖债券的权利，不管此时其价格如何。

4.信用交易

信用交易又称"保证金交易"或"垫头交易"，它是指交易人凭借自己的信誉，通过交纳一定数额的保证金取得经纪人的信用，在委托买进债券时由经纪人贷款；在卖出债券时，由经纪人贷给债券来买卖的交易方式。

5.回购交易

回购交易是指在卖出（或买入）债券的同时，事先约定到一定时间后按规定的价格再买回（或卖出）这笔债券，它实际上就是附有购回（或卖出）条件的债券买卖。回购交易主要分为两种：一种是卖出回购交易，另一种是买入回购交易，又分别称为回购交易和反回购交易。

6.灰色交易市场

灰色交易市场简称WI交易，是针对国债而言的。灰色市场是指某种国债发行的消息宣布以后到该种国债正式发行（拍卖）之前的时间内，对该种债券进行交易的市场。由于这种交易是针对将要进入债券市场但尚未进入的债券进行的，因此被称为灰色交易。

7.5.4 机构投资者行为变化特点的分析

1.债券配置意愿的强弱

在金融监管以及去杠杆的压力之下，理财规模会停滞不前，增量资金的匮乏使得信用债市场的增配需求较小，债券发行量出现负增长。在信贷和非标资产均被明显压制的背景下，虽然短期债券到期量仍保持一定的量，但未来的债券供给可能对脆弱的配置需求形成冲击。总体上看来，金融监管加强协调，货币政策趋于中性稳健，出现超预期流动性冲击的风险就会有所降低。总体上判断，在宏观监管趋严的背景下，尽管机构投资者的配置意愿仍较强，但受到监管政策及多因素的交互影响，资金面的预期就不会乐观。反之，情况就是反向的。

2.交易行为的平稳与适度

如果能够保证市场流动性的合理适度，从而引导市场机构形成平稳预期，可以促使债券市场资金面波幅整体收窄，有利于市场机构减少过度交易行为，增强债券认购投资需求。此外，随着市场中非法人机构和境外机构数量的增加，市场交易行为也逐渐多元化，相较于以前商业银行占主导地位的市场格局，出现大部分机构趋同化交易从而导致市场单向大幅波动的概率有所下降。这也是市场交易平稳运行的重要原因。否则，市场就会失稳和失当。

3.风险偏好的变化

这几年，信用风险事件发生频率有所提高，市场关注度不断上升，影响范围呈现扩散态势。从市场影响来看，信用风险事件在短期内对市场风险偏好形成了冲击。出于风险规避考虑，机构投资者倾向于持有高信用等级债券，并缩短久期。因此，市场投资交易的活跃品种出现向政策性金融债等政府信用类债券和短期、超短期融资券等短期品种集中的趋势。但长期来看，对银行间债券市场整体发行交易情况冲击不大。出现信用风险事件更有利于市场参与各方正视风险事实，抑制非理性行为，提高履责意识及合作理念，各司其职、各负其责，重视并加快构建债券市场违约处置机制，从而有利于债券市场的长远健康发展。

4.对监管政策的反应

银行间债券市场机构交易行为的一个明显特征，是商业银行不断加大债券特别是高等级债券的配置和交易力度。这应该视作市场主体对于监管政策的正向反应。2014年4月24日，中国人民银行、证监会、当时的银监会和保监会及国家外汇管理局五部委联合下发《关于规范金融机构同业业务的通知》，厘定同业业务类别，要求金融机构开展的以投融资为核心的同业业务，应当按照各项交易的业务实质归入基本类型，并针对不同类型同业业务实施分类管理。同业业务监管政策的落地、同业业务的治理即非标收缩，有利于商业银行类机构投资者增加对标准化债权工具——债券的配置。另外，中国人民银行也积极运用创新型货币政策工具——常备借贷便利和中期借贷便利，为符合宏观审慎要求的商业银行提供资金支持。这两项工具一般以抵押方式释放流动性资金，需要商业银行提供国债、央行票据、政策性金融债等高信用等级债券或高评级信贷资产作为担保物。由此，高信用等级债券成为中央银行和商业银行流动性管理工具的重要抵押物。同时，这类债券因流动性强、价值波动相对较小，成为市场的主要担保品，在回购、证券借贷中可以作为履约保证，也可以作为向中央对手方提供的清算备付金和保证金。因此，各类机构投资者在债券的配置和交易行为中，更进一步表现出对高信用等级债券的青睐。监管部门对同业业务的监管思路依然是去杠杆、去通道、防风险，其目的是缩短融资链条、鼓励资金脱虚向实。

7.6 债市投资的"三要"和"三不要"

相较于股票市场投资,债券投资的风险小得多,但是宏观经济、利率变化以及其他市场的走势都会影响债券的价格和收益率,因此,债市投资也需谨慎对待,在规避风险的同时提高投资的超额收益。

1. "三要"

一要:关心宏观经济发展趋势,尤其是国家货币政策和财政政策的变化。

从最近的几个季度来看,经济增速下行比较明显,货币政策不断调整,降准降息措施不断,利率下行非常显著。所以,要特别关注在未来时段会不会看到因为短期政策的托底而出现一些经济回暖的迹象,从而出现对债券市场的利好等。

二要:关心周边金融市场形势,尤其是股票市场、基金市场和票据市场的变动情况。

例如,可转换公司债券是跨股债两市的衍生性金融商品。除了付息、到期还本外,投资者还可以选择在一定期限内按照约定价格将债券转换为公司股票。由于这种特殊的可转换选择权,在股价下跌时,转债投资者可以持有债券获取稳定回报;当股价上涨时,转债价格也必然会水涨船高,投资者可以赚取差价;当转债价格和股价上涨不同步时,投资者也可以行使转换权,然后再卖出股票进行套利。

三要:了解游戏规则,以平和的心态参与债券投资,自己拿主意以及耐心持有。

如果准备购买债券,首先,要清楚自己购买债券的理由。如果是为了分散股市大幅震荡风险,选择债券也许比较合适。假如认为债券就是不会亏损的股票,这就未免一厢情愿了。因为债券也有风险,当利率上升时,债券的价格会下跌,就连债券基金也有可能出现负的回报。其次,对于债券中长期投资者来说,还需要了解久期的概念。久期可以衡量债券价格的变化,从而分析债券收益的变化。久期越长,债券收益对利率的变化越敏感。除此之外,投资者还要了解债券的信用等级,债券信用等级越高,其相对可靠性就越高。

2. "三不要"

一不要:不要把思路局限于单一品种。

　　债券市场上的券种很多，不同的券种风险也不同，投资者应该充分衡量自身偏好及券种风险与收益以作抉择。

　　二不要：不要盲目买卖、见风使舵，当然也不能一成不变地不做策略调整。

　　一个好的投资策略应该充分考虑投资期限、风险承受度和未来的流动性需求等。投资者要对达到什么样的投资目标做到心中有数，并愿意和能够承担因此而发生的投资风险。如果想从债券市场上获取更多收益，懂得坚持自己的观点有时还不够，尊重市场、顺应市场并根据市场的变化积极调整是又一大考验。

　　三不要：不要将债券当作股票来操作，经常做超短线投资。

　　债券市场相对股票市场而言，更关注大势，即国家政策和经济形势。债市的频繁交易有可能吞噬大部分的投资回报。实践证明，在债市中，中长期持有策略要远优于积极交易快进快出的操作方法。

本章小结

　　我国债券市场分为交易所市场、银行间市场和银行柜台市场。交易所市场通过交易指令集中竞价进行交易，银行间市场通过一对一询价进行交易，银行柜台市场则通过挂牌价格一对多进行交易。交易所市场属场内市场，机构和个人投资者都可以广泛参与。而银行间市场和银行柜台市场都属债券的场外市场。银行间市场的交易者都是机构投资者，银行柜台市场的交易者则主要是中小投资者，其中大量的是个人投资者。

　　债券型基金是以国债、金融债等固定收益类金融工具为主要投资对象的基金，具有风险较低、专家理财、流动性好、收益稳定、起点低的特点。

　　债券投资的心理主要有收益心理、保值心理及信誉心理。其中收益心理主要有两种：第一种是购买债券一般持有到期，保息避险；第二种是进行债券市场投资或投机，获取价差收益。

　　银行间债券市场机构规模稳步增长、债券交易市场交投活跃，在此背景下，机构投资者行为变化呈现出债券配置意愿增强、交易行为平稳适度、风险偏好有所下降、对监管政策反应正向的特点。

拓展阅读

把握债基的幸福时光

曾大受好评的好莱坞热门电影《当幸福来敲门》是一部与投资理财有着极大关联的励志电影。电影里生活潦倒的男主人公做推销工作屡屡碰壁，后来转行做股票经纪人，终获成功。

电影里的男主人公最终获得了自己的幸福，这一方面固然是其坚毅果敢、奋发图强的结果，但也跟他在正确的时机选择了正确的行业密不可分。影片的时代背景——20世纪80年代初是一个对投资市场具有牛熊拐点意义的重要时代。以股市为例，道琼斯指数从1982年的1 000点，一直持续增长到2007年的14 000点。而不太为人所知的是，这个拐点同样是把握债券市场幸福时光的时点。

都说"股市是经济的晴雨表"，其实债市也是如此。许多时候，债券市场对宏观经济的反映甚至更为直接和敏感。在具有标志性复苏年代的1982年，道琼斯工业指数涨了22%，而10年期国债指数则上涨了令人瞩目的34%。

随着资本市场的好转，债券基金的发展速度甚至超过了股票基金。1981年年末，债券基金规模为200多亿美元，是同期股票基金规模的一半。而到了1986年，债券基金规模已经达到2 600亿美元，超过同期股票基金规模近1 000亿美元。从1982年到1987年，债券收益基本都保持在15%以上。在通胀率为4%的情况下，债券基金真实回报超过了10%。虽然相比同期股票基金更高的平均回报还有一定差距，但债券基金由于具有收益较稳定、波动较小的特点，还是受到了许多具有较低风险偏好投资者的大力追捧。

从投资的角度来讲，当经济处于上升周期时，投资债券的收益率会低于投资股票的收益率；反之，当经济从高点回落时，投资股票就有可能比不上投资债券了。

不过，理财专家提醒投资者切莫将债券基金等同于股票基金，不应寄希望获得短期高收益。要知道，基金投资功在长期，幸福需要时间来慢慢发酵酝酿，债券产品的投资必须有长期持有的耐性，债券基金的投资同样如此。

（根据公开的网络资料整理）

核心概念

储蓄国债　熊猫债　债券型基金

复习思考题

1.试述债券市场的分类。
2.试述债券型基金的内涵和特点。
3.分析债券投资的心理态势。

基金投资的
心理与行为 第8章

【导读】

基金投资属于证券投资的一种，与股票、债券等投资相比，其较低的起购金额和门槛为更多投资者进入基金市场提供了机会；组合投资分散风险的特点也促使更多人涌入基金投资市场。近年来，随着金融知识更广泛的普及、居民理财意识的不断提升和许多优秀基金经理优异的表现，越来越多的居民投资者进入基金市场，为基金市场的发展注入了巨大的活力，也带来基金投资日益火爆的行情。本章将介绍基金投资的基本理论、发展状况以及常见的基金投资策略，进而分析基金投资的一般心理。最后结合时事，分析对我国证券投资基金市场的相关影响。

本章重点内容

【引例】　　　　　　　　2020年基金市场掠影

2020年是我国公募基金迅猛发展的一年。基金规模增长迅速，公募REITs、基金投顾业务稳步推进，科创50ETF密集发售，行业频现新亮点。同时注册速度进一步加快，公募基金行业各项制度的加快落地，也为公募基金市场的发展提供了助力。

截至2020年12月底，我国基金公司数量达到153家，已发公募产品的基金公司为143家；共管理基金产品7 362只，管理规模超过18.59万亿元，较2019年底增加3.9万亿元，创历史新高，增幅为26.5%。

货币基金管理规模为7.26万亿元，变化不大。非货币基金管理规模为11.3万亿元，较2019年底增加4.08万亿元，增幅为56.2%；管理份额超过16.63万亿份，较2019年底增加2.91万亿份，增幅为21.21%。其中，规模增幅最大的是混合型基金。

混合型基金占全部基金的比例由2019年底的14.2%提高到2020年底的

23.02%。股票型基金的规模占比由7.75%上升到8.97%。混合型基金大部分以投资股票为主,可见股票市场的火爆程度。而货币基金的占比明显下滑,由50.54%下降到39.02%,可能与货币基金收益率持续偏低,权益市场收益较好有关。

2020年我国共发行基金1 359只,合计发行3.05万亿份,较2019年新发数量增长30.05%,新发规模增长106.08%。单只基金平均发行规模为22.48亿份,远高于上年同期的14.22亿份。

新发基金主要为权益类(含股票型及混合型),858只权益类基金合计发行超过1.91万亿份,平均发行份额为22.26亿份。而2019年权益类基金发行数量为492只,合计发行0.52万亿份,平均发行份额为10.51亿份。

2020年,公募基金凭借长期投研沉淀、主动管理动力、信息披露等优势,迎来了高速发展的一年,其中权益类与混合类基金尤其明显。随着理财产品净值化转型,政策引导居民财富向资本市场配置,可以预见未来公募基金等机构投资者在资本市场的比重将继续提升,权益市场进入以专业投资者为主的新时代。

8.1 基金投资概述

8.1.1 基金与基金投资

基金(fund)有广义和狭义之分。广义的基金指出于某种特定的目的而设立的资金,如我们常说的保险基金、退休基金等;会计上的基金则是一种狭义的基金,指用于特定用途的资金。在金融投资中,一般情况下所说的基金通常指的是证券投资基金。

基金投资市场的三大主体为:基金投资人、基金托管人和基金管理人。基金投资人是基金的出资者、所有者和风险收益直接所得者,一个投资者可以依自己资金状况投资多个基金;基金托管人是为了保证基金的安全合理运行、保障投资人权益而设立的,通常由具有相关资质和实力的商业银行承担;基金管理人是为了实现资金的增值,对基金的运行进行管理的基金管理公司,同样,一个基金管理公司可以运行和管理多个基金。简单来说,基金投资的整体过程为:基金管理人发行基金,投资人出资认购基金份额,托管人托管资金,管理人进行投资活动,以实现资金的增值或者保值。在这一过程中形成风险共担、利益共享的契约关系。三大主体之间的关系如图 8-1 所示。

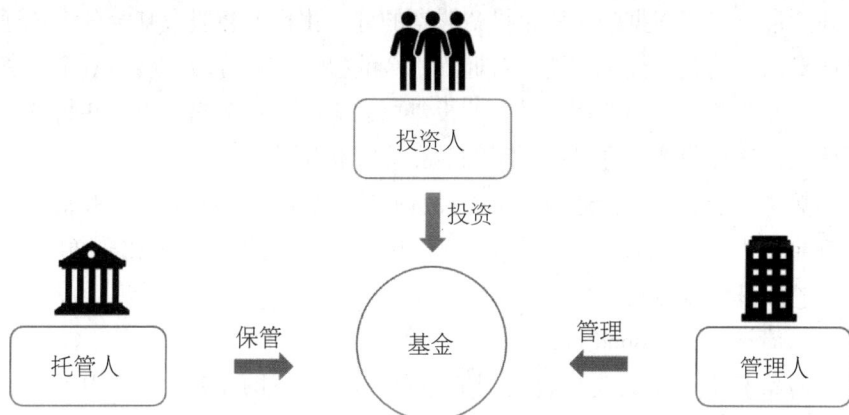

图 8-1　证券投资基金市场的三大主体

8.1.2　投资基金的种类

投资基金类型多样，按照不同的划分标准，可将基金划分为不同的种类。最常见的分类方式是根据基金投资对象的不同，将基金分为股票基金、债券基金、货币市场基金和混合基金。[①]这是美国投资公司协会（ICI）对基金进行的详细划分，因此可称为美国式分法。

（1）股票基金（Stock Funds）

顾名思义，股票基金是指投资对象主要为股票的基金。我国证监会对股票基金的定义为 80% 以上的基金资产用于投资股票的为股票基金。也正是因为投资对象为股票，这种基金相比于其他类型的基金具有更高的风险，同时也具有更高的收益。

由于股票基金种类繁多，不同的股票基金之间差异很大，因此有必要根据投资目的和策略对股票基金进行进一步的细分。ICI 的分法是将股票基金分为收入（income）和成长（growth）两类。收入型股票基金（income equity funds）的投资目的是获得稳定可观的股利收入，因此更多投资于收益稳定的蓝筹股票；成长型股票基金（growth equity funds）的投资目的是资本增值。介于二者之间的为成长和收入型基金（growth and income funds），其投资目的是兼顾股利收入和长期的资本增值，因此需要投资于目前运转状况良好，同时具备一定成长性的公司。一般而言，成长型股票基金的收益和风险会高于收入型股票

---

①　这是美国投资公司协会（ICI）对基金进行的详细划分。

基金。

我国证监会还根据基金资金投资股票的分散化程度将股票基金分为普通股基金和专门化基金。简单来说，普通股基金的投资比较分散，会将资金投资于各种类型的股票上；而专门化基金的投资更为集中，更多投资于某些特殊行业的股票上，这类股票基金具有更高的潜在风险和收益。

当然，对于股票基金还可以根据投资股票市值的大小分为小盘股基金、中盘股基金和大盘股基金；根据投资股票的种类分为优先股基金和普通股基金，其中优先股基金收益更为稳定，风险更小。

（2）债券基金（Bond Funds）

与股票基金的定义类似，我国证监会将80%以上的基金资产用于投资债券的基金称为债券基金。一般来说，债券基金的长期收益高于货币基金，低于股票基金；相应地，债券基金的风险性也低于货币基金，高于股票基金。

对债券基金的分类可以从债券分类入手：按照债券发行主体分为国家债券基金、地方政府债券基金、企业债券基金、金融债券基金等等；按照债券偿还期限分为短期债券基金、中期债券基金和长期债券基金等等。债券基金的特点在前述7.3节已经详细讲解，在此不再赘述。

和债券类似，债券基金的收益来源主要是票面利息、资本利得和杠杆收入等。票面利息收入即债券发行人作为借款人而支付给债券购买人的利息。资本利得是指由于市场波动而带来债券价格变动，从而进行买卖操作所获得的收益。杠杆收入是指将持有的部分债券质押，获得资金再购买债券这种杠杆操作所获得的收益。债券基金的风险来源主要是信用风险和利率风险。信用风险指债券基金投资的债券出现了交易方不愿或者无力偿还债务而构成违约，从而影响债券和债券基金的收益的可能性。债券基金的信用风险要看债券发行人的信用等级，如政府、政策性金融机构发行的债券信用风险就很低。利率风险是指由于市场利率波动或者不确定性影响债券价格的风险。一般来说，平均到期时间越长的债券，受到利率风险的影响越大。

（3）货币市场基金（Money Market Funds）

货币市场基金是指投资对象主要为货币市场短期有价证券如国债、央行票据、商业票据等的基金。通常来说，货币市场基金风险较低，同时长期收益率也相对较低，但一般高于同期的银行活期存款。

货币市场基金的单位净值保持不变，投资者可以利用投资收益进行再投资从而获利。除了风险低之外，货币市场基金对于投资者的吸引力主要来自较低的投资成本、较高的流动性。货币基金的申购赎回费率一般为0，管理费率也大大低于其他基金的管理费率。一般来说，投资者可以根据自己的资金需求状况随时选择赎回基金，资金到账时间很短，通常在T+2天以内。

（4）混合基金（Hybrid Funds）

混合基金指不仅投资于股票，还投资于债券和货币市场，资产配置灵活多变的基金。一个优秀的基金经理可以根据市场行情选择不同投资配置的比例，从而获得更大的收益。一般情况下，混合基金的风险低于股票基金，高于债券基金。

上述为基本的基金分类方式。此外，还可根据基金是否可赎回分为开放式基金和封闭式基金；根据基金交易场所的不同分为场内基金和场外基金；根据基金的募集方式分为公募基金和私募基金，根据基金的组织方式和法律形式的不同分为公司型基金和契约型基金等等。

8.1.3　基金投资的特点

1.专业性强

基金是集合投资者资金，由专业的基金管理公司进行运作的。基金市场对于基金管理人和基金托管人具有较为严格的资质要求，基金管理公司的表现是直接关系到基金收益结果的，因此要求其具有过硬的知识背景和丰富的投资经验，并且经过专业训练，能够尽可能地保证投资人的资金安全和投资策略的正确选择。

对于大多数居民投资者来说，投资行为是闲钱增益的选择，他们通常没有较多的金融投资经验和知识储备，面对市场上令人眼花缭乱的投资产品很容易不知所措，找不到合适的投资产品。而基金投资的专业性就极大消除了投资者的这一困扰。

2.较为灵活

如前所述，市场上基金种类繁多，不同的基金也具有不同的特点，这就为投资者灵活选择基金进行投资提供了机会。投资者可以根据自身的资金状况、资金需求以及风险承受能力等条件投资不同的基金，作出最符合自身投资目的的选择。

另外，涉及金融投资的地方都可以设立基金，比如投资者看好某国的金融产品或者某个具有较高发展潜力的行业等，都可以选择购买对应的基金来变相获得发展红利。

3.分散风险

投资界人人都熟知的一句话是：不要把鸡蛋放在同一个篮子里。但毫无疑问，如果资金总量小，分散投资也就没有太大意义，而普通投资者又不具备过多的资金储备。基金就恰好解决了这一问题，它集合来自不同社会投资者的资金，从而达到雄厚的投资资金量，通过组合投资和多元化投资，设置不同比例的投资对象，一方面将整体风险分散到各投资者上，另一方面将资金投资于不同种类的金融产品，从而达到分散风险的目的。

4.门槛较低

私募基金具有严格的进入要求，而公募基金的门槛较低（这里我们所指的为普通投资者投资的公募基金）。通常情况下起购份额较低，投资者可以根据自己的经济状况来选择申购份额。近年来许多基金甚至打出"一元起购"的口号吸引投资者，这种低门槛的特点为广大居民进入基金市场提供了机会。

5.成本低廉

买卖基金的费率一般较低，且通常基金持有期越长，赎回费率越低。目前在市场上基金竞争激烈的情况下，低费率也成为许多基金的营销手段之一。此外，包括我国在内的许多国家会给予基金税收优惠，这也在很大程度上增加了基金投资的吸引力。

6.高流动性

基金的流动性也是吸引投资者的一个重要原因。尤其是货币基金的流动性堪比银行活期存款，大多数基金赎回可以 T+1 或者 T+2 日到账，近年来涌现的各种"宝宝类"产品甚至可以实现资金的当天到账，也得到了广大投资者的喜爱。这种高流动性能够使投资者更加方便地分配和管理资金，并且在利用闲钱的同时能够应对不时之需。

7.高透明度

为了保障基金投资者的利益，基金会由专业的监管机构实施监管，并有严格的信息披露要求，投资者和社会公众可以查询到基金的相关信息，这些都使得基金的运作更加高效透明。

8.2　基金投资的发展

8.2.1　基金投资的起源

证券投资基金起源于 19 世纪的英国。18 世纪末的工业革命带来了大英帝国资本的迅速积累，大量国内资本转向海外投资以寻求更大的收益，但并非所有投资者都拥有足够的资金储备和投资经验，这便给基金的诞生提供了机会。1868 年，英国政府成立"海外及殖民地政府信托基金"，并在《泰晤士报》刊登招股说明书。该基金主要投资对象为英国海外殖民地的公债，集合社会的小额资本，由政府授权的职业经理人运作，目的是"达到与大投资者一样享受海外投资收益"。该基金在许多方面为现代基金打下了雏形，被认为是史上第一只基金，它的成立也标志着基金登上历史舞台。

如果说英国创造了基金的种子，那么美国则是孕育这颗种子的土壤，使其发展壮大。早在 1907 年，美国便成立了第一只封闭基金。第一次世界大战后，美国经济极其繁荣，给基金的革新和发展创造了良好的环境。1924 年，在波士顿成立了历史上第一支开放式基金——"马萨诸塞投资信托基金"，允许投资者赎回基金份额。此后，市场上共同基金不断增多，但总体体量较小，整体上还处于起步阶段。大萧条后，美国政府先后颁布《1933 年证券法》、《1934 年证券交易法》、《1939 年信托契约法》和《1940 年投资公司法》等法律法规，为证券业健康合理运行提供了支持。此后，随着科技进步和金融创新的浪潮不断冲击，基金的种类也日益增多。市场上基金琳琅满目，投资者热情高涨，美国基金于 20 世纪七八十年代呈现井喷式增长。20 世纪 90 年代，美国基金行业仍迅猛发展，并在经济全球化的背景下占据世界各国基金规模的鳌头。

8.2.2　基金投资的发展现状

21 世纪初以来，世界基金业规模不断扩张，发展迅速：除 2008 年受金融危机影响规模有所收缩外，其余时间基本呈现稳步增长的状态。近年来的发展状况可以从横向和纵向两个方面来看。

首先从纵向上看，全球基金的总资产净值在过去十年得到大幅度增长。截止到 2020 年末，全球受监管的开放式基金（worldwide regulated open-end funds）的总资产净值规模达到 63.1 万亿美元，相比十年前翻了两倍有余。基金数量也在不断增长，截止到 2020 年，全球受监管的开放式基金总数已经达到 126 457

只。具体规模和数量的变化详见图8-2。

（万亿美元/万只）

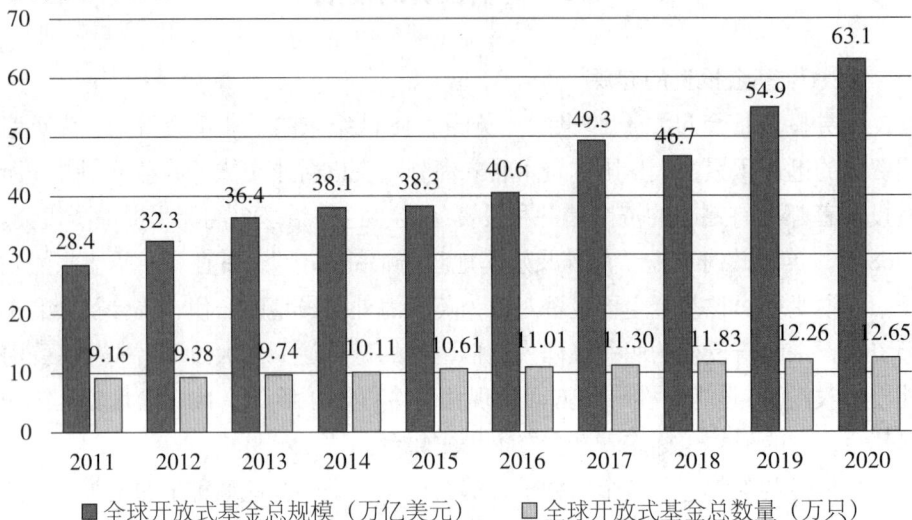

图8-2　全球开放式基金规模和数量变化

其次从横向上看，目前全球基金市场更多集中在欧美地区。截止到2020年末，在全球63.1万亿美元的开放式基金总规模中，美国以29.3万亿美元的规模排名首位，约占全球总规模的47%。紧随其后的为欧洲地区，总规模21.8万亿美元，约占全球总规模的35%。其次为亚太地区和世界其他地区。具体规模和比例如图8-3[①]所示。

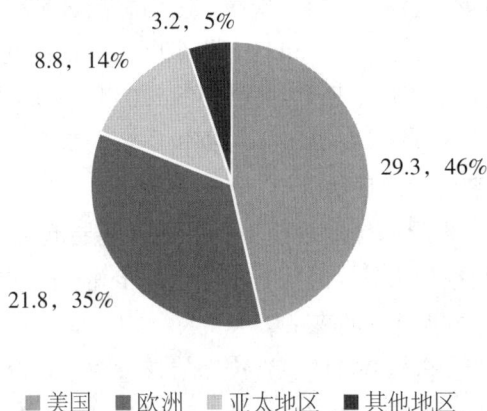

图8-3　证券投资基金市场的三大主体

---

① 数据来源：中国证券投资基金协会官方网站。

8.2.3 基金投资在中国的发展

我国的基金相对欧美国家起步较晚。1987 年，中国新技术创业投资公司（中创公司）与汇丰集团、渣打集团在中国香港联合设立中国置业基金，拉开了中资金融机构从事投资基金业务的序幕。而投资基金在内地的发展起源于1992 年 11 月的山东淄博乡镇企业投资基金，该基金为公司型封闭基金。尽管规模较小，但为我国证券业初期探索开创了良好的开端。

1997 年 11 月，经过国务院批准，国务院证券委员会发布了《证券投资基金管理暂行办法》，为基金业的规范运作提供了法律环境。自 1998 年证监会批准的金泰基金设立以来，我国基金不断发展，逐渐迎来了开放式基金的出现。2001 年 9 月 11 日，华安基金管理公司在证监会批准下发行了华安创新证券投资基金，这是我国的第一只开放式基金，推动了我国基金业新的发展。此后，我国基金业的基金种类和数量都在不断增多，经历了 20 多年的发展，截止到2021 年第二季度，中国证券投资业基金协会资产管理业务总数量为 152 466只，总规模达 63.73 万亿元。其中，公募基金为 8 320 只，总规模为 23.03 万亿元；私募基金为 108 829 只，总规模为 18.90 万亿元。公募基金近年来数据[1]详见图 8-4。

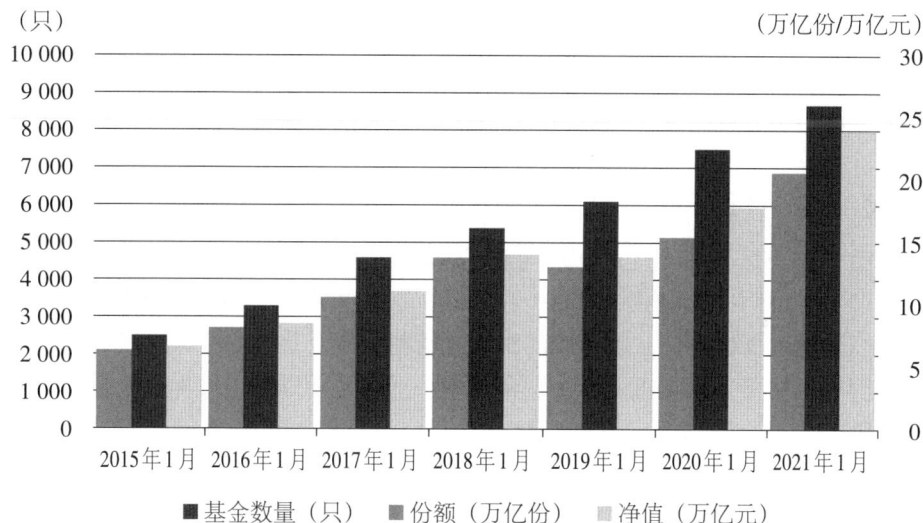

图 8-4　近年来我国公募基金资产统计

从投资者角度来说，基金已经成为众多居民投资者重要的投资手段之一，

---

① 数据来源：中国证券投资基金协会官方网站。

许多不满足于银行存款等传统投资方式的收益率，又对股票投资的风险有所顾虑的投资者纷纷选择了基金这一投资方式，加上近年来基金营销手段层出不穷、部分基金在市场上表现良好等原因，带来了基金市场的大繁荣。

8.3　基金投资原则

虽然当前投资市场涌现"基金热"的现象，但投资者不应被周围环境或他人的投资成果蒙蔽了双眼，导致盲目投资、冲动投资，进而造成不必要的资金损失。在基金投资中，投资者要遵循以下五项投资原则：

1.闲钱投资

永远记住基金投资是利用闲钱进行的金融投资行为，目的是追求闲钱收益，而不是将自己生活工作必需置于不可预测的市场之中。更不要借助杠杆进行基金投资，首先贷款产品本身利率较高，加大了投资的成本；其次增加杠杆加大了投资的风险，市场一旦出现动荡，便会带来连锁效应，造成较大的损失。

随着基金市场的日益火爆，许多不够理智的个人投资者被周围人基金投资的收益蒙蔽了双眼，不惜降低生活质量甚至贷款来购买基金，抱着获得与成功人士同样收益的愿望迫切想要进入基金市场。这种行为在一开始就影响了投资者本身的工作和生活，另外，一旦基金市场不如所愿，对资金、生活造成的损失会更加惨重。近年来此类新闻层出不穷，因此投资者要以此为戒，切记闲钱投资。

2.个性选择

市场上基金种类繁多，不同投资者也具有不同的投资偏好和风险承受能力，面对相同的市场行情也会有不同的反应。有些基金涨幅小，但投资相对稳健；有些基金涨幅惊人，但下跌的时候可能也会带来更大的损失。多种类的基金起到的作用不是增加投资者的选择难度，而是给不同投资者提供了灵活选择的机会。

因此，投资者不能盲目投资，看到别人在某只基金上获利便冲动建仓加仓，一定要在分析市场和自身个性化特点后，制定合理的投资目标和策略，作出最符合自己的投资选择。

3.长期投资

指数基金之父约翰·伯格曾说："只有长期投资才是成功者的游戏，短期投资则是失败者的游戏。"任何人都不具备精准预测市场变化的能力，因此对于大多数投资者来说，长期投资是更加安全的投资原则。短期投资更容易受到市场波动的影响，许多投资者看到下跌行情便无法承受损失，纷纷撤仓以求及时止损；而被某只近期态势较好基金的火热行情吸引，迅速建仓想分得一杯羹，结果可能买在山顶，很容易造成"高买低卖"的低级错误。而长期来看，基金的收益率会在波动中趋于稳定，在不断变动的市场中提供了相对确定的信息，这为长期投资的投资者提高了操作容错率。

需要强调的是，长期投资并不是说长期持有一种基金不进行任何操作，而是要在长期持有不变的基础上根据市场变化适时适量调整，做到静中有动，灵活的长期投资才是在基金市场上应当保持的正确投资姿态。

4.设置预期

投资者应当适应市场的瞬息万变，以一颗平常心来对待基金的上涨或者下跌。在进行基金操作时，要提前设置好合理的投资预期。设置预期时，应该从自身状况和不同种类基金的特质来综合考虑，并根据市场变动适当调整。当收益达到自己预期上下浮动的合理区间后，适时退出，及时止盈和止损，遵循股市波动规律，等行情适合建仓时再选择进入。避免被高涨的行情冲昏头脑或者被下跌的势头磨掉了信心。

5.分散投资

分散投资是通过将资金投放于不同的证券投资组合，来分散风险的一种投资方式。从基金投资角度来说，如果将全部资金投入到一只或者同一板块的基金中，一旦这个领域出现行情大跌，投资者所有资金便会承受下跌的影响。而如果分散投资，将自己可支配的资金投资在不同板块的基金项目中，在A基金下跌的时候B基金可能在上涨，这样一来，风险就被对冲掉，可有效降低短时间内投资者遭受巨额损失的概率。

分散投资不仅将投资资金分散到不同市场、板块，还有时间、地域等方面的分散。投资者可以根据现实状况选择合适的分散投资方式。

8.4 基金投资策略

8.4.1 静态策略

静态策略指采用一种投资策略贯彻执行，不过分关注市场变动，是一种相对省心和稳健的投资方式。

1.长期持有

长期持有即选择一种或多种基金进行长期持有，不因市场的细微变动而频繁操作。因为总体来看，所有基金都会有涨有跌，基金的表现往往会经历"上涨-峰值-下跌-谷值-上涨"的周期变化，在这一周期变化中会表现出一个相对稳定的平衡点。因此理论上讲，只要持有时间够长，便可以获得基金的平均收益。

此外，长期持有减少了基金买入和卖出的费用，降低了投资成本。长期持有是一种操作简单、收益平稳，但周期较长的投资方式，适合新手和不愿意在分析研究市场上耗费过多时间和精力的投资者。

2.定时定额

定时定额投资即大家常说的"定投"，即选择每周、每月等某个固定时间投入固定金额的资金到基金账户中。这一固定金额通常为小额，不要求投资者一下拿出大额资金，对投资者资金要求不高，目的是定期投入以达到积少成多的效果。

采取定时定额投资策略的投资者，不会因为对市场分析不当而损失惨重，当然也不会因为某次正确预测而一夜暴富，而是相对平稳地分期投资，长期下来，平摊成本，降低风险。另外，定投可以享受到复利的优点，达到"利滚利"的效果。正是由于定投的这些优点，使其成为许多投资者尤其是年轻人和上班族的投资首选。

8.4.2　动态策略

动态策略是指密切关注市场的变化状况，并根据市场变化及对市场的预测来操作基金的投资策略。

1.追涨杀跌型

追涨指判断市场要继续上涨，在金融产品上涨的行情下买入，以求未来更大的涨幅时获得更大的收益；杀跌是指判断市场要继续下跌，在金融产品下跌的行情下退出市场，以及时止损，避免较大的损失。追涨杀跌对市场分析要求较高，具有一定的投机性，因此风险也较大。这种投机方式更适合投资老手或者具有丰富投资知识和经验的投资者，对于新手来说，很容易造成买在高点，卖在低点的投资错误。

2.低买高卖型

低买高卖，顾名思义就是低价买入，高价卖出，以赚取价差来获得投资收益。自然，这种投资策略是理想的投资方式，建立在对市场的良好判断之上。一般来说，实现低买高卖需要以下几个因素：

（1）在低价区域买入。低买高卖并不要求绝对的低价，毕竟这是难以操作和判断的，只要在低价的合理范围内即是买入的良好时机，这时投资者可以自行购入恰当的基金份额进入市场。

（2）基金表现良好，未来会上涨。这一条件要看投资者的判断，通常情况下可以参考基金的走势图、行业状况和运行的基金管理公司，需要选择满足以往表现较好、符合市场形势、可信赖的管理人等条件的基金购入，以期其能上涨。

（3）保持良好心态。对于市场的细微变动不能过分产生情绪，如轻微下跌便无法忍受，或者稍微上涨便匆匆卖出。投资中，心态十分重要，很容易因为一时冲动产生投资错误。

（4）合理的投资预期。设置投资预期的重要性在 8.3 节已经讲过，投资者应当根据自己对市场的判断设置自己的止盈点和止损点，对于低买高卖的投资者来说，获得适当的收益后，可以选择适当退出市场，以避免基金周期性的下跌带来投资损失。

3.持股待涨型

持股待涨是认为未来价格会上涨，在低价或者中间价买入金融产品，达到目标收益再卖出来获得利润的投资策略。持这种策略的投资者对市场看好，坚定地认为市场会上行，通常在牛市中会取得不错的投资成果。而一旦判断错误，一直持有不合适的基金也会带来较大的投资损失。

4.逢低增持型

逢低增持也叫逢低加仓，即在一定时间内股票或者基金处于下跌状态，便在低点加仓，如此多次操作，以摊平成本。这种投资策略相对稳健，但需要投资者有一定的耐心和判断能力。现实中，普通的个体投资者很难做到每次加仓都在所谓"低点"。其次，对于"低"这一区间的把握也需要投资者注意，要综合考虑基金的以往业绩、本次下跌程度等因素。

8.5 基金投资心理分析

投资者在投资过程中的投资表现往往会蕴含各种投资心理，这些不会被投资者过分关注的心理可能会或好或坏地影响投资行为和投资结果，因此有必要对基金投资的心理进行分析，进而克服某些心理弱点，使我们的投资行为更加理性。

8.5.1　从众心理

关于"从众心理"的概念和形成原因我们已经在6.2节详细说明，在此不再赘述。我们应当知道的是，从众并非都是错误的，但是应建立在自身把握信息、判断市场现状和未来趋势的基础之上，而不能不经过思考，只根据市场人气行事的盲目从众行为。

基金市场中的从众心理表现为看到某只基金在大家纷纷购入的情况下涨势较好，自己也选择购入，或者是对大家纷纷抛售、趋势下跌的基金实行同样抛售的操作。对于市场上的居民投资者来说，自身可能缺乏经验以及对市场信息的分析判断，于是经常会盲目听从评论家和其他投资者的建议。同样，听取别人合理建议来适时调整自己的投资行为是不可置疑的。但是，不顾自己与其他投资者之间的个体差异跟着周围短期风气做投资决策是大错特错。由于投资者获取和感知信息具有一定的时间差，因此仅仅随大流看风向来进行基金的买入和卖出操作，很有可能在投资者注意到某只基金涨势良好准备购入的时候，它已经达到了高点，低点同理，这样就会导致"买在高点、卖在低点"，造成投资损失。因此，这种盲目从众的心理是万万不可取的。然而，我们不能否认市场的作用，关键在于对市场长期表现的把握。

克服盲目从众的心理，需要投资者做到以下几点：

（1）学习金融知识，形成系统的金融思维，只有具备一定的知识储备，才能避免在纷繁复杂的市场信息里迷失方向，正确接收和判断不同市场信息，使其于己有利。

（2）了解自身特点，设置符合自身条件的投资方案，要时刻谨记自己的独特性，可以适当调整但不能过度受他人影响。

（3）注重心理建设，避免对短期市场波动产生过度反应，注重长期投资的重要性。

8.5.2　心理账户效应

心理账户（mental accounting）是美国行为经济学家理查德·塞勒（Richard Thaler）于1980年首次提出的概念。1985年塞勒发表《心理账户与消费者行为选择》，正式提出该理论，并在后续得到不断发展。塞勒教授因其在行为经济学的贡献成为2017年诺贝尔经济学奖获得者，"心理账户"便是其重要理论贡献之一。

心理账户指的是经济主体（个人、家庭、企业等）在做经济决策时会将不同的决策放入不同的心理账户中进行估价，从而做出有违经济学理性人假设的行为。心理账户不仅在经济金融相关的投资、消费、营销领域具有很大的影响，甚至能解释教育、产品设计等其他行业的一些现象。

从基金投资方面来说，人们的许多表现都是"心理账户"效应的结果。例如，许多投资者不能做到及时止损。首先，投资者对于账面亏损和实际亏损的感知是不同的，会将"账面亏损基金"和"实际亏损基金"放入不同的心理账户中，且对实际亏损感知更加强烈。因此，许多投资者在面对日益下跌的基金时，并不会选择及时抛售，而是顺其自然，保持账面亏损，避免实际亏损给自己带来更大的心理"痛苦"。但显然这种行为是有悖理性的消极操作。其次，投资者在投资时可能会将不同的基金分类，如A基金获利，B基金亏损，这时，投资者很可能会将这两只基金放到不同的账户中看待，忽视整体的收益，而更加关注B基金的亏损，且有持续持有等其回本盈利再抛售的期望，从而将部分资金长时间投放于并没有长期发展潜力的B基金里。这种心理很容易使自己的资金在表现并不好的基金中被套住，从而丧失更好的投资机会甚至亏损。

在投资中，投资者必须时刻谨记理性行事，切忌因为这种"心理账户"效应而作出非理性的投资行为。

8.5.3　心理周期

基金投资者的心理会随着市场的周期性变动而产生周期性的变化，比如在基金上涨的时候出现乐观、兴奋的心理状态，而在基金下跌的时候出现慌张、恐惧的心理状态。而股神巴菲特有句名言："别人贪婪我恐惧，别人恐惧我贪婪。"人人贪婪时，可能正是基金涨势最好的时候，这时应警惕基金是否已经达到比较高的价值，依据自身收益状况选择是否退出。而人人恐惧时，往往是基金行情较差，市场不看好的时候，但是对于被低估的基金来说此时可能是入手的好时机。

总之，基金投资者应当注意到，基金的周期和自己的心理周期有同样的趋势，要注意基金的净值变动及价值分析，对其作出合理的判断。

8.5.4　锚定心理

锚定心理是指人们在预测一件事物的时候，通常会在心里设定一个特定值作为锚点，而对后面发生的变化值将以这一特定值作为对比对象来进行判断。简而言之，就是预测会受到锚定值的束缚。锚定心理产生的原因也很容易理解，人们对一个新接触的事物没有任何认知时，自然会以新接收到的信息作为基点来评估后面的变化。

在投资中的锚定现象非常普遍，深刻影响着投资者的投资行为，不同的投资者选择的锚点不同，其投资行为也会大有差异。在基金投资中，有些投资者会以某一时刻的基金净值为锚点，低于这一净值时便会选择购入，而高于这一净值时便不敢投资。然而，市场上一些基金长期走势良好，基金经理有着优秀的表现等，其净值便很有可能会继续增加。如果我们因为锚定心理而限制了自己的投资，显然会丧失许多投资机会。另外，如果我们因为低于锚定值而盲目买入某些实际发展潜力低的基金，也会承担一定的风险或者损失。因此，基金投资不应该过分关注基金净值及其走势，而应关注基金本身的价值和基金经理、基金管理公司的管理运作能力。

克服锚定心理，投资者可以采取以下建议：

（1）注意长期投资。投资者不能被短期的净值波动束缚，应当将目光放长远，关注基金的长期表现。

（2）可以选择定投。定期定额投资是比较稳健的克服锚定心理弱点的投资策略，规律性地投资能够避免被市场的短期波动而冲动或者畏惧投资。

8.5.5　过度自信

过度自信理论来自认知心理学，是指人在评判自己的时候会高估自己的知识和能力。这种心理在如医生、投资家、律师等职业中表现尤为明显。过度自信理论目前在行为金融领域有着深刻影响，它打破传统金融学对于投资者风险规避的一般性假设，对于现实生活中许多投资者表现出来的风险偏好行为有较强的解释力。过度自信理论的代表人卡内曼（Daniel Kahneman）认为，过度自信源于投资者不能正确估计概率性事件。

在基金投资中的过度自信通常有以下表现：对自己选定的某只或者多只基金充满自信，坚信其能有良好的表现，高估该基金的投资收益，忽视市场信号和他人合理建议。这种心理是采取持股待涨型策略的投资者最容易犯的错误。其次，对于某只基金过度自信可能会让投资者忽略组合投资、分散风险的重要性，从而作出不合理的投资行为。

在基金投资中，适度的自信是好的，能够不被不必要的信息误导，实行符合自身特点的投资策略，避免盲目从众，但是过度自信显然是投资路上的绊脚石。因此，在基金投资活动中，我们应当结合市场变动情况、自身的风险承受能力和资金状况，确定符合自身的投资机会，尊重市场规律，寻求合适的进入和退出时机。

8.6 成功基金投资者应具有的心理素质

在基金走入大众生活中，成为许多居民投资者喜爱的投资方式的背景下，投资者进入基金市场时也需要注意到不能盲目投资，要在系统学习金融知识，对基金市场有基本认知之后再进行操作。另外，除了前面所讲的投资原则、投资策略，成功的基金投资者还需要具有良好的心理素质。

8.6.1 正确认知自己

基金投资的第一步是全方位认识自己，根据自身状况设定合理定位，才能制定最符合自己的投资预期和投资策略。如果不清楚自身状况，那么投资者必然会像无头苍蝇一样毫无逻辑和思路，从而失去方向。

在操作过程中，正确认知自己要求投资者既要做到对自己有信心，充分相信自己的判断，不被市场波动过度影响，也不因为旁人建议而盲目从众；又要做到不能过度自信，要审慎分析市场形势，对市场保有一颗畏惧之心，作出恰当的投资行为。

8.6.2 保持稳定的心态

基金市场的波动是不可避免的现象。许多基金投资者热衷于每天盯着基金的走势图，过度解读基金变化，稍有变动便惊慌失措，匆忙操作，到头来收益可能还不如不做任何操作的投资者。这并不说明我们不能够对基金进行买卖操作，而是说明投资者应当认识到，任何基金都有波动周期，有涨必有跌，有跌必有涨，我们应当适应这种涨跌变动，不能有过度的心理压力。

投资者应当将关注重心放在基金的长期发展潜力和管理人的能力上，对于基金的细微变动甚至可以忽略不计，面对稍大的变动要及时调整策略。总之，应当培养自身稳定的心态和良好的心理素质。

8.6.3 具备合理的投资动机

许多人听信了成功的基金投资案例，便抱着自己也可以的心态进入基金市场，觉得自己可以利用投资基金暴富。实际上，这是极其错误的投资动机。股市中大家都熟知的一句话是："股市有风险，投资需谨慎。"这句话在大多数金融投资品中都是适用的。风险和收益是一对孪生兄弟，拥有收益就意味着要承担相应的风险，任何人都不能保证自己能够精准预测市场走势，完全规避风险。另外，对于个人投资者来说，自己的投资资金是有限的，也不足以通过基金的收益率来获得数倍于本金的收益使自己获得期盼的暴富之财。

因此，企图通过投资基金获取主要财富是不现实的。普通的个人投资者应当摆正投资心态，牢记基金是闲钱增值的一种方式，而不是可以抛弃工作作为主要收入来源的捷径。

8.6.4　善于学习和总结

适当了解和学习金融知识对于投资者尤其是新手投资者来说非常重要，它可以有效避免投资者的盲目投资。同时，善于学习还要求投资者保持谦卑，多跟有丰富经验的投资者交流，向他们虚心请教，学习他们的投资技巧和投资心态。

而投资者也要从自己的投资过程中汲取经验，及时总结。实践出真知，只有做到知识与经验相结合，才能更好更有效地投资。

8.6.5　保持耐心

基金投资是一个长期的过程，达到目标收益率可能不是一蹴而就的，更别提短期内的下跌行情带来的负收益结果。有些投资者看到基金的波动便按捺不住性子频繁更换投资对象，这种行为不仅难以获得长期收益，还会产生较多的交易费用，显然是不可取的。

在华尔街被誉为"外汇苏丹王"的比尔·利普舒茨曾经说过："如果交易员能够减少50%的交易次数，通常都可以赚更多的钱。"这句话说明了投资者保持耐心的重要性。过度交易是投资者应当杜绝的行为，我们要对自己选择的基金保持一定的耐心，不要轻易改变投资计划。

本章小结

　　基金通常有广义和狭义之分，我们通常说的基金投资中的基金是证券投资基金，是一种狭义的基金。市场上基金类型多样，可以根据不同的划分标准对基金进行不同的划分。最常见的是根据基金投资对象的不同，将基金分为股票基金、债券基金、货币市场基金和混合基金，这些基金各有其自身的特征。一般来说，基金投资具有专业性强、比较灵活、分散风险、门槛较低、成本低廉、流动性高、透明度高等的特点，这也是基金吸引投资者的主要方面。

　　基金起源于19世纪的英国，以1868年，英国政府成立的"海外及殖民地政府信托基金"为标志。而基金的大发展则在美国，世界上第一只开放式基金是1924年在波士顿成立的"马萨诸塞投资信托基金"。目前美国也引领了世界基金发展的方向。我国内地的基金起源于1992年，并于1998年后得到较快的发展。目前基金已经成为包括我国在内的许多国家居民投资者喜爱的一种投资方式。

　　基金投资要遵循闲钱投资、个性化选择、长期投资、设置合理预期、分散投资等投资原则，采用合理的投资策略，克服从众心理、心理账户效应、心理周期、锚定心理、过度自信等心理弱点，并利用这些心理特征进行更好地投资。

　　最后，投资者在进入基金市场时，要注意保持良好的心理素质，做到正确认识自己、保持良好的心态、具备合理的投资动机、善于学习和总结，并在投资中保持耐心。这样才是一个成功的基金投资者应当具备的素质。

拓展阅读　　新冠肺炎疫情对我国证券投资基金市场的冲击

　　基金市场会随着股票市场的变动而变动，因此和股票市场一样，基金板块的变动会受到多种因素影响。2020年新冠疫情作为社会性大事件，无疑也会对金融市场产生深刻的影响。

　　我们先来回顾一下2002—2003年的SARS事件，学者们的研究为分析本次疫情对我国金融市场产生的影响提供了参考。张一等（2003）[1]运用"事件研究法"表明"非典"对于我国股票市场的冲击是短期、有限的，但航空运输、旅游业等行业受到的影响较大。而将范围缩小到"证

[1]　张一，刘艳辉，徐山鹰，等.SARS对中国股市冲击的实证分析［J］.管理评论，2003（5）：3-7，63.

券投资基金市场"后，许多学者也证明了SARS对前者的影响更为有限。

关于基金波动与股市波动的关系，许多学者的研究表明我国投资基金具有较强的抗风险能力，其波动会小于股市的波动。鉴于股票的风险和收益都要高于基金，产生这种结果也是合理的。

在本次疫情的冲击下，许多学者也对我国资本市场做了大量的分析研究。实证分析表明了本次疫情对于我国证券投资基金市场的负面作用存在，但比较有限，且表现出明显的短期性。从分类上看，风险较高的股票型基金受到的负面影响最大，不同基金因其类型和性质产生了不同的反应，一些基金甚至产生正向效果。如医药板块，许多投资者在疫情影响下会格外看好医药行业的机会，因此选择建仓或者加仓；又如消费板块，疫情逐渐稳定后必然会带来消费的增长，以白酒为代表的食品饮料板块在经历春节后的滑坡式下跌后，逐渐触底反弹。虽说基金市场的这些变化不能说完全是由于新冠疫情的原因，但受到其一定影响是不可否认的。

核心概念

证券投资基金　基金投资原则　基金投资策略

复习思考题

1.阐述证券投资基金的一般分类。

2.基金投资应当遵循的原则和常见策略。

3.试述成功基金投资者应具备的心理素质。

【导读】

在现代发达的市场经济社会中，金融衍生品是投资领域的一个重要组成部分，金融衍生品市场也是完整市场体系中不可缺少的一部分，越来越起着举足轻重的作用。在本章中，我们将简要分析金融衍生品中期货投资的基本概念与交易策略，进一步论述期货交易的心理与技术研究。

本章重点内容

【引例】　　　　　　　　期货投资乐趣多

"投资期货，到底有哪些乐趣呢？"这真是一个有趣的问题，可能很少有投资者会有这方面的思考。大多数人的答案可能是：赚钱，赚足够多的钱。然而，现实告诉我们：赚钱固然可以带来快乐，但不应该是快乐的全部，毕竟钱不是万能的，身外之物无法换取持续的快乐。在笔者看来，期货投资除了赚钱以外，至少可以给我们带来以下几种乐趣：

其一，开阔视野，丰富学识。这一点并不难理解，对于真正热爱期货的人来说，恐怕没有不爱学习的。期货投资要关注的面很广，大到国际政治经济格局，小到农业生产和柴米油盐，都要去关注和了解，因为这些都会对大宗商品的价格产生影响。从这个角度看，期货投资可以学到和涉猎的东西还真不少：金融、经济、企业经营管理、商品流通与仓储、农业生产等。这种学习无形当中对自己的工作生活产生了积极的影响。俗话说，技多不压身。懂得多，视野也就开阔了，看问题也能看得更透彻，这对于身在职场的人来说，可以说是如虎添翼。另外，在生活中，有了丰富的学识，还能交到更多的朋友，因为各个学科都懂一点，和各行各业的人都能聊得来，跟经济学家可以聊，跟企业家可以聊，跟农民也能聊，想想心里都美得很。

其二，永远不知道明天会怎么样，享受无穷的变化与未知。期货是金融市场上最伟大的发明之一。这个市场既公开又公平，只要有一台联接互联网的计算机，人人都可以做交易。这个市场最大的乐趣是：行情瞬息万变，时涨时跌，每天都有新的情况出现，你永远不知道明天会怎么样，一旦决策正确，胜利的果实既真实又丰厚。因此，我们总是期待着行情能够按照自己判断的方向运行，就像某种执念一样，让人欲罢不能。当方向对的时候，身体的每一个细胞都是愉悦的，仿佛毛孔都是舒展的。这种快乐的感觉更多是在精神层面，其他地方很难体会到。我们喜欢市场的这种未知，因为未知，交易才有了乐趣。

其三，提高人生修养，净化心灵。期货交易的本质是博弈，而博弈的本质又是什么呢？博弈的本质既不是资金也不是技术，而是人性。换句话说，期货交易的本质，从根本上说就是人性的博弈。人性有太多弱点，比如急功近利、盲从、虚荣、自负、固执、幻想、贪婪、恐惧、自私、侥幸等，这些都会在期货交易中一一体现甚至放大。其实，有弱点并不可怕，相反在交易中把弱点暴露出来是件好事，因为这有助于我们重新审视和认识自己，进而改善或克服弱点，这正是期货交易的最大魅力所在。有人说"期货是一场修行"，这话不假，修行修行，就是要把自己的弱点修正了才好轻松前行。从这个角度看，期货交易的功能应该添加一项：修身养性，净化心灵。

总之，期货投资无论是给你带来巨额财富，还是让你享受不断成长的乐趣，它终究只是生活的一部分，善待自己，尽兴生活，这才是人生最大的乐趣。

9.1　什么是期货投资

9.1.1　期货与期货交易

期货（futures）是现货的对称，是一种可以买卖的远期合约，买卖这种远期合约的行为即为期货交易（futures trading）。

具体来说，期货交易是一种按照规定的程序，买卖双方在交易所内进行公开竞价，对远期合约欲买进或卖出的各种商品、有价证券、外汇、金银等达成协议，于将来某一日交货付款的经济行为。期货分为商品期货和金融期货，而商品期货又分为工业品（可细分为金属商品——贵金属与非贵金属商品、能源商品）、农产品、其他商品等。金融期货主要是传统的金融商品（工具），如股指、利率、汇率等，各类期货交易包括期权交易等。

在期货合约签订之后，买卖双方随时都可以根据价格动态进行反向交易，即对冲或平仓（原先卖出期货的，现买回相同的期货合约进行对冲或平仓；原先买进期货的，现卖出相同的期货合约进行对冲或平仓），以了结期货交易，结算差额。当今世界期货交易中绝大多数都是以对冲、结算差额来履行合约的，真正在合同规定的交割日进行实物交割的不足3%。

期货交易有广义与狭义之分。狭义的期货交易仅指商品期货交易本身，目前世界各期货交易所达成的交易，绝大多数都属于商品期货交易（包括大宗物资、金属、能源、股票、利率等商品）。广义的期货交易除上述期货交易外，还包括期权交易。期权交易是指投资者与专门交易商达成一种契约，双方交易的是一种权利。期权卖方有权利在约定时间，按照约定的敲定价格买卖既定量的商品或既定量的期货合约。期权的买方要付期权的卖方期权费若干，期权卖方负履约的责任。期权是现代期货市场上的一个新的交易品种。

当今的期货市场和期货交易准则是历经数百年之后逐步发展和完善起来的，其产生缘于商品社会中规避价格变动风险的客观需要。在商品经济社会中，商品价格包括股票、债券等有价证券的价格总是随着经济、科技、供需关系和经济政策等因素的不断变化而涨跌起伏。这样，商品市场上的买卖双方均面临因商品价格不利变动而带来损失的风险。

经过长期探索，人们终于找到了一种避免风险的方法，即商品期货交易。1848年，美国的一家中心交易场所——芝加哥期货交易所诞生。1972年以来，各种金融商品亦先后出现在期货市场，经过二十余年的时间，金融工具期货和期权交易以后来居上之势，在许多方面超过了农产品、金属等商品期货交易。期货期权交易的蓬勃发展，对世界的影响与日俱增，交易商品走向多元化；期货市场也不断走向国际化，在国际市场体系中扮演着越来越重要的角色。

期货交易的一个重要特点是用少量的资金做较大的买卖。因为在做期货交易时，为保证交易合同的履行，交易者要交一定数额的保证金。但保证金的比重不大，一般为交易合同金额的5%~18%。假设以5%的比例，5万元保证金即可以做100万元的交易。如果这笔交易的盈利率为1%的话，那么相对于保证金来说，它的盈利率就不是1%，而是20%。由此可见，做期货交易可撬动杠杆，"以小博大"。

【知识链接】　　　　　　　　**芝加哥期货交易所**

芝加哥期货交易所（Chicago Board of Trade，CBOT）是当前世界上最具代表性的农产品交易所。19世纪初期，芝加哥是美国最大的谷物集散地，随着谷物交易的不断集中和远期交易方式的发展，1848年，由82位谷物交易商发起组建了芝加哥期货交易所，该交易所成立后，对交易规则不断加以完善，于1865年用标准的期货合约取代了远期合同并实行了保证金制度。芝加哥期货交易所除提供玉米、大豆、小麦等农产品期货交易外，还为中长期美国政府债券、股票指数、市政债券指数、黄金和白银等商品提供期货交易市场，并提供农产品、金融产品及金属的期权交易。芝加哥期货交易所的玉米、大豆、小麦等品种的期货价格，不仅成为美国农业生产、加工的重要参考价格，而且成为国际农产品贸易中的权威价格。

成立于1848年的芝加哥期货交易所是一个具有领导地位的期货与期权交易所。通过交易所的公开喊价和电子交易系统，超过3 600个CBOT会员交易50种不同的期货与期权产品。2003年，交易所成交量达到创纪录的4.54亿张合约。

在交易所创立早期，CBOT仅交易农产品，如玉米、小麦、燕麦和大豆。交易所的期货合约经过多年的发展演变现在已经包括非保存性农产品和非农产品，如黄金和白银。CBOT第一种金融期货合约于1975年10月推出，该合约为基于政府全国抵押协会抵押担保证券的期货合约。随着第一种金融期货合约的推出，期货交易逐渐引进多种不同的金融工具，其中包括美国国库中长期债券、股价指数和利率互换等。另一个金融创新——期货期权，于1982年推出。

在过去的150多年中，CBOT的主要交易方式为公开喊价，即交易者在交易场内面对面地买卖期货合约。为了满足全球经济增长的需求，CBOT于1994年成功地推出了第一个电子交易系统。此后，随着电子交易系统使用的日益普及，交易所曾将电子交易系统数次升级。2004年1月，CBOT推出了一个由领先的LIFFE CONNECT交易技术所支持的新的电子交易系统。

在CBOT推出新交易系统的同时，交易所也完成了清算业务的转换。芝加哥商业交易所（CME）于2004年1月开始为CBOT的所有产品提供清算及相关业务服务。CME/CBOT共同清算网将两个具有主导地位的金融机构结合起来，该清算网提高了业务、保证金和资本效率，使期货经纪商和期货产品的最终用户获益匪浅。

无论是电子交易还是公开喊价，CBOT的主要角色都是为客户提供一个具有透明性及流通性的合约市场，该市场的作用为价格发现、风险管理及投资。农场主、公司、小企业所有者、金融服务提供者、国际交易机构及其他个人或机构可通过一个被称作套期保值的过程来管理价格、利率和汇率风险。套期保值是通过在期货市场持有相等但相反的头寸来对冲掉现货市场头寸的内在价格风险的操作。套期保值者利用CBOT期货市场保护其业务以避免不利的价格变动可能对其盈余造成的不利影响。

期货市场还让全球的投机者通过解释及利用经济资料、新闻和其他信息来确定交易价格及是否以投资者身份进入市场。投机者填补套期保值者买卖价的缺口，因此使市场具有更高的流通性及成本效率。各种市场参与者均具有不同意见及接触不同市场信息，市场参与者的交易导致价格发现及提供基准价格。

（根据公开的网络资料整理）

9.1.2 期货交易的程序

期货交易是在期货交易所里进行的。其交易程序与股票投资交易程序类似，分为开户、交纳保证金、落单、交割、结算等手续，其流程如图9-1所示。

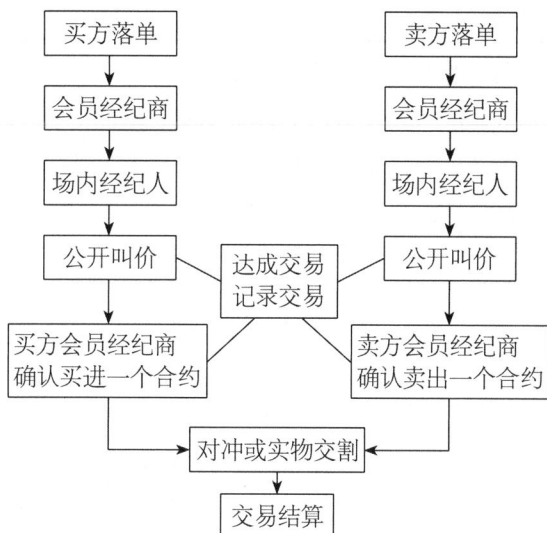

图9-1 期货交易程序

9.1.3 期货交易与现货交易、远期交易的区别

现货交易指买卖双方通过交易磋商，在达成协议后，即履行由一方交货另

一方付款的交易行为。

　　远期交易指买卖双方通过交易磋商，在达成协议后，双方同意于将来某一时日按约定价格由一方交货另一方付款的经济行为。

　　现货、远期、期货、期权交易之间的主要区别见表9-1。

表9-1　　　　　　　　　　**现货、远期、期货、期权交易之间的主要区别**

项目＼交易类型	现货交易	远期交易	期货交易	期权交易
交易方式	双方协商		公开喊价	
交易地点	不确定		交易所	
合同内容形式	双方协定		商品品种、规格、质量、数量、交货地点标准化	
交易主要目的	取得商品或货币	锁定价格	规避保值或投机牟利	有利图利，无利保值
交割形式	即刻交货付款	过一段时间交货付款	过一段时间对冲或交货付款	在约定时间内或约定时点以前行使或放弃买卖权利
交易费用	不要	一般不要	预付保证金	支付期权费或保证金
交易商品	所有商品均可以交易	所有商品均可以交易	比较狭隘；规格划一、标准化、易储存的商品、金融工具和货币等	
交易参与者	生产者、消费者、经营者		保值者、经纪人、投机者	

9.1.4　期货交易与股票交易的区别

　　期货与股票虽然都是为大众提供的投资工具，有许多相似之处，特别是期货交易所进行的基本分析与技术分析和股票交易非常相似，但由于经营内容不同，它们之间存在着许多差异（见表9-2）。

表9-2　　　　　　　　　　**股票交易与期货交易的区别**

项目＼交易类型	股票交易	期货交易
交易目的	实现产权转移	虽有实物交割导致产权转移，但主要是风险的转移
盈利的机会	价涨则盈，价涨则亏	买卖无先后，涨跌都有可能赚
保证金	全部金额交款	5%~10%的交易保证金
对价格变动的限制	一般不实行最低最高价限制	有一定限制，设有涨跌停板
存放时间长短	可以长期持有	几个月内就非脱手不可
市场规模	大	小

9.2 期货投资行为的基本做法

期货投资行为主要指套期保值行为，期货市场的基本经济功能之一就是对价格风险进行管理，而欲达到此目的，最常用的手段当数套期保值投资了，当然，也存在投机行为。简言之，套期保值的定义就是买进（卖出）与现货数量相当但交易方向相反的商品期货合约，以期在未来某一时间通过卖出（买进）期货合约补偿现货市场价格变动所带来的实际价格风险。

中国培育、发展期货市场的根本目的在于，消除或减少经济运行中的风险，保证经济的稳定发展。从预期目标上讲，参加套期保值投资的企业越多、范围越大，越有利于宏观调控与市场调节的有机结合，越有利于推动经济的发展。所以，套期保值投资的运用，构成了中国期货市场发展的重要内容。

期货市场中的套期保值交易可分为两个步骤：

第一步，交易者根据自己在现货市场上的交易情况通过买进或卖出期货合约建立第一个期货部位。

第二步，在期货合约到期之前通过建立另一个与先前所持空盘部位相反的部位来对冲在手的空盘部位，两个部位的商品种类、合约份数以及月份必须是一致的。

套期保值有两种类型：卖方套期保值和买方套期保值。

9.2.1 卖方套期保值

下面我们将用实例来说明卖方套期保值的基本做法。

某农场主决定在7月份将其玉米价格锁定在每蒲式耳1.85美元。因为他担心从7月份起到收割的这段时间内玉米价格会下跌，于是他以每蒲式耳玉米2.10美元的价格卖出一份期货合约以锁定价格。

到收割时，玉米价格果然下跌到每蒲式耳1.60美元，农场主决定将现货玉米卖给本地仓储经营商。然而与此同时，期货价格也同样下跌，农场主就以较低价格买回期货合约，对冲初始空头期货交易。他这样做的结果是每蒲式耳赚到了0.25美元，正好用来抵补现货交易中的少收部分，具体见表9-3。

如果到了收割的时候玉米价格不是下跌，而是上扬到每蒲式耳2.35美元，又会发生怎样的情形呢？请看表9-4。

表9-3 价格下跌时的卖方套期保值

买卖时间	现货市场		期货市场
7月1日	欲将玉米价格锁定在每蒲式耳1.85美元		以每蒲式耳2.10美元的价格卖出玉米合约
收割时	以每蒲式耳1.60美元的价格卖出玉米		以每蒲式耳1.85美元的价格买进玉米合约对冲初始空头期货头寸
结果			盈 每蒲式耳0.25美元
	现货售价	每蒲式耳1.60美元	
	加 期货盈利	+每蒲式耳0.25美元	
	净售价	每蒲式耳1.85美元	

表9-4 价格上扬时的卖方套期保值

买卖时间	现货市场		期货市场
7月1日	欲将玉米价格锁定在每蒲式耳1.85美元		以每蒲式耳2.10美元的价格卖出玉米合约
收割时	以每蒲式耳2.10美元的价格卖出玉米		以每蒲式耳2.35美元的价格买进玉米合约对冲初始空头期货头寸
结果			亏 每蒲式耳0.25美元
	现货售价	每蒲式耳2.10美元	
	减 期货亏损	-每蒲式耳0.25美元	
	净售价	每蒲式耳1.85美元	

由上述例子可知，套期保值是决定了每蒲式耳1.85美元的玉米售价，即售价在价格下跌时获得了保护，但同时放弃了价格上涨时得利的机会。

9.2.2 买方套期保值

我们现在讨论买方套期保值的例子。

假设某大豆加工商（或出口商）在5月份时就制订计划，预计8月份购买大豆。而5月份的大豆现货市场价格为每蒲式耳5.00美元。该商人担心，到8月份大豆价格可能上涨。为避免价格上涨的风险，他做多头套期保值，以每蒲式耳5.30美元的价格买进8月份大豆期货合约。

到了 8 月份，如果大豆现货和期货价格均上扬，其保值结果见表 9-5。上述期货市场的盈利部分正好抵补了现货市场上大豆成本的增加部分，从而使加工商将大豆价格锁定在每蒲式耳 5.00 美元的水平，达到了他在 5 月份所希望的目标价格。

表 9-5　　　　　　　　　　**价格上扬时的买方套期保值**

买卖时间	现货市场	期货市场
5 月 1 日	欲将大豆价格锁定在每蒲式耳 5.00 美元	以每蒲式耳 5.30 美元的价格买进 8 月份大豆合约
8 月 1 日	以每蒲式耳 6.00 美元的价格买进大豆	以每蒲式耳 6.30 美元的价格卖出 8 月份大豆合约，对冲初始的多头期货头寸
结果		盈　每蒲式耳 1.00 美元
	现货买入价	每蒲式耳 6.00 美元
	减　期货盈利	−每蒲式耳 1.00 美元
	净买入价	每蒲式耳 5.00 美元

如果到了 8 月份，大豆价格不是上扬而是下跌，将会出现什么情况呢？请见表 9-6。

表 9-6　　　　　　　　　　**价格下跌时的买方套期保值**

买卖时间	现货市场	期货市场
5 月 1 日	欲将大豆价格锁定在每蒲式耳 5.00 美元	以每蒲式耳 5.30 美元的价格买进 8 月份大豆合约
8 月 1 日	以每蒲式耳 4.50 美元的价格买进大豆	以每蒲式耳 4.80 美元的价格卖出大豆合约，对冲初始的空头期货头寸
结果		亏　每蒲式耳 0.50 美元
	现货买入价	每蒲式耳 4.50 美元
	加　期货亏损	+每蒲式耳 0.50 美元
	净买入价	每蒲式耳 5.00 美元

上例中，虽然大豆加工商（或出口商）不能得到市价下跌的好处，但是他确实锁定了预期的大豆价格。

9.3　期货投资的交易技巧

前面我们通过具体实例分析了期货投资、投机的策略，可以看出期货买卖的技巧可谓纷繁复杂，这也是对期货投资者各方面素质的一种考验。

期货交易并非任何人都可以从事并获取最大利润的行业。在所有的期货投机者当中，做得成功的只有25%左右。一个人若要参加期货交易，先决条件就是要有足够的资金以应付可能遭遇的损失。其次，他还必须控制自己的贪婪心理。最后一个条件是他要勤奋、敬业乐业。不论干哪一行，赚钱都不容易，期货交易更是如此，因为要应付瞬息万变的市场情况，不全力以赴是不行的。

9.3.1　如何制定投资交易战略

当涉足期货市场进行投机交易时，不要忘记事先制订一个指导交易活动的、切实可行的交易战略计划，尽管这种战略计划必须因人而异，但系统地了解入门步骤还是有百利而无一害的。

1.充分了解期货合约

为了正确判断交易合约的价格走势，首先要对正在交易的合约有足够的认识，限定下一步准备买卖的合约数量。在买卖合约时切忌贪多，即便是经验丰富的交易者也很难同时进行三种以上不同类别的在手期货合约交易，应通过基本性分析和技术性分析或将两种交易技巧综合运用，始终将市场主动权掌握在自己手中。

2.确定获利目标和最大亏损限度

在价格预测上，必须将现实和潜在的可获利交易战略相结合，获利的潜在可能性应高于风险性。在决定是否买空或卖空期货合约时，交易者应事先确定获利目标以及所期望承受的最大亏损限度。一般来讲，个人倾向是决定可接受最低获利水平和最大亏损限度的主要因素。

3.确定投入的风险资本

为获取最大收益，有经验的投资者经常告诫没经验的投资者，要限制用于一笔交易的风险资金；同时，在手的空盘量应限定在自己可以完全操纵的数量之内；另外，还应为可能出现的新的交易机会留出一定数额的资金。成功的投资者也经常忠告人们：只有当最初的交易部位被证明是正确的（即证明是可获利的）之后，才可追加投资，追加投资额应低于最初的投资额。在交易部位的对冲上应该按照当初制订的交易计划进行，严防贪多。

当然，由于市场变化无常，投资者还应具有一定的应变能力和灵活性，做到既按计划行事，又不墨守成规。对一笔交易的获利欲望主要取决于投资者的经验和个人偏好。成功的价格预测和交易最终还是受个人情绪、客观现实、分析方法和所制订的交易计划的影响。除了制订系统的交易进度计划外，许多成功的投资者还遵循下列行之有效的交易准则：

（1）在进行交易之前，仔细分析市场概况，切忌听信谣传，贸然行动。

（2）切忌无计划地盲目投资或在对价格趋势看不准的情况下进行交易。

（3）投资者很难以最低市场价格买进期货或以最高价格抛出在手合约。一般来讲，指令应在尽可能有利的价格水平上执行。

（4）投资者应该把价格下跌时做空头交易放在与价格看涨时做多头交易同等重要的地位。

（5）只有当前获利可能性大于风险性时才进行投资。

（6）成功的投机交易应该自觉限定亏损程度并谋求最大的利益。

（7）交易者应做好承担许多小额亏损的心理准备，因为有限的几笔高获利交易足以抵消这些亏损。

（8）除了要对期货合约进行仔细分析、研究外，还需要制订严谨的交易计划，其中包括用于某笔交易的风险资金数额，同时还应留出一定的储备资金。

9.3.2　投资交易技巧

与股市一样，在期货市场上，投资者获利的多少与其预测价格走势的准确程度是成正比的。为此，就有很多市场分析家总结出了一套套预测期货行情的基本分析法与技术分析法，其原理与操作技巧与股市极为相似。毫无疑问，精湛的技术分析和周密的基本分析是期货投资成功的保证。限于篇幅，这里只简单讨论有关投资交易的基本技巧。

归纳起来，期货买卖的技巧有两种：一种是形势有利时的交易技巧，另一种是形势不利时的交易技巧。

1.形势有利时的交易技巧

（1）利上加利法

利上加利法如图9-2所示。假定你认为行情看涨先在A处买进一笔，而行情确如你所料上涨至B处，如果此时就获利出场，未免太可惜、太缺乏远见了，为取得更大的利益，不妨在B处再买进一笔继续看涨。如果行情一再涨至

C处，应有魄力地再投入资金做多头，那么你获取的利润就相当大了。因此，为了不失时机地运用"利上加利法"，在分配资金时一定要留下两三笔后备资金以便随时调用。

（2）积少成多法

积少成多法如图9-3所示。在行情进入牛市盘档期时，价格没有出现明显的大起大落，此时运用该方法最合适。当价格涨至A处就卖，跌至B处就买，即卖高买低，如此不断重复。虽然每一次买卖赚到的利润不算多，但把它们加起来就是一笔不少的利润，故称为积少成多法。

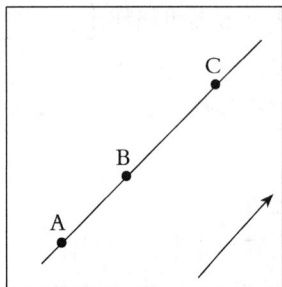

图9-2　利上加利法

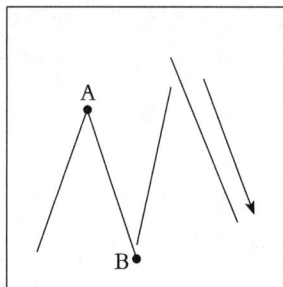

图9-3　积少成多法

2.形势不利时的交易技巧

（1）积极求和法

积极求和法如图9-4所示。如果你预测行情上涨时在A处买进一笔，但不幸的是行情恰好相反，这种情况是常会发生的，此时你不必惊慌，应当沉着应战，在行情跌至B处、C处、D处时，接连不断地坚持买下去，因为行情从来就没有只涨不跌或只跌不涨的道理，等到否极泰来，行情反转之时，就可以一个一个逐步脱离险境。这种方法至少能使自己不至于受到太大的损失。

（2）双管齐下法

双管齐下法如图9-5所示。

如果你认为行情会跌并在A处卖出一笔，但出乎意料的是行情偏偏上涨，这种情形也并不少见，因为不可能每个人对每一次行情都看得很准。这时便可在B处买进一笔，如行情又有下跌时，那么A处的卖单便可在C处获利平仓，B处的买单可在D处套利了结。其结果有三种：一是减少损失或打个和局；二是为求得一方的大利而损失另一方的小利，即两利相比取其重；三是买卖两边都同时得利，这当然是最佳的结果。这种方法可以说是较高明的战术了。

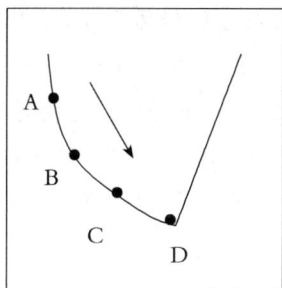

图9-4　积极求和法

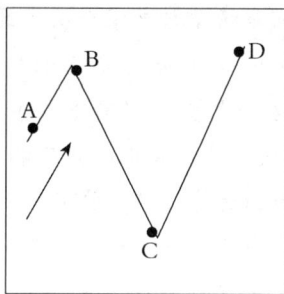

图9-5　双管齐下法

（3）舍小求大法

舍小求大法如图9-6所示。如果你认定行情将上涨在A处买进一笔，却不料行情反而下跌，而且有一跌再跌、短时期内反弹无望的倾向。一看情况不妙，你应趁损失还不算大的时候在B处将其认赔卖掉，与此同时再做一笔新空单，当行情再跌下去你就可以挽回损失了。

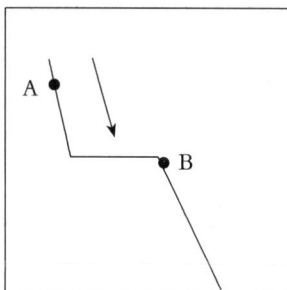

图9-6　舍小求大法

（4）以逸待劳法

如果你认为行情看涨先买入一笔，而行情下跌，并且在临交割时仍未反转，那么此时你也可以将所买的货物购回存入仓库，在行情上涨的那一天到来后再将其抛出，因为天下行情绝没有永远下跌的道理。但运用此法，手头必须有足够的资金，以便补足货款将其购回。

【市场聚焦】　　　　1989年弗罗茨公司操纵大豆期货事件

1989年，弗罗茨公司（Ferruzzi）被CBOT发现有逼仓的企图，CBOT将情况上报给美国商品期货交易委员会（CFTC）。CFTC的最终调查显示，截止到1989年7月10日，弗罗茨公司当时建立的大豆多头头寸已经达到了2 200万蒲式耳，这个头寸数量达到了投机交易头寸限额的7倍，而且这个数字也超过了其他任何市场参与者限仓头寸的5倍，该公司的头寸已经占到了7月合约空盘量的53%。美国期货市场的持仓当时是不公开发布的，发现这一企图后，CFTC向公众披露弗罗茨公司持有的期货头寸超过当时市场总持仓量的85%。

之后，CBOT采取了以下措施来防止风险进一步增加：（1）停止弗罗茨公司进行新的交易；（2）要求从7月12日开盘交易开始，任何拥有1989年7月大豆合约净多头部位或者净空头部位超过300万蒲式耳的个人或者法人户必须削减头寸，并且在随后的每个交易日以至少20%的份额递减；（3）提高弗罗茨公司持有头寸的保证金。经过了超跌阶段，市场价位随后反弹。

能够有效地制止这起逼仓案件，主要是因为美国期货市场的监管者——美国商品期货交易委员会（CFTC）对期货价格真实有效性的高度重视。CFTC设有经济分析部和首席经济学家办公室，许多经济学家每天密切关注、跟踪所有上市商品的现货市场情况以及期货市场价格的形成过程，发现可疑迹象，即时通过执行大户报告制度等调查、了解市场交易情况，通过对相关现货市场的供需和价格等情况进行比较研究，确认期货价格是否同现货价格严重背离、是否存在市场操纵行为，严格防范和打击操纵市场的行为。

（根据公开的网络资料整理）

9.4 期货投资中的心理期望

9.4.1 期货参与者与交易心理价位

期货交易总是与未来（future）联系在一起的，在交易过程中，体现了期货市场参与者对未来市场商品价格走势的一种预期。期货市场参与者主要是套期保值者和投机者。前者在参与期货买卖时，已经拥有或买到了现货，在期货市场买卖同等数量的期货合同，用期货交易的盈利来冲抵现货买卖的亏损，以此在价格上求得保障。那些在将来要进行投资的人，考虑到万一利率下降要受损失（所持有的货币贬值），也可以在期货市场用套期交易求得保障。他们利用期货交易，可以避免价格走势不利的影响，但仍然面临基差风险，因此其目标的实现在很大程度上取决于对期货价格的准确预测。至于投机者，则是利用期货市场价格的自然波动，从低价买进、高价卖出的交易中获利。

期货市场的另一特点是投机者可通过买空或卖空一种期货合约而进入市场，他们根据各自对市场的预测而作出买进或卖空的决定。可以说，获利的潜在可能性是与投机者预测价格动向的准确程度成正比的。与套期保值交易者不同，投机者对于拥有的期货合约项下的实际现货商品或金融工具丝毫不感兴趣，他们总是在合约到期前通过做一个相反的交易，对冲手中的合约，以免去交割实际商品的责任。

所以，在期货市场上，价格是由于不同的人对未来价格走势的不同期望（有人看涨，有人看跌），以及由此产生的不同的投资方式与交易策略，从而形成的大众公认的一种交易心理价位。

9.4.2 期货价格的心理期望效应

在心理学上有一种心理期望效应，又称罗森塔尔效应或皮格马利翁效应。希腊神话中有个国王叫皮格马利翁，因热恋自己雕的少女像，感动了爱神，爱神就给了少女雕像以生命，使皮格马利翁梦想成真，与少女结为夫妻。这种现象后人称之为期望效应。

美国心理学家罗森塔尔曾经做过一项对老师说是研究儿童发展的有名的实验。实验完毕后，将实验者认为"有优异发展可能"的学生名单通知教师。几个月后，对所有参加实验的学生再进行测验。结果，那些被认为"有优异发展可能"的学生成绩普遍提高。最后老师才知道这些被称为"有优异发展可能"的学生和普通学生一样，是随机抽样的，并不是什么具有"优异发展可能"的学生。而他们学习成绩普遍提高的主要原因是：教师受"优异"这样的暗示，无形中对这些所谓的"有优异发展可能"学生有一种特殊的关怀和期望。学生得到教师的期望和关怀后，以极大的努力去刻苦学习，报答老师的关怀和期望，这样学生的学习成绩当然就得到了提高。这种通过教师对学生心理的潜移默化的影响，从而使学生取得教师原来所期望的进步的现象，被称为罗森塔尔效应，这是一种心理期望效应。

同样，期货既然与未来联系在一起，而且又是"以小博大"，即买空卖空，投资者也好，投机者也好，都需要准确预测期货价格走势。当期望的价位与预测的价位相符时，可大获其利；反之，则可能倾家荡产。期货投资者要比股票投资者承受更大的心理压力，付出更多的精力，也需要更多知识、技巧的良好组合，对资金供应量的要求也比股票投资要大。因此，期货投资者比股票投资者少得多，在美国有4 000万名股票投资者，而只有18万名期货投资者，两者的差异可见一斑。

在期货市场上，交易价位因投资大众的期望而产生，反过来又成为大众的期望，而且在市场"人气"充沛时，这种心理价位往往很准，这就是期货交易中的心理期望效应。

心理期望效应在经济学上的体现是：理性预期理论。

9.4.3　心理预期与理性预期

宏观经济学上有一种理论叫理性预期（rational expectation）。

理性预期理论的核心思想非常简单：具有理性的人们，会对任何经济变动作出符合实际的预期，这种理性预期将使政府的政策变为无效，甚至有害。因此，它反对国家干预经济，主张市场自由调节。

任何经济主体进行决策之前，都会对未来的发展作出自己的主观估计，这种预期行为早已成为经济分析中的重要因素，如马歇尔的"期待"、缪尔达尔的"事前变量"、凯恩斯的"三大心理规律"、弗里德曼的各种预期报酬等。但是，理性预期是一种符合未来客观实际的预期，是追求自己利益最大化的经济主体，事先根据各种统计资料、经济变量关系等有关信息，主动作出的合乎理性的预期。这一点，在期货市场上得到了充分的体现，期货交易体现了人们对未来经济形势、价格走势的预期，然后他们会在这一预期的基础上进行相应操作。

理性预期理论是在凯恩斯主义和货币主义对滞胀局面拿不出有效"药方"的情况下，从20世纪60年代开始发展起来的，影响日益广泛，有人称之为"新古典宏观经济学"或"80年代的宏观经济学"。通常认为，理性预期理论是货币主义的最新发展，是凯恩斯主义的最大威胁。但是，这个理论至今还未形成完整的体系，也未提出系统的政策建议，特别是理性预期理论常用数学模型表示，令人费解。

9.5　心理交易在期货中的应用

要在期货交易中获得成功，固然需要多了解市场和交易工具，但是同样重要的是，交易者也需要对自身加以了解。这也就是同等重要，但是时不时会被人忽略的心理交易学。当我们最初踏入这个充满无限诱惑的交易市场时，心理交易技术一直让我们半信半疑，最关心的莫过于多了解市场以及技术分析手段，至于交易心理并没有被深刻地认识。但是，随着我们越来越深入地了解市场和期货实战交易，我们越来越深刻地意识到，人类本性和心理学在期货市场及期货交易中都扮演着重要的角色。

9.5.1　资金博弈

资本市场被证明是人类社会经济资源配置最为有效的一种制度安排，也是市场经济的高级形式。然而，在资本市场逐步走向人类商品社会发展舞台中心的300多年过程中，受到的怀疑、争论和诟病从未间断。资本市场一直是最为人性的市场。在资本市场上围绕资本发生的博弈，往往源于人性中贪婪和自私的一面，也往往表现出各种非理性和狂热。但是，资本市场正是将这些人性中本来存在的东西有效地组织了起来，并转化成为推动人类社会前进的动力。

在期货市场中，散户和主力机构的资金博弈从未停止过，这也保证了市场的流动性和有效性。主力机构可能以各种资金的变化来引诱散户资金的进出，进而让散户呈现出很难克服的弱性，通过资金的不断博弈来绞杀普通投资者。这种情况一般发生在市场的震荡阶段。在市场震荡阶段，主力机构借助资金优势、政策效应、小道消息、广告宣传等手段来迷惑中小投资者，使得广大中小投资者执着于在震荡阶段追涨杀跌，资金双向遭到清洗。当投资者买涨时，市场走弱；当投资者看跌时，市场重新走强，资金的博弈就从未停止过。如果没有很好的心理承受能力和宏观把握能力，散户只会被主力机构的各种手段所绞杀。

9.5.2　持仓分析

在期货交易中，持仓量是投资者比较关心的重要因素之一。在基本面比较确定的情况下，对价格短期走势的判断，除技术分析外，持仓量以及持仓结构的变化更能简洁明了地反映市场参与各方的基本观点。持仓量的变化与期价的变化常常具有一定的规律性，它能为投资者提供较为准确的出、入市时机。在一定的市场阶段，价格与持仓量的关系能比较稳定地维持一段时间。据此操作，交易成功的概率较高，同时，持仓量的变化在交易中一目了然，也符合期货交易"力求简明"的原则。

传统的供求法则认为，市场价格受供求关系影响，价格围绕价值上下波动。当供过于求时价格下跌，供不应求时价格上涨。目前，尽管信息技术与网络的发展已经把全球经济联成一体，加快了信息流通的速度，但要及时、准确、全面地获得信息仍需要复杂的信息收集处理过程，并且一般投资者在此过程中还存在一些对信息理解和利用上的偏差，因此对一般投资者而言，做好这项工作十分复杂且具有很大的难度。在国内的股票投资中，每季度公布的投资基金、社保基金、保险基金和QFII的持股状况以及上市公司股东总人数的变化常成为一般投资者分析参与市场的重要依据，理由是他们的研发能力比自己强，对基本面的分析更到位。事实证明，只要掌握一定的节奏，能跟上机构投资者的步伐，则投资成功的概率是很大的。国内期货市场也一样，目前市场参与者习惯对 CBOT 基金持仓、CFTC 铜持仓加以分析，作为对后市走向的判断依据之一，从长期来看，效果还是明显的。这是基于市场本身的规律性产生的分析方法，也即通过分析市场买方与卖方力量的对比变化来预测市场运行方向，而买卖双方力量就是通过持仓状况来分析的。持仓分析对实际交易具有重要的指导价值。

在期货市场存在两种力量：买方力量与卖方力量。买方看多，认为将来市场价格会上涨；卖方看空，认为将来市场价格会下跌。对此，一般的理解是，买方与卖方谁的力量大，谁的资金实力强，市场就会向谁的方向发展。一般而言，主力机构的持仓方向往往预示着价格的发展方向，这在国内市场尤其明显。由于基本面不会一日一变，在基本面基本确定的情况下，可以说，主力机构，特别是大套保商比一般投资者对基本面的分析更具优势，他们对基本面的理解更透彻、更全面，因而他们的动向对交易的指导意义更强。

9.5.3　平衡心态

无论我们对资金博弈和持仓有怎样的分析，或者得出看似多么准确的投资判断，我们仍然要对价格抱着绝对至上的态度，因为心理交易技术分析的最终结果是实践，当资金博弈和持仓分析全部反映到期货交易盘面上时，符合走势的分析我们要坚定不移地执行；与行情实际走势相反的，我们必须加以抛弃，原先的分析一文不值，不能有丝毫留恋，如果还固执地抱有个人主观情绪，那么市场会让你付出惨痛代价。

优秀的投资者并不见得技术分析多么出众，但是毋庸置疑的是他们都拥有比较平和的心态。我们经常听到一些投资者讨论技术头头是道，但是自己的资金有降无升，归根结底是当行情来临时，他们的心态已经被市场迷惑了，失去了良好的心态基础，投资就失去了获利的保障。因此，锤炼出平衡的个人心态和正确理解市场的心态是非常必要的。

9.6　成功期货投资者应具备的心理素质

与股票投资一样，期货投资更需要知识、技巧、智力、经验的配合，因此，良好的心理素质是期货投资成功的关键。

9.6.1　具有充分认识自己、估量自我的良好心理素质

一个成功的期货投资者必须具有冷静客观的头脑，充分驾驭情绪的能力，并且在持有一笔买卖合约时不会因为患得患失而失眠。虽然这种良好的心理素质可以通过后天的训练培养出来，但对于那些成功的投资者来说，他们认为自己天生就具有这种泰然处之的大将风范，因此，他们建议那些自控能力较差的人最好另谋赚钱的途径。因为在期货市场上，每时每刻都会有许多令人激奋或沮丧的事情发生，这就需要你具备当机立断的能力去应付瞬息万变的市场行情；否则你可能会在短短数分钟内，几度改变自己的决定和方向，因而失去良机或是遭受重大损失。

9.6.2　进行交易判断不能依赖希望

虽然在日常生活中的其他领域，"希望"是一种美德，是取得成功的动力，但在期货买卖中，它有时会成为成功的真正障碍。因此，在进行期货交易操作的过程中，不要太过于希望有所进展；否则你会被希望牵着鼻子走，根据希望去进行买卖，这样往往会导致惨重的损失。一个具有良好心理素质的投资者能够在买卖中不受情绪影响，比较客观充分地分析行情。而对于一个不成熟的新手来讲，当他希望市场变得对他有利时，他就犯了一个原则性的错误。

9.6.3　充分相信自我，不要太过盲从

期货市场是一个充分展示个性的交易市场，就成功者而言，其希望有一个自由呼吸的空间，当大家都争相买入时，他们却找理由卖出。这种反其道而行之的做法，也许很让人不解，但仔细分析一下，却不能不说他们高人一筹。一个成功的投资者往往有这样的体验：当他发现所持合约跟大家，特别是跟那些小买家小卖家相同时，会感到很不舒服。此时，成功的投资者往往要有超常的判断力和充分的自信，不盲从于大众的意见而作出相反的判断。因为自古以来，真理总是掌握在少数人手里。目前，有些经济顾问公司对市场行情作出的判断往往是参考了其他许多顾问公司的意见，如果分析中有85%看涨，这就暗示买入已经太多了；如果有少于25%的分析看涨，这就暗示卖出太多，而成功的投资者往往能敏锐地捕捉到这一点。

9.6.4　永远保持谦逊的态度

在期货交易市场上，从来没有常胜将军。那些从事股票、期货、房地产的投资者大都有这样的体会，即连续几项买卖顺利得手，洋洋得意之时，是最容

易出错的时候。因为当你春风得意之时，头脑的警觉性自然下降，入市前的分析过程必然有欠谨慎严密的地方，发生错误在所难免。因此，在你频频得手，自认为是一个成功老练的投资者时，不妨将手头持有的合约及早平仓，暂时放假休息一下，待头脑冷静后再入市。

9.6.5 不受他人意见的影响

在买卖中，一旦你对市场动向有了基本看法，就不要让别人的意见轻易左右自己的思想，不然你就会一直不断地改变自己的判断。交易中会有一些人能给你一些看似很合理的意见，让你撤换合约方向。如果你听多了这些外在的意见，改变自己原有的意图，到头来，你会发现，能使你获利更多的竟是你自己原来的看法，因为有时直觉很准确。

9.6.6 不要患得患失任意改变原先的决定

一个具有良好心理素质的投资者，一旦决定了其买卖的基本方向，就不会整天让行情的涨跌来扰乱自己的交易计划。根据买卖当天的价格变动和市场情况来做决定，往往会因为具有一定的片面性而导致不应有的损失。一些成功的投资者指出，他们会在每天开市之前先确定对市场走势的基本看法，在不受市场行情干扰的情况下作出决定，然后再适时下单。这时最重要的已不是技术了，而是对自己信念的坚定。如果一个交易者在买卖当天完全改变了他对大势的基本看法，他会把自己也搞糊涂，这是做单过程中的一大忌。

9.6.7 学会接受损失

这是一条与多数买卖者所希望结果截然相反的规则。在你成为一位买卖好手之前，请务必清除你对损失的恐惧感。你必须有一定的心理承受能力去面对许许多多的挫折和损失，学着平静地对待损失，这是一位成功期货经纪人的必备素质。一位成功者说过："学会去接受既成事实的损失，因为那是在期货市场上得与失的一部分。如果你能心平气和地接受损失而不伤及元气，那么你就已经走在通往成功的路上了。"

9.6.8 不要过分斤斤计较

如果你要买进商品，请勿存有讨价还价的心理。那些存心要从市场榨出额外利益的人，往往眼睁睁地看着市场走势接近他的目标，然后又滑开。结果，为了多赚5分钱，却往往要赔掉1角钱。只要当你觉得操作时机已到，就迈出大步去行动，不要斤斤计较，显得小里小气，这势必阻碍你采取果断行动。

9.6.9 行动迅速

期货市场对那些行事拖拉的人并不仁慈，所以那些成功的投资者所用的法宝之一，便是行动迅速。但这并不等于说你必须采取行动，一旦你的判断告诉你该是平仓的时候了，就应立刻行动，不要拖延。

本章小结

期货是现货的对称，是一种可以买卖的远期合约，买卖这种远期合约的行为即为期货交易。

期货投资行为主要指套期保值行为。期货市场的基本经济功能之一就是其价格风险的管理机制，而欲达此目的，最常用的手段当属套期保值投资。套期保值有两种类型：卖方套期保值和买方套期保值。

期货交易总是与未来联系在一起的，交易过程体现了期货市场参与者对未来市场商品价格走势的一种预期。期货市场参与者主要是套期保值者和投机者。所以，在期货市场上，价格是由于不同的人对未来价格走势的不同期望（有人看涨，有人看跌），以及由此产生的不同的投资方式与交易策略，从而形成的大众公认的一种交易心理价位。

期货买卖的技巧有两种：一种是形势有利时的交易技巧，包括利上加利法、积少成多法；另一种是形势不利时的交易技巧，包括积极求和法、双管齐下法、舍小求大法、以逸待劳法。

拓展阅读

国债327事件

国债期货交易是非常好的金融衍生品交易。国债由政府发行，保证还本付息，风险度小，被称为"金边债券"，具有成本低、流动性更强、可信度更高等特点。当初，中国国债发行较难，主要靠行政摊派。1992年发行的国库券，发行1年多后，二级市场的价格最高时只有80多元，连面值都不到。行业管理者发现期货可以提高流动性，推动发行，也比较容易控制，于是奉行"拿来主义"，引进国债期货交易，在二级市场上可以对此进行做多做空的买卖。在本质上，这种交易做的只是国债利率与市场利率的差额，上下波动的幅度很小。这也正是美国财政部成为国债期货强有力支持者的原因。

中国国债期货交易始于1992年12月28日。327是国债期货合约的代号，对应1992年发行的1995年6月到期兑付的三年期国库券，该券发行总量是240亿元。

1994年10月以后，中国人民银行提高了三年期以上储蓄存款利率并恢复了存款保值贴补，国库券利率也同样保值贴补，保值贴补率的不确定性为炒作国债期货提供了空间，国债期货市场日渐火爆，与当时低迷的股票市场形成鲜明对比。

1995年2月，327合约的价格一直在147.80元至148.30元之间徘徊。2月23日，财政部发布公告称，327国债将按148.50元兑付。2月23日，中经开公司率领多方借利好掩杀过来，一直攻到151.98元。随后万国证券的同盟军辽国发突然改做多头，327国债在1分钟内涨了2元，10分钟后涨了3.77元！

327国债每涨1元，万国证券就要赔进十几亿元！下午4时22分，空方万国证券突然发难，先以50万口把价位从151.30元轰到150元，然后把价位打到148元，最后一个730万口的巨大卖单把价位打到147.40元。这笔730万口卖单面值1.46万亿元，接近中国1994年国民生产总值的1/3！

夜里11点，上交所正式下令宣布23日16时22分13秒之后的所有327品种的交易异常，是无效的，该部分不计入当日结算价、成交量和持仓量的范围，经过此调整当日国债成交额为5 400亿元，当日327品种的收盘价为违规前最后签订的一笔交易价格151.30元。这意味着万国证券的损失高达60亿元。

　　鉴于327国债违规事件的恶劣影响，5月17日，证监会发出《关于暂停中国范围内国债期货交易试点的紧急通知》，开市仅两年零六个月的国债期货结束。中国第一个金融期货品种宣告夭折。

（根据公开的网络资料整理）

核心概念

现货交易　远期交易　理性预期理论

复习思考题

1.阐明期货交易的内涵、程序。

2.举例说明期货市场中投资交易的技巧。

3.说明成功期货投资者应具有的心理素质。

【导读】

本书第9章对金融衍生品中期货进行介绍，本章我们将介绍另一个重要的金融衍生品——期权。期权是人类在金融领域的伟大发明之一，在金融领域产生重要影响。在本章中，我们将介绍期货投资的基本概念、发展过程及其策略，并对期权交易中行为和心理研究进行论述。

本章重点内容

【引例】　　　　　　　　　人们为什么喜欢期权

当人们需要未来购买或者卖出一个产品时，人们可能会使用期货，但如果人们还想要一个在未来取消购买或卖出权利的时候，期货就没办法满足需求，此时便需要引入新的金融衍生品——期权。

与期货相比，期权在资金占用以及利润获得方面具有独特的优势。

首先，由于期货的每日无负债结算以及保证金交易制度，令企业在利用期货进行套期保值的整个过程当中面临着巨大的资金压力，而利用期权进行套期保值操作时仅在交易最初存在权利金的支出，后续无论市场如何变化均无资金追加要求，在进行同样规模的套期保值操作时资金压力较期货要小。

其次，在利用期货进行套期保值时其期货端的盈利与现货端的亏损相互抵消，从而做到锁定风险，但如果现货端价格朝有利于企业的方向发展，其产生的利润也会与期货端的亏损相抵消，即企业将失去现货价格有利变动时的盈利机会。但若使用期权进行套保操作，由于企业仅在交易最初买入期权的时候需要支付相应的权利金而没有后续保证金的要求，因此无论市场走势如何，进行套期保值的最大损失是固定的，即购买期权时所付出的权利金，当现货市场价格朝有利于企业的方向变动时，企业仍能保留盈利的机会。

最后，由于期权的属性与保险较为相似，企业在买入期权时获得的是相应的买入或者卖出相应标的物的权利，而非义务，因此利用期权进行套期保值的企业可以根据自身的实际情况选择行权或者放弃即可，对于相关人员的专业知识以及交易技巧的要求与利用期货操作相比较低，可以让更多的企业参与到市场中来。

10.1　期权投资概述

10.1.1　期权概念

期权（option）是指期权买方向期权卖方支付一定数额的权利金后赋予买方向卖方在规定期限内按照双方约定价格（即行权价格，striking price）购买或出售一定数量的某种资产（即标的资产，underlying assets）的权利的合约，同时期权买方不必负有必须买入或卖出标的资产的义务。根据期权特征不同，可将期权分为多种类型，下文对每种期权进行单独介绍。

10.1.2　期权种类介绍

由于期权交易方式、行权时间、方向等方面不同，市场存在多种期权品种，对期权进行合理分类，有助于我们进一步了解期权市场。

按期权买方的权利划分，期权可分为看涨期权（call option）和看跌期权（put option）。如果赋予期权买方以行权价格未来买入标的资产权利，就是看涨期权，或称为买权、认购期权；如果未来标的资产价格上涨，买方将执行这个权利，如果下跌，买方有权放弃这个权利，而期权费，就是购买这个权利所支付的费用，显然，看涨期权买方对未来标的资产价格看涨，才愿意付出期权费来买入这个期权。如果赋予期权买方以行权价格未来卖出标的资产权利，就是看跌期权，或称为卖权、认沽期权；如果未来标的资产价格下跌，买方将执行这个权利，如果上涨，买方有权放弃这个权利，而期权费，就是购买这个权利所支付的费用，显然，看跌期权买方对未来标的资产价格看跌，才愿意付出期权费来买入这个期权。

按期权买方执行权利的时限划分，期权可分为欧式期权（European option）、百慕大期权（Bermuda option）、美式期权（American option）。欧式期权的买方只有在期权到期日才可以执行权利，百慕大期权的买方可以在期权约定的几个特定日期执行权利，而美式期权的买方可以在期权到期前的任何时间执行期权。显然，在其他条件（行权价格、到期时间、资产标的）都一致的情况下，百慕大期权除了拥有欧式期权权利外，还拥有多个在其他约定的特定时期行权的权利，故在其他条件一致情况下，百慕大期权价格应不低于欧式期权价格，同理，在其他条件一致情况下美式期权价格应不低于欧式和百慕大期权价格。

按照合约标的资产划分，金融期权可分为股票期权（stock options）、股价指数期权（index options）、期货期权（futures options）、利率期权（interest rate options）、信用期权（credit options）、货币期权（currency options）、互换期权（swap options）等。

股票期权，是以单一股票或者ETF作为标的资产的期权合约，一般来说，ETF期权合约中规定的交易数量都是1万股ETF，每份股票合约中规定数量是100股股票。

股票指数期权的标的资产是股票指数，一般来说，每份指数期权合约购买或者出售的金额为特定指数执行价格的100倍，指数期权交易的最大特点在于使用现金结算而非真实交割指数的证券组合，管理复杂投资组合机构投资者是指数期权的主要交易者，通过现金结算，这些机构投资者可以以最简单方式对投资组合进行套期保值。

期货期权可根据标的期货类型进一步分为以利率期货、外汇期货、股价指数期货等为标的资产的期权。期货期权是最主要的期权品种之一。

利率期权是以各种利率相关资产（利率和期权）作为标的资产的期权。

信用期权是以特定公司的信用情形作为标的资产，在期权买方支付期权费后，当标的公司出现信用问题（包括破产和信用评级下降）时，期权卖方将支付事前约定的金额给期权买方。

货币期权是以各种货币为标的资产的期权。

互换期权是以互换协议作为标的资产的期权。

10.1.3　期权与期货的区别和联系

虽期权和期货都是关于未来交易的事先约定，但两者之间存在一定差异。

针对权利和义务，期货双方都被赋予了相应的权利和义务，这种权利和义务在到期日必须执行和履行，也只能在到期日执行和履行。而期权合约双方权利和义务是不对等的，合约赋予期权买方权利，没有义务；卖方无权利，只有在对手方履约时对应买卖标的物的义务。

针对标准化程度，由于期货合约都是在交易所交易，所以期货合约都是标准化的；期货合约存在非标准化情况：在美国有场外期权市场，其交易是非标准化的，但在交易所交易的现货期权和期货期权都是标准化的。

针对盈亏风险，对于期货交易来说，期货多头交易盈利是无限的（盈利为标的价格-行权价格），亏损最大时为标的资产价格跌为0时，亏损值为行权价格；期货空头的盈利是有限的，盈利最高时即为标的资产价格跌为0时，收益值为行权价格，其亏损值是无限的（行权价格-标的价格）。而期权交易空头的亏损可能是无限的（看涨期权），也可能是有限的（看跌期权），盈利是有限的（最高为期权费）；期权交易多头的盈利可能是无限的（看涨期权），也可能是有限的（看跌期权），多头的亏损是有限的（期权费）。

针对保证金，期权交易买卖双方都需要交纳保证金，并在交易过程中随标的资产价格变动补充保证金；对于期权交易来说，只有期权卖方需要提交保证金，期权买方不需要提交保证金，这是因为对于期权买方来说，其最大亏损不会高于其已经提交的期权费。

10.1.4 股票期权与权证的区别和联系

权证（warrants）是发行人与持有人之间的一种契约，其发行人可以是上市公司，也可以是上市公司股东或投资银行，权证允许持有人在行权时间内按行权价格向发行人购买或卖出一定数量的标的资产。根据发行人不同，可以将权证分为股本权证和备兑权证，若该权证由上市公司自己发行，就称为股本权证，若由第三方发行，则称为备兑权证。

股票期权和股本权证的差异主要集中于有无发行环节、数量是否有限、是否影响总股本三点。

针对有无发行环节，股本权证在进入市场交易之前，需要有上市公司事先发行；对于股票期权来说，则没有发行环节，直接在市场进行交易。

针对数量是否有限，由于股本权证有发行环节，故其流通数量是比较固定的，是有限的；对于股票期权来说，只要股票期权有买卖双方的交易需求，就可以成交，其数量是无限的。

针对是否影响总股本，股本权证在行权后，公司总股本增减等于权证成交股票数量，对上市公司股价有拉升或压低作用；对于股票期权来说，在买方行权后，卖方可直接从市场购入，上市公司总股本不会增减，股票期权对上市公司股价及股本无任何影响。备兑权证和股票期权更为类似，其与股票期权的不同点只有有无发行环节、数量是否有限两个方面。

10.2　期权投资的发展历程及现状

10.2.1　期权的产生与发展

在许多人的心目中，期权是直到最近才出现的金融创新工具之一。其实，早在古希腊和古罗马时期，就已经出现了期权交易的雏形。在 17 个世纪 30 年代的"郁金香球茎热"时期，郁金香的一些品种堪称欧洲最昂贵的花卉。1635 年，那些珍贵品种的郁金香球茎供不应求，加上投机炒作，致使其价格飞涨 20 倍，成为最早有记载的泡沫经济。同时，这股投机狂潮开启了真正的期权交易的大门。郁金香交易商向种植者收取一笔费用，授予种植者按约定价格向该交易商出售郁金香球茎的权利。同时，郁金香交易商通过支付给种植者一定数额的费用，来获取以约定的价格购买球茎的权利。这即为人类历史上最早的期权交易。到 18 世纪和 19 世纪，美国和欧洲的农产品期权交易已经相当流行。19 世纪，以单一股票为标的资产的股票期权在美国诞生，期权交易开始被引入金融市场。之后，伴随着金融市场的发展，期权市场迅速成长起来。然而，在美国的芝加哥期权交易所（CBOE）建立前，期权的交易都是在场外市场（OTC）进行的。20 世纪初，美国出现了一种较有序的期权交易市场，被称为"看跌期权和看涨期权经纪商和自营商协会"，该协会的成员公司负责对期权的买方和卖方进行撮合成交。这是对原来的分散化期权市场的一大改进，但由于仍未具有集中性的交易场所和完善的标准化期权合约，其场外市场的基本性质并未从根本上得到改变，期权交易的效率仍然较低，期权市场的发展依然比较缓慢。直到 1968 年，在美国成交的股票期权合约所代表的标的股票数量还只有纽约证券交易所（NYSE）成交股票数量的 1%。1973 年 4 月 2 日 CBOE 建立后，标准化的期权合约第一次出现。交易所建立当日，即有以 16 只股票为标的的期权合约在交易所交易，当天的成交量达到 911 手。同年，布莱克、舒尔斯和默顿在期权定价方面的经典论文正式发表，德州仪器公司也推出了具有期权价值计算功能的计算器。交易制度方面的创新和理论技术方面的发展共同促进了国会预算办公室的迅速发展。顺应市场发展的内在要求，美国商品期货交易委员会放松了对期权交易的限制，有意识地推出多种不同的商品期权交易和金融期权交易，由此促使越来越多的交易所竞相开办期权交易，新的期权品种也不断推出。1982 年，作为试验计划的一部分，芝加哥期货交易所推出了以长期国债期货为标的的期权交易。1983 年 1 月，芝加哥商业交易所推出了标普500 股价指数期权。随着股价指数期权交易的成功，各交易所将期权交易迅速扩展至其他金融品种，如利率、外汇等。1984 年到 1986 年间，芝加哥期货交易所还先后推出了大豆、玉米、小麦等品种的期货期权。目前，全球有影响的期权市场有芝加哥期权交易所（CBOE）、芝加哥商业交易所集团（CMEG）、洲际交易所（ICE）、欧洲期货交易所等。

总之，从期权交易发展的历史我们可以看到，期权交易虽然早已有之，但真正意义上的期权市场的形成和发展是在期权定价公式（BSM）发布后的 40 年间。实际上大多数期权市场和期权产品都是在近 20 年出现的，却呈现出迅猛发展的势头，具有巨大的发展潜力。

10.2.2 国外期权市场发展情况

从 1973 年期权交易所开始经营并获得巨大成功开始，世界各国的交易所纷纷引进期权交易，尤其在 20 世纪 80 年代以后，世界各国的交易所期权交易取得了前所未有的发展，其中，美国在交易所期权交易方面一直居于世界前列。

美国的期权交易所主要分为三类：

1. 专门的期权交易所

芝加哥期权交易所（CBOE）是美国首家期权交易所，也是世界上最重要的期权交易所。美国国际证券交易所（ISE）有 3 个组成部分：期权市场、股票市场和另类市场（替代市场）。其中，期权市场是 2000 年 5 月成立的，是美国首家全电子交易的期权市场，也是目前世界上最大的股票期权交易所。

2. 传统的股票交易所提供期权交易

纳斯达克–OMX 集团旗下的费城股票交易所（PHLX）和纽约泛欧交易所旗下的纽约证券交易所（NYSE）属于传统的股票市场，同时提供期权产品交易。值得注意的是，在这些交易所里交易的期权都已经涵盖多种标的资产，交易量也逐年增加。

3. 第三类期权交易所则由期货交易所组成

这些期货交易所包括 CME 集团（包括 CBOT），洲际交易所（ICE），堪萨斯城期货交易所（KCBT），明尼阿波利斯谷物交易所（MGE）等。这些期货交易所只提供期货期权的买卖，且往往只交易以本交易所上市的期货合约为标的的期权产品。

10.2.3　国内期权市场发展情况

国内期权市场发展较晚，2015年2月9日，上证50ETF期权于上海证券交易所上市，是国内首只场内期权品种。这不仅宣告了中国期权时代的到来，也意味着我国已拥有全套主流金融衍生品。2017年3月31日，豆粕期权作为国内首只期货期权在大连商品交易所上市。2017年4月19日，白糖期权在郑州商品交易所上市交易。2018年9月25日，铜期权在上海期货交易所上市交易。2019年开始，国内期权市场快速发展，权益类扩充了上交所、深交所沪深300ETF期权和中金所的沪深300股指期权，商品类期权陆续有玉米、棉花、黄金等十多个品种上市。

10.2.4　期权发展未来趋势

回顾期权的历史，交易所期权的巨大成功及其对期权交易的重要推动已经成为不可否认的事实。人们一般认为，这主要有以下三个原因：第一，交易所交易的集中性和合约的标准化极大地便利了期权的交易管理和价格信息、产品信息的发布，为投资者提供了期权工具的流动性，使得交易者能够更灵活地管理他们的资产头寸，因而极大地促进了期权市场的发展；第二，清算所的建立解决了场外市场长期为之困扰的信用风险问题；第三，无纸化交易的发展带来了更畅通的交易系统和更低的交易成本。尽管交易所交易期权有着上述优越性，然而，这并不意味着场外期权交易的消亡。场外期权最大的好处，在于金融机构可以根据客户的需要为客户量身定做许多非标准化的个性化期权合约，从而创造了其特有的存在空间。事实上，20世纪70年代以后，交易所期权所带来的巨大冲击，反而在一定程度上促进了场外市场的创新和发展。面对激烈的竞争，场外市场的金融机构充分利用自身的灵活性优势，不断创新，吸引客户，抢夺市场，这反过来又引发了交易所期权的变革和创新。这些竞争在20世纪90年代之后日益明显，全球期权市场出现了一些新的发展动态和趋势。

20世纪90年代之后，场外市场的金融机构越来越意识到期权市场的激烈竞争和普通期权利润空间的缩小，这迫使它们不得不进一步利用其非标准的特点，开发出更复杂的期权产品。期权结构越复杂，复制所需时间越长，客户发现其定价过高的可能性越小，就越能保证开发者的利润空间。这类竞争的结果，导致了期权创新的迅速发展和奇异期权的日益增多。

事实上，随着金融创新的发展，期权的场外市场越来越具有竞争力，场外交易日渐普遍。这使得期权交易所开始寻求新的竞争手段，保持和开拓市场空间。相较于场外期权，交易所期权合约的最大劣势就在于其标准化条款不具备灵活性。因此，一些交易所开始提供非标准的期权交易，如灵活期权，即在交易所内交易但具有非标准的执行价格和到期日条款的期权。显然，这样的期权具有场外市场的灵活性，但仍然由清算所而非交易方来承担交易的信用风险，因而可以被看做交易所企图从场外市场争夺客户的一种尝试。

在金融市场全球化的趋势下，期权交易所开始希望它们的合约能在全球范围内进行交易并为此作出努力，从而带来了交易所之间的合作和联系。例如，一家交易所上市的期权产品可以在其他交易所进行交易；或者在一家交易所交易，而在其他交易所平盘或交割；一些交易所则允许其他交易所的会员在本所进行交易等。这也促成了收购兼并的浪潮。例如，纽约泛欧交易所收购了ARCA和纽约股票交易所（美国运通），纳斯达克OMX集团收购了费城股票交易所。

高频交易，是指常常每秒发送多达数千条委托的交易行为。高频交易者通常运用复杂的算法，试图抢在其他人前面发现趋势并捕捉价格的微小波动，他们通常运用高速计算机与交易所的委托处理系统直接连接以减少时滞。目前，高频交易已达美国股票交易量的50%~70%，在期权市场所占份额也日趋增多。

10.3　期权投资的交易模式及策略

期权是现代金融市场中运用最广泛、变化最丰富、结构最精妙的金融产品之一，交易者通过期权与期权之间的组合、期权与其他金融产品之间的组合，可以构造出具有不同盈亏分布特征的交易策略，实现不同的回报，满足不同的风险收益偏好。

10.3.1　期权常见的四种交易方式

无论在市场中进行期货交易还是进行期权交易，交易技巧都是不可忽视的，但是有时候只有掌握了最基本的交易策略，才能够逐步地积累更多的交易经验，在市场中才能不断地增加获利的机会。接下来将介绍四种常见的交易方式：

1.买进看涨期权

当预期某种商品和金融证券的价格呈上涨趋势时，人们会愿意购买该看涨期权，如果预期正确，这种期权会为购买者带来盈利，反之，该期权购买者的最大损失只有期权权利金。购买看涨期权的交易特点是：亏损额是固定的、有限的，而盈利额则不固定，有可能很大。

2.卖出看涨期权

对于看涨期权的卖方来说，他之所以出售看涨期权，主要原因在于他的预期和期权买方相反，认为未来股票价格不会上涨，而将会下跌，或者认为上涨幅度不大，所以他才愿意出售该项看涨期权，以获取全部期权权利金，当然，如果预期失误，也会遭受损失。卖出看涨期权的交易特点是：亏损额是不固定的、无限的，而盈利额固定，为权利金。

3.买进看跌期权

当投资者预计某标的资产的价格会下跌时，他就会买进该标的资产的看跌期权，若标的资产的市场价格在期权的最后期限日下跌并且跌至执行价格以下，该投资者就会执行期权。如果投资者是套期保值者，他就会以较高的执行价格卖出其标的资产，从而避免了市场价格下跌造成的损失。如果投资者是投机者，他就会以较低的市场价格在现货市场上买进标的资产，然后以较高的执行价格卖出，从而获利。并且标的资产的价格下跌的幅度越大，投资者的获利就越多，相反，若标的资产的价格上涨并超过执行价格，投资者就会遭受损失，且最大损失为期权价格支出。购买看跌期权的交易特点是：亏损额是固定的、有限的，而盈利额则不固定，有可能很大。买入看跌期权的交易特点是：亏损额是固定的、有限的，盈利额有最大值。

4.卖出看跌期权

对于看跌期权的卖方来说，他之所以出售看跌期权，主要原因在于他的预期和期权买方相反，认为未来股票价格不变或上涨，而不会下跌，或者认为下跌幅度不大，所以他才愿意出售该项看跌期权，以获取全部期权权利金，当然，如果预期失误，也会遭受损失。卖出看跌期权的交易特点是：亏损额是有限的，盈利额也是固定的。

10.3.2 期权交易的基本策略

在四种常见交易方式基础上，市场交易者根据需求，创造出很多交易策略，本小节将对重要策略简单回顾。

1.标的资产与期权的组合

通过组建标的资产与各种期权头寸的组合，可以得到与各种期权头寸本身形状相似但位置不同的盈亏图。

标的资产多头与看涨期权空头的组合，称为有担保的看涨期权（备兑买入）空头，或者称为备兑看涨期权空头。标的资产空头与看涨期权多头组合的盈亏图，与有担保的看涨期权空头刚好相反。

标的资产多头与看跌期权多头组合的盈亏图，和标的资产空头与看跌期权空头组合的盈亏图刚好相反。组合的盈亏曲线可以直接由构成这个组合的各种资产的盈亏曲线叠加而来。

2.差价组合

差价组合，是指持有相同期限，不同行权价格的两个或多个同种期权头寸组合（即同是看涨期权，或者同是看跌期权），其主要类型有牛市差价组合、熊市差价组合、蝶式差价组合。

牛市差价（Bull spreads）组合可以由一份看涨期权多头与一份同一期限、较高行权价格的看涨期权空头组成，也可以由一份看跌期权多头与一份同一期限、较高行权价格的看跌期权空头组成，到期日现货价格上升对组合持有者较有利，故称牛市差价组合。由于行权价格高的看涨期权价格较低，所以用看涨期权构造的牛市差价组合期初现金流为负，用看跌期权构造的牛市差价组合则正好相反，期初现金流为正，但前者的期末回报高于后者。

熊市差价（Bear spreads）组合正好与牛市差价组合相反，它可以由一份看涨期权多头和一份相同期限、行权价格较低的看涨期权空头组成，也可以由一份看跌期权多头和一份相同期限，行权价格较低的看跌期权空头组成，看涨期权的熊市差价组合和看跌期权的熊市差价组合的差别在于，前者在期初有正的现金流，后者在期初则有负的现金流，但后者的期末回报高于前者。

蝶式差价（Butterfly spreads）组合，是由四份具有相同期限，不同行权价格的同种期权头寸组成的。蝶式差价组合有看涨期权的正向蝶式差价组合、看涨期权的反向蝶式差价组合、看跌期权的正向蝶式差价组合、看跌期权的反向蝶式差价组合四种。

3.差期组合

差期（日历利差）组合，是由两份相同行权价格，不同期限的同种期权的不同头寸组成的组合。它有四种类型：看涨期权的正向差期组合（一份看涨期权多头与一份期限较短的看涨期权空头的组合）、看涨期权的反向差期组合（一份看涨期权多头与一份期限较长的看涨期权空头的组合）、看跌期权的正向差期组合（一份看跌期权多头与一份期限较短的看跌期权空头的组合）、看跌期权的反向差期组合（一份看跌期权多头与一份期限较长的看跌期权空头的组合）。

10.4　期权投资的行为分析

在本节，将介绍期权投资者投资期权的三种主要原因，分别为套期保值、投机、套利。

10.4.1　套期保值

当投资者持有现货时，为规避现货价格波动风险，可以使用期权进行套期保值，就是通过买入看涨期权多头规避标的资产价格上升的风险，或是通过买入看跌期权多头规避标的资产价格下跌可能给自己带来的风险，也就是说，都是通过支付期权费、买入期权多头实现的。

10.4.2　投机

与其他金融衍生品一样，期权可以发挥杠杆的作用。对期权多头来说，如果市场价格走势与其预期方向相同，一个小比例的价格变化即会带来放大的收益。但是，一旦市场价格走势与其预期相反，一个小比例的价格变化也会带来放大的亏损。由于期权价格除了取决于标的资产价格外，还主要受标的资产波动率的影响。因此，期权既可以用来赌方向性的涨跌，也可以用来赌波动率的升降。

10.4.3　套利

当期权价格被高估（低估）时，投资者可以卖出（买入）期权，同时用标的资产对冲方向性风险；而当期权相对价格不合理时，投资者可以卖出价格被相对高估的期权，同时买入价格被相对低估的期权。两种方法都可以用较小的风险来赚取较高的预期收益率。

10.5　期权投资的交易风险分析

期权是金融市场的一次伟大创新，是整个金融市场的一次重大突破。但是许多投资者对于期权交易的风险一无所知就贸然进入期权市场，最终血本无归，那么期权交易有什么风险？主要有以下几种：

10.5.1　权利金风险

在期权交易中，投资者主要面临的是交易风险或者说是价格风险。期权的价格即权利金。期权交易中，买方与卖方均面临着权利金不利变化的风险，这点与做期货相同。即在权利金的范围内，如果买得低而卖得高，平仓就能获利；相反则亏损。与期货不同的是，买卖双方的权利义务不同，使买卖双方面临着不同的风险状况，期权买方的风险底线已经确定和支付，其风险控制在权利金范围内。期权空头的风险则存在与期货相同的不确定性。由于期权卖方收到的权利金能够为其提供相应的保护，从而在价格发生不利变动时，能够抵消期权卖方的部分损失。一旦价格的不利变化超出了权利金的幅度，卖方就开始亏损。与期货相比，期权卖方风险具有延迟性。

虽然期权买方的风险有限，但其亏损的比例却有可能是100%，有限的亏损加起来就变成了较大的亏损。期权卖方可以收到权利金，一旦价格发生较大的不利变化或者波动率大幅升高，尽管期货的价格不可能跌至零，也不可能无限上涨，但从资金管理的角度来讲，对于许多交易者来说，此时的损失已相当于"无限"了。因此，在进行期权投资之前，投资者一定要全面客观地认识期权交易的风险。

10.5.2　操作风险

期权交易中，由于交易者内部管理不善，或者制度没有被有效执行等原因而造成的风险，就是操作风险。期权作为一种衍生工具，可以被用来管理风险，也可以被用来投机。如果使用不当或者管理上出现漏洞，会带来巨额损失。在期货市场上，因操作风险而造成巨额亏损的事件时有发生，巴林银行事件和中航油事件都是这方面的例子。因此，近年来，有效防范操作风险的重要性更加突出。

10.5.3　流动性风险

市场流动性风险，主要是指由于市场深度、广度不够，致使期权投资者无法在合理价位上对冲平仓而产生的风险。即使发生了损失，也不能够及时止损，只能眼睁睁地看着损失不断扩大。由于期权具有合约多、交易分散、原理复杂等特点，期权市场特别是商品期权的流动性和市场规模一般都低于期货市场，如美国的芝加哥期货交易所小麦期权交易量平均相当于小麦期货交易量的25%。而且期权交易的特点是平值附近合约较为活跃，深实值和深虚值合约成交稀少，甚至无人问津。随着时间的推移和期货价格的波动，如果投资者持有的合约执行价格偏离期货市价越来越远，交易就会逐渐清淡，甚至无法成交，因此，投资者可能无法平仓出局。

10.6　期权投资的心理分析

10.6.1　交易心理在期权交易中的重要性

为什么许多人在期权交易时都会推崇良好心态呢？其实最主要的原因，就是他们在交易的过程中产生了许多不利于交易的心态，贪婪、恐惧以及侥幸等等，导致交易出现严重的亏损，这些亏损往往不一定是技术差造成的，而是心态所影响的，做期权交易一定要有一个好的交易心态。

人们在面对失败等负面影响时，需要2倍以上的诸如成功之类的正面影响才能抵消。也就是说，人遭受损失时产生的痛苦远远大于获得收益时产生的欢愉。如果出现一个胜率只有50%，而潜在收益低于潜在损失的2倍的机会时，人们通常是不会轻易冒险地去赌的。躲避损失的心理是期权投资中的普遍心理，它使投资者过度保守，犹豫不决，最后变成消极地持有原来的组合。躲避损失心理会产生极其深刻的影响，它会使你毫无道理地抓住明明是亏损的合约就是不愿意放开。没有谁愿意承认自己犯了错。但如果不将错误的合约出手，那你实际上就放弃了你能再次明智投资并获得利润的机会。

这就是因为交易心理在期权操作中扮演着重要的角色，期权市场中，短期的涨跌有90%是受心理因素的影响，而无数个同向的短期涨跌，就形成短期甚至中期的走势。比如，最常用的期权心理分析结果就是："当满大街的人都在谈论期权的时候，市场就见顶了。"

很多接触期权行业的人都是从模拟交易开始，但普遍存在的现象却是模拟交易往往容易成功，而一旦开始实盘交易情况就会大不一样亏损接踵而至，看对了没做，做了没握住，良好的资金管理是保持稳定的交易心态的基础。大量持仓的投资者就像肩上压着重担的行人，路上稍有障碍就足以令其摔倒。根本的原因在于他的持仓对他来讲已成为一种负担，已经超出他的承受能力。那么，投资者为什么会去做超出他的能力范畴的交易呢？是因为获利的欲望令其不能正确地评判自己，他已经陷入利润的陷阱之中。在利润光环的诱惑下，他已看不见亏损的陷阱。亏损一般都在暗处，而利润却光芒万丈，当投资者大持仓进场后他就会立即发现到处充满亏损的陷阱，进场前的良好愿望瞬间被市场的波动所击碎，他会发现市场远不是他想象的那样温顺，此时，获利的欲望已经成为他的灾难，大量的持仓已经成为巨额负担，资金管理不当造成的心态问题开始暴露。

确实，交易心理会影响到我们的交易决策，那么是不是只要有个好的心态就能够长期在市场上获利呢？答案当然是否定的，举例来说，如果你今天随便猜涨跌、凭感觉交易，那即便你的心态再好，也没办法让你逃离亏损，没有技术支撑，光有一个好的心态那就只是在给自己灌鸡汤罢了。

所以在交易期权时，三分技术七分心态这句话被许多人推崇，先有技术的支撑，然后才是良好的心态，期权的交易技术简单易学，但是要控制好交易心态却是许多交易者难以做到的，许多交易者都吃亏过无数回才明白这个道理，这也是为什么一些有经验的期权交易者会告诉我们，一定要有个健康的交易心态。

【拓展阅读】　　　人们为什么愿意持有期权而非卖出期权

许多人初次接触期权，都会接触到"买方风险有限而收益无限，卖方收益有限而风险无限"的字眼。期权空头风险无限，谁敢做卖方啊？买方盈利无限，太诱人啦！由此，难免对期权多头滋生偏爱，而对期权空头心怀恐惧。

但是实际上，无论是风险还是盈利，无论是有限还是无限，都要分清理论和实际的区别。以看涨期权来讲，如果期货价格无限上涨，那么买入看涨期权盈利无限，卖出看涨期权风险无限。首先，期货价格是否上涨，不同人有不同的看法，未来的事情谁也不会100%确定。买方是理想主义者，认为要涨，所以买入看涨期权，寄希望于大涨后获大利；而他人对期货价格不看涨，所以敢于卖出看涨期权，赚取权利金收入。因此，做买方还是卖方更在于投资者对价格的看法。事实上，风险为盈亏与概率的乘积。卖方亏损理论上是无限的，但概率很小，则风险就不大了；盈利是无限的，却没有实际胜算的把握，风险也不小。而实际如何，就看投资者对行情的分析能力了。其次，期货的价格不可能跌至零，也不可能无限上涨，由此，"无限"的盈亏实际上并不存在。如果套用到期货上，期货的盈亏应是"盈利无限且风险无限"。但从资金管理的角度来讲，一旦价格发生较大的不利变化或者波动率大幅升高，对于卖方来说，此时的损失已相当于"无限"了。

10.6.2　如何培养良好心态

许多期权交易者，之所以会四处学习各种信号，最主要的原因还是太浮躁了，他们希望能够在最短的时间内学会各式各样的技术，然后就可以在市场上的所有行情下交易，然而真实的情况是许多信号往往会互相干扰，即便同个技术不同的交易者也会有不同的判断，因此所有的信号都学习，最后的结果往往都不太好，因此最重要的还是交易者的心态，一定不要急于交易，先把基础功先打好再说。

其实培养良好心态的关键还是一开始交易期权的出发点，如果你把期权看成暴力、赌博的工具，想在市场上捞快钱，那你的交易将会非常危险，如果早在一开始你就已经把期权当成长期的投资规划，心态自然就比较平和，只要稍加克制并认真学习，获利其实就是咫尺之间。

10.6.3　如何看待期权市场的亏损

亏损是交易中的正常现象，亏损是必然会出现的。赢利和亏损就如人的左右脚，成功的获利都是由赢利和亏损组成的。盈亏组成交易，任何人都无法割裂盈亏的组合，市场上不存在只有赢利或亏损的交易。问题的关键是绝大多数的投资者都把亏损当成错误的交易来对待，认为亏损了就是自己错了，从而不断要求自己准确地分析预测市场，以此减少止损数量。然而市场根本无法预测，把亏损当成错误来看的投资者永远无法走出对行情不确定性的恐惧，行情的不确定性使投资者永远处于战战兢兢的状态，进、出场都很犹豫，止损更加不果断，哪怕资金管理再好也会由于怕做错而不敢有效地执行交易计划，从而丧失交易机会。亏损是什么？亏损仅仅是交易获利所必须付出的代价而已，是寻找获利机会的正常成本而已，任何获利都必须付出代价！任何行业都如此！亏损是正常现象！亏损不代表你错了，而仅代表你的获利成本增加了。把亏损当成错误来看的投资者就会丧失对交易的信心，因为亏损会经常发生，信心的丧失才是导致交易心态不好的根本原因。亏损并不一定是错误的交易行为，没有人可以一直准确地预测市场，我们只能通过不断地用止损来寻找交易机会，在找到有效获利机会前我们会不断止损。不愿意接受亏损的人必然是要求自己必须能够准确预测市场的人，他总是怕做错！怕错必然导致心态不好！错并不可怕，可怕的是对了不坚持！准确预测市场根本不可能做到，这会导致投资者陷入愿望和现实的困惑中而心态难以平衡。对与错不能由盈亏来判断，而应由盈亏的质量来判断。行情做反了然后止损出来，这不代表你做错了，而恰恰说明你做对了，你应该告诉自己：哦，我又该付出成本了而不是责怪自己：我怎么又错了呢；而行情做对了却只赚一点小钱出来，表面上来看你获利了，然而事实上你却错了！只有把亏损当成寻找获利机会的成本来对待你才不会惧怕亏损，才能坦然地接受亏损。只有能够坦然地接受亏损你的交易心态才不至于因市场的不确定性而无法稳定。在做到前面两点之后，你的交易心态仍会受获利欲望的影响而难以平静。获利的欲望时刻都在我们的心里涌动，我们交易的目的也是追求利润。这种欲望会像蚂蚁一样在我们的心里抓挠，使我们患得患失。我们的心态会随着行情的波动而时好时坏，买了总希望一路飙升，卖了总希望一路暴跌，这种急切获利的欲望本身就会导致你心态不安。市场永远不会按你的心情来走！其实，在交易中我们唯一自己能控制的只有止损，而盈利却不会听我们的摆布，因为市场不可预测。我们只能做我们能做的，并且要努力做好我们能做的，做好了我们能做的，你追求的东西自然会来。盯住止损就是在做我们能做的，因为止损我们可以控制；若盯住利润或行情，你就在做自己无法控制和把握的东西，追求无法把握的东西肯定会使你的心态也无法把握。进场之后我们只需盯住止损，只要不到止损点，我们就一直持有，不用太关注具体波动，太关注波动就会使你的心态也波动不停。止损是相对静态的，具有可控性，止损的可控性质能够使我们保持良好的心态。

10.6.4　在市场上如何交易

在正常情况下，你只能做你能亏得起的交易，你的亏损应在你能承受能力之内。所以资金使用规模以你的最大止损额来计算，而不能以预计利润来算。

你的资金使用规模应和你的交易能力结合。交易能力强可以使用高一点的资金比例，否则你会认为你的获利太少而心态不佳；而交易能力差的投资者最好谨慎一点，否则你的亏损会超出你的想象和承受能力，令你心态大乱。拒绝亏损是导致交易心态不好的根本原因！

本章小结

期权是指赋予其购买者在规定期限按照行权价格购买或出售一定数量标的资产的权利的合约。期权在 BSM 期权定价公式发布后蓬勃发展，是近代金融市场一大创新。

期权常见四种交易方式为买入看涨期权、卖出看涨期权、买入看跌期权、卖出看跌期权。期权常见策略有标的资产与期权组合、差价组合、差期组合。风险主要体现在权利金风险、交易风险、流动性风险。

期权交易主要目的可以分为三种，分别为套期保值、投机、套利。

在期权交易中，心理学起重要作用。投资者需要保持冷静，注意投资陷阱；培养良好心态，确定资深投资出发点；正确看待亏损，不要丧失交易信心。

拓展阅读

波动率微笑

波动率微笑与偏斜是一个期权交易中十分有趣的现象。每一个行权价的同月份期权都会对应一个隐含波动率，如果我们把横轴设为行权价，而纵轴设为隐含波动率，则我们可以发现隐含波动率关于行权价格的函数不是一条水平的直的线，而是存在一种"微笑现象"。

所谓波动率微笑（波动率微笑），是指虚值期权和实值期权的波动率高于平值期权（钱）的波动率，使得波动率曲线呈现出中间低两边高的向上的半月形，形似一个微笑的嘴形，故称为波动率微笑。通常在海外外汇期权市场，我们更多会看到波动率微笑现象。

在大多数情况下，波动率并不总是微笑的，我们称之为波动率偏斜。波动率偏斜也分为两种，一种是广义的波动率偏斜，指的是各种形状的波动率曲线。另一种是狭义的波动率偏斜，指的低行权价的隐含波动率高于高行权价隐含波动率的波动率曲线。通常在海外股票期权市场，我们更多会看到波动率偏斜现象。

造成波动率偏斜现象的原因主要有三种：

1.指数短期暴涨的概率要低于暴跌，比如指数短期上涨20%的概率微乎其微，短期下跌20%的情况却时有发生，市场交易者对下方的保护要求多于对上方投机的贪婪。

2.海外市场的投资经理偏好卖出较高行权价的认购期权进行备兑开仓，同时买入较低行权价认沽期权规避股价下行风险的风险，这样的供需关系也就决定了低行权价期权具有高的隐含波动率，而高行权价期权具有低的隐含波动率。

3.隐含波动率可以视为市场未来收益的不确定性。股市下跌时将产生更多的恐慌与不确定性。比如，股价从100元跌到80元，跌幅达到20%，若之后再跌到60元，则跌幅会增至25%，继续往下跌相同绝对数，跌幅将越来越大；而上涨时反之，比如股价从100元上涨到120元，涨幅为20%，若之后继续上涨到140元，则涨幅会减至16.67%，继续往上涨相同绝对数，涨幅会越来越小。

核心概念

看涨期权　看跌期权　权利金

复习思考题

1.阐明期权交易的内涵、程序。
2.举例说明期权市场中投资交易的技巧。
3.说明成功期权投资者应具有的心理素质。

【导读】

随着国民经济的发展，金融投资成为重要的理财方式，而外汇市场也逐渐进入了国内投资者的视野。与我们平时所熟悉的证券以及基金等投资方式不同，外汇市场有着独有的特点与交易方式，初入市场者如果不熟悉的话，很可能会遭遇投资失败。甚至很多有经验的交易者都会因为错误的交易方式而在一段时间获利之后损失惨重。因此，了解外汇市场的基本特点、交易的法则和技巧以及投资的心理，对投资者至关重要。

本章重点内容

【引例】　　　　　　人民币汇率引入逆周期调节因子

2017年，中国外汇管理中心（CFETS）自律机制秘书处在答记者问中表示，中国确实考虑在人民币对美元汇率中间价报价模型中引入"逆周期调节因子"，主要目的是适度对冲市场情绪的顺周期波动，缓解外汇市场可能存在的"羊群效应"。

在新公式下，中间价=收盘汇率+一篮子货币汇率变化+逆周期调节因子，不过央行并未就因子细节进行评论。

"'逆周期调节因子'是为了增加不确定性，且未来中间价的指导意义会增强"，德国商业银行首席中国经济师周浩对第一财经记者表示，"若人民币贬值预期较强引发市场美元买盘过多，导致价格上涨，该因子会对此进行打折调整"。

此前的人民币中间价定价由两方面因素决定：一是上日美元/人民币收盘价（主要由市场交易力量主导）；二是维持一篮子汇率稳定要求的美元/人民币汇率变化（旨在维持人民币对各大贸易伙伴国（地区）货币稳定，避免单边盯住美元)。然而,市场对于人民币贬值的预期强于基本面,导致人民币持续大幅偏离中间价而走弱。这表现为,近期在美元因特朗普弹劾风波而大幅贬值的背景下,人民币升值幅度却仍不及预期。

美元指数从 2016 年 12 月的 103.8 一路跌至如今的 97,大跌近 7%,不过 2017 年内再加息两次和缩表的预期仍然强烈。下半年,美元的走势对人民币而言更为关键。

汇率作为典型的金融市场变量,易受非理性预期的惯性驱使,放大单边市场预期,进而导致市场供求出现一定程度的"失真",从而增加市场汇率超调的风险。

2016 年 12 月末,美元/人民币一度逼近破 7 的点位,这也是在美元强势升值之下,人民币贬值压力最大的时候。除了美元的强势、中国企业加速偿还外债,个人和机构因恐慌情绪而出现的集中抛售人民币、兑换美元的"羊群效应",也加剧了人民币的贬值压力。

如今,"逆周期调节因子"的引入正是为了防止这种"羊群效应"再度出现。对此,中国外汇管理中心在答记者问中提及,近期,全球外汇市场形势和我国宏观经济运行出现了一些新的变化,美元整体走弱,同时我国主要经济指标总体向好,出口同比增速明显加快,经济保持中高速增长态势。汇率根本上应由经济基本面决定,但在美元指数出现较大幅度回落的情况下,人民币对美元市场汇率多数时间都在按照"收盘价+一篮子"机制确定的中间价的贬值方向运行。

为此,中间价报价模型中增加"逆周期调节因子",主要目的是适度对冲市场情绪的顺周期波动,缓解外汇市场可能存在的"羊群效应"。逆周期调节因子根据宏观经济等基本面变化动态调整,有利于引导市场在汇率形成中更多关注宏观经济等基本面情况,使中间价报价更真实地体现外汇供求和一篮子货币汇率变化。

(根据公开的网络资料整理)

11.1 外汇投资概述

在我国外汇市场上,目前个人外汇交易只开通了一项业务——外汇宝,即个人实盘外汇买卖。银行根据国际外汇市场行情进行报价。自 2001 年 2 月 19

日B股市场对国内居民开放后，外汇的个人持有者又多了一条投资渠道。到了2016年，近六成外汇投资者用于外汇交易的金额在2 000美元或20 000港元以上，交易金额在2 000美元或20 000港元以下的占40.50%。投资者用于外汇交易的资金占其拥有外汇量的30%以下的储户占投资群体的29.17%，在30%~50%之间的占27.50%，在50%~70%之间的占28.33%，在70%~100%之间的占15.00%。

目前，我国可用于个人外汇交易的币种有限，以美元、日元、欧元、港元等为主。美元作为国际结算的基础货币吸引了超过五成的投资者对其进行投资。此外，日元和港元也为相当一部分投资者所持有，分别占14.60%、13.63%。

我国银行提供的个人外汇交易有柜台交易、电话交易、自助交易及委托银行代理几种方式。使用传统的柜台交易的投资者占47.06%，使用电话交易方式的投资者占26.89%，18.91%的投资者进行自助交易，而7.14%的投资者则委托银行进行交易。

随着行业的发展，五成投资者迫切希望银行能够提供全面快捷的行情等相关信息服务。同时，17.13%的投资者还希望能推出更多的交易品种，以便有更多的投资选择；13.93%的投资者认为银行应加大对个人外汇交易及外汇市场的宣传力度，以便更全面地了解外汇交易业务、掌握外汇市场动态；53.00%的投资者对目前银行提供的外汇交易品种持认可态度，而23.93%的投资者认为目前银行提供的外汇交易品种太少，应增设新品种，仅有18.80%的投资者对交易品种感到满意。

11.1.1 外汇与外汇投资

1.外汇

外汇是货币行政当局（中央银行、货币管理机构、外汇平准基金及财政部）以银行存款、财政部库券、长短期政府证券等形式保有的在国际收支逆差时可以使用的债权。

中国于1997年修正颁布的《中华人民共和国外汇管理条例》规定："外汇，是指下列以外币表示的可以用作国际清偿的支付手段和资产：国外货币，包括铸币、钞票等；外币支付凭证，包括票据、银行存款凭证、邮政储蓄凭证等；外币有价证券，包括政府公债、国库券、公司债券、股票、息票等；特别提款权、欧洲货币单位；其他外汇资产。"

外汇的概念具有双重含义，即有动态和静态之分。外汇的静态概念又分为狭义的外汇概念和广义的外汇概念。

狭义的外汇指的是以外国货币表示的、为各国普遍接受的、可用于国际债权债务结算的各种支付手段。它必须具备三个特点：可支付性（必须是以外国货币表示的资产）、可获得性（必须是在国外能够得到补偿的债权）和可兑换性（必须是可以自由兑换为其他支付手段的外币资产）。

广义的外汇指的是一国拥有的一切以外币表示的资产。国际货币基金组织广义外汇的定义就是前文给出的外汇的概念，即："外汇是货币行政当局（中央银行、货币管理机构、外汇平准基金及财政部）以银行存款、财政部库券、长短期政府证券等形式保有的在国际收支逆差时可以使用的债权。"

外汇的动态概念，是指货币在各国间的流动以及把一个国家的货币兑换成另一个国家的货币，借以清偿国际债权债务关系的一种专门性的经营活动。它是国际汇兑（Foreign Exchange）的简称。

2.外汇投资

外汇投资，是指投资者为了获取投资收益或规避外汇风险而进行的不同货币之间的兑换行为。外汇交易主要包括以下方式：

（1）即期外汇交易（Spot Exchange Transactions）又称为现期交易，是指外汇买卖成交后，交易双方于当天或两个交易日内办理交割手续的一种交易行为。即期外汇交易是外汇市场上最常用的一种交易方式，即期外汇交易占外汇交易总额的大部分。这主要是因为即期外汇买卖不但可以满足买方临时性的付款需要，而且可以帮助买卖双方调整外汇头寸的货币比例，以规避外汇汇率风险。企业通过与现有敞口头寸（外汇资产与负债的差额而暴露于外汇风险之中的那部分资产或负债）数量相等、方向相反的即期外汇交易，可以消除两日内汇率波动给企业带来的损失。由于即期外汇交易只是将第三天交割的汇率提前固定下来，因此它的避险作用十分有限。

（2）远期外汇交易（Forward Exchange Transactions）又称期汇交易，是指交易双方在成交后并不立即办理交割，而是事先约定币种、金额、汇率、交割时间等交易条件，到期才进行实际交割的外汇交易。远期外汇交易与即期外汇交易的根本区别在于交割日不同，凡是交割日在成交两个营业日以后的外汇交易均属于远期外汇交易。外汇市场上的远期外汇交易最长可以做到一年，1~3个月的远期交易是最为常见的。

（3）外汇套利交易（Exchange Arbitrage Trading）是指利用两个国家之间的利率差异，将资金从低利率国家转向高利率国家从而牟利的行为，可分为抛补套利和无抛补套利。抛补套利（Covered Interest Arbitrage）是指将套利和掉期交易结合起来进行的外汇交易，套利者在把资金从甲地调往乙地以获取较高利息的同时，还在外汇市场上卖出远期的乙国货币以防范风险。无抛补套利（Uncovered Interest Arbitrage）又称有风险套利，即在即期外汇市场转换货币进行套利时，有意承担汇率变动的风险，而未在远期外汇市场进行抛补的套利行为。

（4）外汇期货交易（Forex Futures Trading）是指买卖双方成交后，按规定在合同约定的到期日内按约定的汇率进行交割的外汇交易方式。买卖双方在期货交易所以公开喊价方式成交后，承诺在未来某一特定日期，以当前所约定的价格交付某种特定标准数量的外币，即买卖双方以约定的数量、价格和交割日签订的一种合约。

（5）外汇期权交易（Foreign Exchange Option Trading）是指交易双方在规定的期间按商定的条件和一定的汇率，就将来是否购买或出售某种外汇的选择权进行买卖的交易。

根据外汇交易和期权交易的特点，可以把外汇期权交易分为现汇期权交易和外汇期货期权交易。

现汇期权交易（Options On Spot Exchange）是指期权买方有权在期权到期日或之前，以协定汇率购入一定数量的某种外汇现货，称为买进选择权（Call Option）；或售出一定数量的某种外汇现货，称为卖出选择权（Put Option）。

外汇期货期权交易（Options On Foreign Currency Futures）是指期权买方有权在到期日或之前，以协定汇率购入或售出一定数量的某种外汇期货，即买入延买期权可使期权买方按协定价取得外汇期货的多头地位，买入延卖期权可使期权卖方按协定价建立外汇期货的空头地位。买方行使外汇期货期权后的交割等同于外汇期货交割，但与现汇期权不同的是，外汇期货期权的行使有效期均为美国式，即可以在到期日前任何时候行使。

外汇期货期权是金融期货中最早出现的品种。1972年5月，芝加哥商业交易所(CME)首先在全球推出了外汇期货。

11.1.2　外汇交易市场

外汇交易市场（FOREX）是一个24小时不间断的金融市场，它区别于其他交易市场最明显的一点就是时间上的连续性和空间上的无约束性。双方的交易通过电话和电子交易系统进行，而非在特定的交易所交易。

外汇市场的特点主要有：

1. 24 小时不间断地交易

外汇交易是一个真正的 24 小时交易市场。每天，惠灵顿市场率先开市，然后是悉尼，继而再转到东京、伦敦和纽约市场。投资者可于星期一凌晨开始至星期六凌晨随时参与买卖；即使市场因为经济、政治和社会事件而波动，闭市与开市之间的价格差距可能造成的投资风险也会相对减轻。表 11-1 为国际各主要外汇市场开盘与收盘时间。

表 11-1　　　　国际各主要外汇市场开盘与收盘时间（北京时间）

外汇市场	开盘与收盘时间
新西兰惠灵顿外汇市场	05:00—13:00（夏令时），04:00—12:00（冬令时）
澳大利亚悉尼外汇市场	07:00—15:00（夏令时），06:00—14:00（冬令时）
日本东京外汇市场	08:00—14:30
新加坡外汇市场	09:00—16:00
英国伦敦外汇市场	15:30—23:30（夏令时），16:30—00:30（冬令时）
德国法兰克福外汇市场	15:30—00:30
美国纽约外汇市场	20:30—03:00（夏令时），21:00—04:00（冬令时）

2. 市场透明度高

外汇交易的投资者分布在全球，市场难以被操控。另外，影响外汇市场的因素广泛，包括当地国家（地区）中央银行设定的利率、股票市场、经济环境及数据、政策决定、各种政治因素以及重大事件等，这些因素并非单一投资者或集团能操控的。

3. 资金流动性强

外汇市场是世界上最大的金融市场之一，市场参与者包括各个国家（地区）的银行、商业机构、中央银行、投资银行、对冲基金、政府、货币发行机构、发钞银行、跨国组织以及散户，因此，外汇市场资金流动性极强，投资者不用承受因缺乏成交机会而导致的投资风险。

【知识链接】　　　　MiFID Ⅱ新规措施及对外汇券商的影响

1. MiFID Ⅱ是什么？

MiFID 是指"欧盟金融工具市场指导"，即 Markets in Financial Instruments

Directive 的缩写。它是欧盟地区规范金融投资公司行为的法律框架文件。该法律框架创立于 2007 年，适用的范围包括所有欧盟成员国的金融性质公司。在 2008 年金融危机过后，为吸取教训，欧盟委员会于 2011 年 11 月决定对 MiFID 进行修订。2014 年 6 月 12 日，欧盟官方公报公布了修订版的"欧盟金融工具市场指导"，也被称为 MiFID Ⅱ，并公布了"欧盟金融工具市场法规"（Markets in Financial Instruments Regulation，MiFIR），该法规旨在阐明 MiFID Ⅱ框架下的具体法律法规。

作为欧盟金融市场的指导性纲领文件，欧盟 27 个成员国针对各国金融衍生品市场，必须依据 MiFID Ⅱ 和 MiFIR 来制定相应的监管法规。需要指出的是，在英国未正式脱离欧盟之前，英国 FCA 仍需要遵循 MiFID Ⅱ 的规则。若未来英国不再是欧盟成员国，则该法律框架将不再适用。

2.MiFID Ⅱ 的监管对象有哪些？

在 MiFID Ⅱ 监管框架下，所有场外市场（OTC）上的经纪商都将受到监管约束。同时，MiFID Ⅱ 监管条例中明确规定，以下类别的经纪商都将被纳入监管对象之列：零售外汇，差价合约，期权，二元期权，远期合约，证券（股票），债券，ETF 及其他衍生品。

3.为什么要纳入监管？

欧洲证券和市场管理局(ESMA)表示，所有金融工具在场外市场上都被广泛交易，正因这些交易太过分散，不易管理，才使得金融监管机构的监管难度变得很大。尽管每个成员国都对本国或本地区的经纪商进行注册登记，但仅靠登记管理基本没有多强的监管效力。因此，需要 MiFID Ⅱ 及 MiFIR 这样的法律框架来监管约束。

4.针对外汇及 CFD 行业，MiFID Ⅱ 有哪些措施？

由于 MiFID Ⅱ 制定的监管内容较多，我们在此挑选出针对外汇及差价合约行业的措施，以供行业从业者或投资者参考：

（1）提交所有交易活动的记录报告（包括所交易产品、报价、执行速度和信息、清算等）；

（2）限制交易杠杆比例（根据客户交易经验给予不同的杠杆比例）；

（3）限制交易者的持仓头寸；

（4）禁止经纪商向客户提供投资组合服务时索要或设置任何费用，包括佣金或其他形式的费用；

（5）将风险较高的衍生品集中化交易（引入场内交易），比如二元期权等；

（6）禁止滥售 EA 等自动化交易系统，需要进行长期测试，被证明能盈利后才可出售；

（7）经纪商必须公开报价；

（8）经纪商必须公布年度报告（交易执行情况等）。

5.MiFID Ⅱ 对代理（IB）有何规定？

MiFID Ⅱ 对代理的佣金做了一些限制，那就是代理必须向客户披露具体佣金并提供增值服务。自2018年1月3日以后，若代理想从FCA监管下的客户那里拿到佣金的话，需要提供关于该客户每一笔交易以及提供了什么样的增值服务证明。

6.MiFID Ⅱ 将影响哪些公司？

MiFID Ⅱ 法律框架仅适用于欧盟，但是它的影响力会扩散到欧盟以外的地区。当然，欧盟地区的公司受到的影响将是最大的，因为这些公司必须遵守当地的法律法规。对于欧盟以外的公司，如果它们的客户来自欧盟，那么它们也要遵守这些规则。除了经纪商之外，MiFID Ⅱ 法律框架也适用于对冲基金、资产管理公司、交易公司和欧盟地区的跨国公司。

7.MiFID Ⅱ 对外汇经纪商来说意味着什么？

MiFID Ⅱ 监管框架明显偏向于交易者，看似对经纪商不利。因而，如果有些欧盟的经纪商公司停业或倒闭也是很正常的。对于那些想继续留在市场的经纪商而言，它们需要开始做一些准备工作，以满足MiFID Ⅱ 的新监管要求。

目前受FCA监管的一些经纪商所采取的应对措施包括：

（1）聘请合规方面的人才，以此来应对 FCA 和 MiFID Ⅱ 的"双重监管"。

（2）重新建立业务流程，保证可以正常向监管机构传输数据。

（3）将不能接受FCA监管的代理，在代理同意的条件下，移到别的监管体系下。

8.MiFID Ⅱ 对交易者（投资者）来说意味着什么？

MiFID 被视为投资者保护制度发展中的里程碑，主要涉及两方面：

（1）将投资者分为批发客户、专业客户和合格对手方（ECP）三类，并依据类别采取不同的监管保护措施。

（2）规定投资机构执行客户指令应履行"最佳执行"义务，即在执行客户指令时应采取措施帮助客户获得可能的最佳执行结果。对最佳执行结果的衡量包括交易价格、执行成本和速度、执行和结算的可能性、指令的规模和性质等。

（根据公开的网络资料整理）

11.2　外汇交易的特点

各种投资方式都具有自身明显的特点和属性，在所有投资领域当中也大都按照"少数人获利而多数人亏损"的"二八定律"在运行。但外汇交易市场对于大多数普通投资者来说，还是具备相对优势的，下面以大家最熟知的股票市场与外汇市场做对比。

外汇交易与股票投资方式的区别：

1.所属领域不同

股票交易属于证券行业，由受监管的上市公司发行，投资人购买后以增值、配股的方式获利，有固定的交易场所，如国内的上海证券交易所、深圳证券交易所。而外汇交易属于银行业的范畴，投资者买卖的不是证券凭证，而是各个国家的货币，以货币汇率的涨跌来决定投资收益。国内投资者买卖外汇，在银行柜台或者由银行开设的外汇交易平台进行，而股票则是通过券商的电子交易平台在证券交易所中结算。在美国等外汇交易开放的国家，投资者则是通过做市商的交易平台进行买卖。

2.交易方式不同

股票交易需要全额资金，例如中国工商银行的股价为5元，投资者买入100手，需要人民币50 000元。而国际通行的外汇交易采用保证金方式，投资者买入一标准手欧元，合约价值为100 000美元，如果保证金比例为200∶1，投资者只需要支付500美元即可进行交易。目前国内各商业银行如中国工商银行、中国建设建行等，均开设了"外汇宝"等外汇交易平台，但同样需要全额资金，业内称为"实盘交易"，即投资者如买入10 000美元，则须按当日美元对人民币汇率支付相应的人民币。

3.获利方式不同

股票交易目前还处在只能买涨不能卖空的状态，即投资者买入股票，股票价格上涨获利,下跌即亏损;在没有T+0制度的情况下,当日买入股票后最快只能在次日卖出。而外汇交易则既可买多又可以卖空,同时可以随时平仓获利或止损。例如,某投资者以1.2900美元的价位买入一标准手欧元,当欧元对美元价格涨至1.3000时,其收益为100美元;而当他在1.3000美元的价位卖出一标准手欧元,欧元汇率跌至1.2900美元时,其收益仍为100美元。尽管目前国内开放了股指期货,但对于中小投资者来说,最低50万元人民币的开户资金还是有一定的门槛限制。

4.交易时间不同

以A股为例,在交易日上午9:30开盘,11:30到13点休市,13点到15点交易,15点即闭市,遇有法定节假日休市。而外汇交易市场则是从每周一到周五进行24小时交易,连续不停。投资者可能在上午8点日本东京的开盘时间买入,在20:30分美国开始的交易时间卖出。交易时间的持续性,避免了过多的闭市期间出现各种消息引发的开市价格意外跳空或跳涨。而从下午欧洲开市到晚上美国开市这段时间,是汇市的相对活跃期,恰是中国广大投资者方便入场参与的良好时间段。

5.市场容量不同

由于全球投资者共同参与一个市场,交易量巨大,没有任何一个国家或商业机构能够控制本国货币的汇率,汇价完全由市场决定。因此,在外汇市场中没有内幕消息,尤其是现在互联网信息的发达程度,决定了全球投资者了解到的信息基本是实时的。

综上所述,外汇交易市场是一个相对公平的市场。表11-2总结了外汇交易与其他投资方式的区别。

表11-2 　　　　　　　　**外汇交易与其他投资方式的区别**

项目	外汇	期货	股票	房地产	储蓄存款
投资资本	可多可少,以小博大,0.5%~1%的保证金	可多可少,以小博大,0.5%~10%的保证金	100%投资成本	资金庞大,需贷款	可多可少,100%资金
单/双向	双向市场	双向市场	单向市场	单向市场	

续表

项目	外汇	期货	股票	房地产	储蓄存款
投资期限	周一至周五24小时,T+0即时成交	周一至周五24小时,T+0即时成交	周一至周五4小时,T+0即时成交	期限长,需要时间找买家	1年以上
交易手续	最迅速,即时成交,不会出现不成交的价位	迅速简单,一般在几分钟内完成	迅速简单,增配股或分红时,须办理另外手续	十分复杂	简单
交易费用	很低	很低	较高	很高	很低
影响因素	不受大户控制	受大户控制	常受到庄家控制	国家政策可以严重影响	
技术分析	技术分析图不受人为影响	技术分析图可人为影响,真实性差	技术分析图可人为影响,真实性差		
参与者	随时有买卖者,金融机构,央行,国际集团,散户	符合交易所规定的国内投资者	符合交易所规定的国内投资者	大额资金拥有者	
投资回报	以小博大,较高回报	以小博大,较高回报	普通回报,只能在上升时获利	较高回报,需要很长时间	利率低于通货膨胀率
风险程度	风险控制措施最为完善,有止损单保障,随时可以取款	风险高,市场不够成熟,风险控制不够完善	风险高,如果被套牢,资金占用时间长	风险高,资金占用时间长,政策风险不易防范	风险低,唯一风险是通货膨胀

11.3　影响外汇走势的主要因素

外汇作为一个国家的货币，与一国和他国的经济、政治、金融等因素息息相关。而外汇汇率形成的基本理论也有购买力平价理论、利率平价理论、国际收支平衡理论等多种理论模型。影响外汇走势的主要因素有如下几个方面：

1.国民经济水平

投资者一般交易时都比较关注GDP增长率数据。一国的国民经济是其货币的最终基础，强大的国民经济是货币的坚实后盾，为货币提供了稳健的货币政策预期以及稳定的汇兑、支付环境。一国经济增长率高，意味着收入增加，国内需求水平提高，将增加该国的进口，从而导致经常项目的逆差，这样会使本国货币汇率下跌。如果该国经济是以出口导向的，经济增长则会导致经常项目的顺差，减缓本国货币汇率下跌的压力。同时，一国经济增长率高，意味着劳动生产率的提高和成本的降低，也意味着本国产品竞争力得到改善，因而有利于增加出口、抑制进口。

2.通货膨胀

一般来说，通货膨胀和国内物价上涨，会引起出口商品的减少和进口商品的增加，从而对外汇市场上的供求关系产生影响，引起该国汇率波动。同时，一国货币对内价值的下降必定影响其对外价值，削弱该国货币在国际市场上的信用地位，人们会因通货膨胀而预期该国货币的汇率将趋于疲软，把手中持有的该国货币转化为其他货币，从而导致汇价下跌。但在短期内由于各国政府普遍会因为通货膨胀而采取加息等货币紧缩政策加以调控，因此市场对于该国货币的加息预期会因通胀走高而加强，反而在中短期内推高该国币值。

3.国际收支平衡

国际收支平衡数字直接影响一国汇率的变动。如果一国国际收支出现顺差，外国对该国的货币需求就会增加，流入该国的外汇就会增加，从而导致该国货币汇率上升。相反，如果一国国际收支出现逆差，外国对该国货币的需求就会减少，流入该国的外汇就会减少，从而导致该国货币汇率下降，货币贬值。

4.利率

根据利率平价理论，在外汇市场均衡时，持有任何两种货币所带来的收益应该相等。如果持有两种货币所带来的收益不等，则会产生套汇，促使两种货币的收益率相等，因此利率水平是决定外汇走势的重要因素。而利率作为政府调控宏观经济的重要手段，也受其他经济因素的影响。自金融危机以来，美联储果断采取宽松的货币政策刺激经济复苏，联邦基础利率长时间维持在0~0.25%的低水平。相比之下，欧元区在维持一段时间低利率以后，由于通货膨胀抬头而逐步采取稳健的货币政策，利率恢复到1.5%的水平。在此期间，欧元对美元汇率一路走高。

除主要基本因素之外，外汇市场还受到各国货币、财政政策的影响以及各国之间政策协调的影响。一些国家的央行——例如日本央行，更是经常采用公开市场操作直接干预汇市。另外，重大政治事件对外汇市场往往有着强烈的影响。从资本安全角度出发，由于美国是当今世界最大的军事强国，其经济也仍处于领先地位，所以，一般政治动荡产生后，美元就会因起到"避风港"的作用而走强。例如，从1991年下半年开始，美元对几乎所有的主要外汇都呈弱势。但是，苏联"8·19"事件使这一走势完全被打乱，而事件结束后，走势又恢复到原来的状态，美元又一路走弱，到第二年1月才止跌回升。欧洲债务危机产生的影响也是如此。穆迪、标普、惠誉三大评级机构数次对希腊、爱尔兰、西班牙、葡萄牙和意大利等国进行降级警告甚至降级，引发市场避险情绪，推高美元。而欧洲方面对希腊债务危机发布了几轮援助方案的共同声明之后，欧元对美元又开始走强。

外汇市场瞬息万变，除了上述因素，投资者心理因素以及市场投机因素也对外汇市场有着较大影响。较高的资产收益常常引发投机因素，使得热钱涌入，炒高货币汇率以及资产价格后获利抽出，往往使得经济实体大受打击。另外，投机资金还会在重要数据影响窗口期间反向推动市场之后再利用异常波动获利。外汇市场的"零和博弈"使得初入市场者往往会由于损失而止步。但外汇市场巨大的交易额和众多的参与者使得较大的获利机会在外汇市场永远存在。投资者应当不断磨炼自身交易技巧和交易心态，用成熟的交易体系和稳健的心理状态来获取持续的利润。

11.4　外汇投资的策略与原则

外汇市场作为全球最大的金融市场，每天产生的交易额超过万亿美元。没有哪个机构能够像操纵一只股票一样操纵外汇市场。主要外汇品种为我们所熟知的几种货币，投资者可以保证金交易的方式参与其中，并且能够选择多、空两种操作方式。连续24小时瞬息万变的行情和保证金交易的杠杆放大效果使得投资者面对的风险因素与其他投资种类有所不同。需要注意的投资策略与原则有：

第一，顺势而为，切忌逆势操作。

外汇市场与其他金融交易市场一样遵循趋势的基本原则。俗话说"顺势者生，逆势者亡"，大趋势的方向决定了投资者获利概率的大小。而逆势操作一旦错误，损失将在滚滚而来的行情中一发不可收拾。

第二，严格设立止损，追求损失最小化。

"留得青山在，不怕没柴烧"，由于外汇市场风险较高，为了避免一次投资失误带来巨大的损失，每一次入市买卖时，都应该严格确定止损盘，下跌超过止损位时，立即平仓。这样操作能够把损失控制在可接受的范围之内，同时避免个人的情感因素干扰交易执行。

第三，合理控制仓位。

由于保证金交易独有的交易方式和杠杆倍率的放大作用，投资者在交易时应当将持仓量控制在合理的范围，避免重仓甚至全仓，否则容易因为市场的无序波动而导致在实现获利之前因为损失保证金不足而被强制平仓，本来应该有的获利却变成了损失。

第四，忌频繁交易。

外汇市场上的交易机会并不是随时存在的，有时甚至一天或者几天都没有合适的机会。频繁交易容易导致无意义的损失，会因为每笔交易的点差以及佣金而付出大量交易成本。因此，投资者应当耐心等待，寻找合适的市场机会。

除此之外，投资者还应注意自身的学习与总结，不断完善交易系统，合理规避风险。

11.5　外汇投资的心理与行为分析

外汇市场是这样一个市场：一大群智力相当的人，面对大致相同的市场资料，使用大致相同的分析预测手法，遵循公认的交易规则，进行一场零和游戏。其结果是既有少数高手从几千元、几万元起家，累积了数千万元乃至数亿元的财富，亦有芸芸大众始终小赚大赔，直至血本殆尽，犹然不知自己究竟失败在哪里。

对于大多数小额投资人来说，他们的处境更为不利：经验有限，要为每个自己未遇到过的陷阱交一次可观的学费；资本有限，常常刚入外汇市场之门，已弹尽粮绝；资料的占有方面也处于劣势。因此，一般大众在这场充满魅力的零和游戏中，往往成了牺牲品。

从某种意义上来说，外汇市场的失败者，往往并不是不能战胜这个市场，而是不能够战胜他们自身。

1.心理误区之一：人多的地方抢着去

盲从是大众一个致命的心理弱点。一个经济数据一发表，一则新闻突然闪出，5分钟价位图一"突破"，人们便争先恐后地跳入市场。不怕大家一起亏钱，只怕大家都赚钱只有自己没赚。

1991年海湾战争时，战前形势稍一紧张，美元就大涨，外币就大跌。1月17日开战当天，几乎百分之百的投资人都跳入市场卖外币，结果外币一路大涨，单子被套住后，投资者又都不约而同、信心十足地等待市场回头，结果自然是损失惨重。大众常常在市场中犯相同的错误，有时不同的金融公司的单子被套住的价格也都几乎相同，以致大家都怀疑市场有一双"眼睛"在盯着自己。

其实，市场是公正的，外汇市场日均几万亿美元的交易额，任何个人都难以操纵。对外汇市场上的投资者而言，"人多的地方不要去"乃是值得铭记在心的箴言。

2.心理误区之二：亏生侥幸心，盈生贪婪心

价位波动基本可分为上升趋势、下降趋势和盘整趋势，不可逆势做单，如果逆势单被套牢，切不可追加做单以图拉低平均价位。大势虽终有尽时，但不可臆测市价的顶或底而死守某一价位，市价的顶部、底部，要由市场自己形

成，而一旦转势形成，是最大盈利机会，要果断跟进……这些做单的道理，许多投资者都知道，可是在实际操作中，他们却屡屡逆市做单，一张单被套几百点乃至一两千点，亦不鲜见，原因何在呢？

一个重要的原因是资本有限，进单后不论亏、盈，都因金钱上的患得患失而被扰乱心智，失去了遵循技术分析和交易规则的能力。有的投资者在做错单时常喜欢锁单，即用一张新的买单或卖单把原来的亏损单锁住。这种操作方法是我国香港和台湾的一些金融公司发明的，它使投资者在接受损失时容易保持心理平衡，因为投资者可期待价位走到头时打开单子。

实际上，投资者在锁单后，重新考虑做单时，往往本能地将有利润的单子平仓，留下亏损的单子，而不是考虑市场大势。在大多数情况下，价格会继续朝使投资者亏损的方向走下去，于是再锁上，再打开，不知不觉间，锁单的价位便几百点、几百点地增加了。解锁单，无意中便成了一次次地做逆势单。投资者偶尔抓准了一两百点的反弹，也常因亏损单的价位太远而不肯砍单，结果损失还是越来越大。

大概每个投资者都知道迅速砍亏损单的重要性，而大多数投资者输钱都是输在漂单上，所谓漂单，是指单子处于亏损状态，不及时止损或平仓，任由其漂着，抱着侥幸心理等待市场回头。事实上，漂单是所有错误中最致命的，可是投资者还是一而再、再而三地重复这一错误，原因何在呢？原因在于普通投资者常常凭感觉下单，而高手则常常按计划做单。

盲目下单导致亏损，投资者垂头丧气，紧张万分之余，明知大势已去，还是存侥幸心理，优柔寡断，不断地放宽止蚀盘价位或根本没有止蚀盘的概念和计划，总期待市价在下一个阻力点彻底反转过来，结果亏一次即足以大伤元气。和这种亏损生侥幸心相对应的心理误区，是盈利生贪婪心。下买单之后，价位还在涨，何必出单？价位开始反转了，单子转盈为亏，更不甘心出单，到被迫砍头出场时，已损失惨重。

许多人往往有这种经验：亏钱的单子一拖再拖，已亏损几百点，侥幸回到只亏二三十点时，指望打平佣金再出场，侥幸能打平佣金时，又指望赚几十点再出场……贪的结果往往是：市价仿佛有"眼睛"似的，总是在与你想平仓的价位只差一点时掉头而去，而且一去不回。亏过几次后，投资者便会对市场生畏惧心，偶尔抓准了大势，价位进得也不错，但套了十点八点便紧张起来，好容易打平佣金赚十点二十点后，便仓皇平仓。

亏钱的时候不肯向市场屈服，硬着头皮顶；赚钱的时候不敢放胆去赢，如此下去，本钱亏光自然不足为奇。

3.心理误区之三：迷信外物而非市场本身

进场交易时，另一些人的心理误区是迷信市场的某些消息、流言，而不是服从市场本身的走势。

1991年2月7日的前几天，日本银行曾干预市场，买日元抛美元，使日元走强至124附近。2月7日前后，日本银行又开始干预市场，日本政府官员也多次发表谈话，表示美国和日本都同意日元继续走强，于是投资者蜂拥而入购买日元，然而，日元却开始下跌。在这种情况下，投资者往往不去寻找和相信推动日元下跌的理由，而是因为有买日元的单子被套住，就天天盼望日本银行来救自己。

结果，几乎每天都有日本官员谈日元应该走强，有时日本银行也一天干预三四次买日元，但是日元价位却一路下跌，跌幅几乎达一千点，许多投资者只做一两张买日元的单子，就损失了六七千美元，砍完单大骂日本银行言而无信，却不反省一下自己为何会损失那么惨重。让投资者亏钱的并不是日本银行，而是投资者自己。因为在当时，日本由于发生了一些丑闻而导致政局不稳，市场选择了这一因素，而投资者却不愿相信市场本身。

11.6　外汇投资者投资的必经阶段

1.新手盲动期

这一阶段是指投资者对投资市场存在幻想，怀着一夜暴富的心态，或道听途说，或被劝诱，在没有充分准备的情况下踏足外汇市场。这一阶段的人大致可以分为以下几类：对汇市的风险一无所知或知之甚少，完全不懂得资金管理或者是分析水平特别是技术分析水平有限，持单往往凭道听途说或所谓的专家指导；实际操作经验不足，遇突发事件易惊慌失措；心态不正，想赢怕输，对亏损没有心理准备，遇到亏损时，不会合理地调整心态，不肯服输，死顶硬抗。这一阶段的投资者的表现往往是频繁进出且进出单量大，大输大赢。特别是在初有斩获时，这种现象非常明显。处于这个阶段的投资者，最后往往惨败。

2.谨慎期

谨慎期又称动摇期。在这一阶段，许多投资新手已经经历过了汇市的风雨不定，也在市场中受过打击。在失败的教训下，经验和技术日趋成熟并逐渐老成，对各种做单技巧的掌握亦趋于熟练，对预想范围内的失误与损失也有了相当的承受能力。但这一阶段的最大特点是对新手阶段的失败仍不忘怀，过于相信技术分析等，热衷于对某些技术信号与技术细节的过细分析，缺乏对大势判断的自信。在这一阶段的投资者眼中，到处都是阻力，遍地都是支撑，想下单，又怕在下个阻力位被挡住，始终感到难以下手。即使进单，也是遇阻即跑，难以获得大的利润。处于这一阶段的投资者往往没有大输大赢，很多盈利往往葬送在自己的失误中，越是这样，越是变得谨小慎微。

3.成熟期

投资者这一阶段的最大特点是：心态平和。对外汇市场中的风浪已习以为常，不再会因市场的波动及一两次的胜负而亦喜亦忧，对汇市有着较强的判断力。

能比较详细完整地掌握大动向、大趋势，可以忽视自己目标前的阻力与支撑。处于这一阶段的人，首先对技术分析已了然于心，但又绝不迷信技术分析。他们能够细心地掌握市场的风吹草动。在他们看来，任何的评论与消息，都不过是为我所用的参考，听而不信。其次是操作手段熟练。处于这一阶段的人，清楚地知道市场的风险。因此，他们也最清楚地知道怎样来保护自己。他们自信却不自大，懂得运用合理的操作手段来规避风险，因此他们才能成为外汇市场中真正的赢家。

11.7 成功的外汇投资者需具备的素质

在实际操作中，由于外汇投资的特殊性、复杂性，不少投资者因缺乏前期的准备和投资常识，盲目入市，不仅未取得好的投资效果，有些投资者甚至产生了巨大的投资亏损。对于外汇市场这样专业性的市场仅仅依靠搏一次是难以取得投资成功的，必须熟悉外汇市场的运作规律，坚持投资的基本原则，进行专业化的准备。

第一，要充分准备，不要盲目入市。

在金本位和固定汇率制下，外汇汇率基本上是平稳的，因而就不会形成外汇保值和投机的需要及可能。而在浮动汇率情况下，外汇市场的功能得到了进一步的发展，外汇市场的存在既为套期保值者提供了规避外汇风险的场所，又为投机者提供了承担风险、获取利润的机会。传统外汇市场上主要投资者是银行、财团及财务经理人等专业人士。随着外汇市场的发展，市场投资主体不断增加，全球的外汇交易人不仅包括商业银行、中央银行、经纪商及公司组织，也包括个人投资者。外汇市场为个人投资带来了新的获利的机会。然而，不经过一番理论与实践的准备，是不能盲目入市的。国外的优秀交易员至少要培训7年，相当于培养一个飞行员。由于市场的专业性与复杂性，专业机构投资者面对市场的波动也常常表现出茫然与无奈。因此，有志进入外汇市场的投资者一定要有充分准备，在决定投身于外汇交易市场之前，要仔细考虑并明确投资目标，充分了解自身的经验水平以及对风险的承受能力，最好先做一段时间的模拟，通过银行等交易平台，熟悉交易规则，如无较强的抗风险能力，则不宜盲目介入，不要在自己可以承受的风险范围以外进行投资。

第二，要掌握外汇投资规律，不要随意投资。

外汇的基本面是导致汇率波动的原始动力，外汇基本面的变化是外汇市场波动和市场价格动荡的原因。外汇市场的基本面分析涉及政治、经济、金融等方面的发展与变化，从而判断外汇供给和需求要素。基本面分析研究市场运动的原因，包括对宏观经济指标、资本市场以及政治因素的研究。宏观经济指标包括国内生产总值、利息率、通货膨胀率、失业率、货币供应量、外汇储备以及生产率等指标；资本市场包括股票、债券及房地产；政治因素会影响投资者对一国政府的信任度、社会稳定情况和信心度。政府对货币市场的干预通常会对外汇市场产生显著却又暂时的影响。政府可能仅仅通过发出干预暗示或威胁来达到影响币值变化的目的。中央银行还可以采取以另一国货币单方面购入/卖出本国货币或者联合其他中央银行进行共同市场干预的方法，以期取得更为显著的效果。因此价格变化背后的因素是非常复杂的，只有掌握了外汇基本面，才有可能掌握外汇市场的基本运动规律和变化趋势，这是任何交易者都必须深刻理解的内容，也是投资成败的关键。

第三，要灵活掌握技术分析，不要生搬硬套。

技术分析是通过研究以往市场行为来预测价格变动及未来市场走势的

方法，它依靠价格、交易量等数据对市场进行判断。技术分析是外汇市场重要的观察价格和交易量数据的方法，通过技术分析判断这些数据在未来的走势，研究市场运动的效果。经典的技术分析有道氏理论、趋势线、蜡烛图等。技术分析包括上百种技术指标和交易工具，交易者很难运用所有的交易工具进行交易，只能依据实际情况灵活掌握，没有一种方法能够百发百中，而且对于同一种方法，不同的投资人可以有不同的解释。因此投资者不能对某一技术指标生搬硬套，关键是培养出自己对市场看法的模式。对于刚起步的外汇投资者，可以从趋势分析开始，顺势而为是比较理性的投资方式。

第四，要学会风险控制，不要无风险管理计划。

外汇市场是一个风险很大的市场，外汇交易是世界上最大和最变幻莫测的金融市场。外汇风险主要在于决定外汇价格的变量太多。外汇市场风险，分为一般性外汇市场风险和突发性外汇市场风险。一般性外汇市场风险，是指在开放经济条件下，由于汇率的日常波动而引起的收益损失。突发性外汇市场风险，是指一国货币在国际货币市场上出现大幅度贬值，外国投资者和投机者争相抛售该国货币的可能性。这种可能性一旦变为现实，就成为人们经常所说的金融危机或货币危机。因此，投资者入市时，就需要做好风险管理计划，如控制好每次交易的开仓比例；每次交易都要设置止损价，并且严格执行。风险控制也包括设置止盈价。把入场价、止损价、目标价、仓位作为一个整体来衡量风险，止损价位一旦确认就不要向扩大潜在亏损的方向进行调整，亏损的时候一定要严格止损。

第五，要练好心理素质，不要恐惧市场。

要成为外汇投资赢家，不仅要有专业知识还要练好过硬的心理素质，外汇投资的杠杆交易是相互博弈的零和游戏，一部分人盈利必然是以另一部分人亏损为代价的。当你做好一切投资准备时，就应该对自己有信心。外汇交易需要承受较大的精神压力，要在不利消息面前保持镇定，仔细分析消息的可靠性。心理素质不过关是无法在汇市中长期生存的。科学投资一定要克服贪婪和恐惧，克服投资中的浮躁情绪，在没有什么机会的时候要学会等待和忍耐。

本章小结

　　外汇投资，是指投资者为了获取投资收益或规避外汇风险而进行的不同货币之间的兑换行为。外汇作为一个国家的货币，与一国和他国的经济、政治、金融等因素息息相关。外汇走势主要受到国民经济水平、通货膨胀、外贸平衡及利率的影响。

　　随着国民经济的发展，金融投资成为大家重要的理财方式，外汇市场逐渐进入国内投资者的视野。然而一般大众在这场充满魅力的零和游戏中，往往成了牺牲品。从某种意义上来说，外汇市场的失败者，往往并不是不能战胜这个市场，而是不能够战胜他们自身。外汇投资应讲究策略和原则：要顺势而为，切忌逆势操作；要严格设立止损，追求损失最小化；要合理控制仓位；忌频繁交易。成功的外汇投资者需具备的素质包括：第一，要充分准备，不要盲目入市；第二，要掌握外汇投资规律，不要随意投资；第三，要灵活掌握技术分析，不要生搬硬套；第四，要学会风险控制，不能没有风险管理计划；第五，要练好心理素质，不要恐惧市场。

核心概念

　　外汇投资　外汇交易市场　外汇投资策略

复习思考题

　　1.比较外汇投资和其他投资方式的不同。
　　2.分析影响外汇走势的主要因素。
　　3.试述成功的外汇投资者应具备的素质。

【导读】

贵金属凭借其稀缺性、投资价值以及潜力得到越来越多投资者的青睐。金融危机之后，股市不振也使更多人将目光投到贵金属投资领域，贵金属具有的保值与避险特性引发了更多投资意愿，推动着价格一路走高。随着黄金ETF上市制度的确立，其他衍生品也纷至沓来，贵金属投资进入了一个新时代，如何在贵金属投资领域稳稳地分一杯羹，需要从贵金属涨跌的动因里把握应有的投资心态。

本章重点内容

【引例】 "黑天鹅"事件频发，贵金属成投资新宠？

随着英国脱欧、美国大选等"黑天鹅"事件频发，投资者避险情绪升温，黄金等贵金属的资产配置作用凸显，黄金需求节节升高。世界黄金协会的统计数据显示，2016年三季度，投资者对黄金的总投资量增长了44%，达到336吨。多家传统金融机构抓住时机，加大贵金属业务推广力度，如浦发银行推出"攒金宝"、平安银行推出"平安金"等。

2016年上半年的银行年报显示，中国建设银行的贵金属资产业务拔得头筹，达2 102.72亿元，较年初增加143%；而光大银行贵金属规模成为上市银行中增长最快的，2016上半年贵金属资产规模为116.79亿元，较年初的47.79亿元涨幅达144%。

"黑天鹅"事件频发，使得贵金属再掀起一波"投资潮"，与此同时一些投资骗局也相继出现，不少投资者因此血本无归。面对越来越复杂的贵金属投资产品，普通投资者应该如何选择并保持怎样的投资心态呢？

12.1　贵金属投资概述

12.1.1　什么是贵金属投资

传统意义上的贵金属是指黄金和白银，当然贵金属还包括铂族金属（钌、铑、钯、锇、铱、铂），其是现代意义的贵金属。物以稀为贵，贵金属的珍贵就在于它们的稀缺性。

贵金属投资分为实物投资和带杠杆的电子盘交易投资以及银行类的纸黄金、纸白银。

实物投资是指投资人在对贵金属市场看好的情况下，低买高卖赚取差价的过程；也可以是在不看好经济前景的情况下所采取的一种避险手段，以实现资产的保值增值。

电子盘交易是指根据黄金、白银等贵金属市场价格的波动变化，确定买入或卖出，这种交易一般都存在杠杆、以小博大，用较小的成本套取较大的回报。

由于贵金属的保值性高，可以抵御通货膨胀带来的币值变动和物价上涨风险。因此贵金属投资市场的一个基本规律是，当通货膨胀威胁加剧、全球经济形势动荡以及世界金融危机爆发时，具有避险保值功能的贵金属投资需求就会呈现出爆发式的增长趋势。

12.1.2　贵金属投资的种类

用于投资的贵金属种类很多，大多为贵金属的金融衍生品。市场上常见的贵金属投资品种有：黄金现货、白银现货、伦敦金、天通金、AuT+D、AgT+D、期货黄金、纸黄金、纸白银、铂金、钯金等。它们虽然品种不同，但各自的交易方式大同小异，只是对于这一类贵金属的保证金交易（电子盘交易）的保证金比例有所不同。

1.黄金——资产保值

黄金以其独有的特性——不变质、易流通，成为资产保值储值的首选。其实最主要的一点还在于黄金的利用率低，不像白银有那么多工业用途——这反而使得它挥发流失少，造就了它被理解为"永存"的价值。

黄金具有二元属性，即商品属性和货币属性。首先，商品属性使得其价格建立在价值和供求基础上，黄金市场的供应主要来自黄金矿产、央行售金及回收金等方面，所以像"南非矿产量创下近90年来最低"这样的消息是影响市场供求的重要因素。而货币属性Anti-Dollar（反美元）则是指黄金价格是以美元定价的，美元与黄金在理论上存在较强的负相关性，当市场上普遍存在对美元贬值的预期时，投资者出于避险需要会买入相对价格更坚挺的黄金，会更多地体现其货币属性。

黄金的投资方式主要有实物黄金、纸黄金、黄金期货、黄金期权、黄金T+D、黄金股票与黄金ETF。

（1）实物黄金

实物黄金投资包括金条、金币以及黄金首饰，以持有黄金实物作为投资。

纪念性和装饰性的实物黄金，前者包括各种纪念类金条与金币，如"奥运金条"、"贺岁金条"和"熊猫金币"等，后者则是指各类黄金首饰制品，如金项链、金戒指、金耳环等。这些实物黄金不具备真正意义上的投资性质，因为除金价的波动外，其价格还取决于收藏价值和艺术价值等。同时，因加工成本带来的较高溢价以及回购不便导致的流动性欠佳，使得投资者买卖此类实物黄金并不能完全享受金价波动带来的收益，也难以充分发挥持有黄金所带来的保值功能。真正意义上的投资型实物黄金应具有如下特点：

首先，它的价格贴近国际金价水平，而且价格波动的幅度和频率基本与国际金价保持一致。这里所说的价格不仅仅指销售的价格，还指回购的价格。市场上一些黄金产品销售价格大大高于回购价格，每克的买卖价差甚至达10元以上，投资价值大打折扣，获利难度可想而知。其次，它具有完整的流通渠道和便捷的变现方式。任何一种产品，流通性都是投资性的先决条件，黄金更是如此。投资者投资黄金并非永远持有，而是要在需要的时候及时变现，所以不能变现和流通的黄金是没有投资价值的。最后，它的交易成本低，不至于对投资者利用价格的波动获取收益或利用黄金的稳定性对资产保值造成影响。有些实物黄金在交易过程中除了买卖价格之外还要收取一定的手续费，产品不同收费标准也不同，投资者在选择实物黄金产品时应事先了解其交易成本。

（2）纸黄金

"纸黄金"是一种个人凭证式黄金，投资者按银行报价在账面上买卖"虚拟"黄金，个人通过把握国际金价走势低吸高抛，赚取黄金价格的波动差价。投资者的买卖交易记录只在个人预先开立的"黄金存折账户"上体现，不发生实金提取和交割。

与实物黄金交易不同的是，纸黄金交易只能通过账面反映买卖状况，不能提取实物黄金。两种交易方式各有优劣：如果为了长期收藏或馈赠亲友，投资者可选择实物黄金交易；如果想短期获得交易差价，纸黄金是最佳选择。纸黄金交易不存在仓储费、运输费和鉴定费等额外的交易费用，投资成本低，不会遇到实物黄金交易通常存在的"买易卖难"的窘境。

（3）黄金期货

黄金期货是指以国际黄金市场未来某时点的黄金价格为交易标的的期货合约，投资人买卖黄金期货的盈亏，是由从进场到出场两个时间的黄金价格差来衡量的，契约到期后则是实物交割。

黄金期货的优点表现在：

①双向交易，可以买涨，也可以买跌。

②实行T+0制度，在交易时间内，随时可以买卖。

③以小博大，只需要很少的资金就可以买卖全额的黄金。

④价格公开、公正，24小时与国际联动，不容易被操纵。

⑤市场集中公平，期货买卖价格在一个地区、国家，开放条件下世界主要金融贸易中心和地区价格是基本一致的。

⑥套期保值作用，即利用买卖同样数量和价格的期货合约来抵补黄金价格波动带来的损失，也称"对冲"。

黄金期货的缺点表现在：

①黄金期货合约在上市运行的不同阶段，交易保证金收取标准不同。入市的时点决定保证金比例的高低，投资者在操作时如果不注意追加保证金，很容易被平仓。

②如果在到期前不选择平仓，则到期时必须交割实物黄金，这并不是一般投资者愿意选择的。

③硬性规定自然人不能进行黄金实物交割的，如果在交割月份，自然人客户持仓不为0，则由交易所自进入交割月份的第一个交易日起执行强行平仓。因强行平仓产生的盈利按照国家有关规定处理，强行平仓发生的亏损由责任人承担。

（4）黄金期权

黄金期权是买卖双方约定的在未来价位具有购买一定数量标的的权利，而非义务，如果价格走势对期权买卖者有利，则会行使其权利而获利；如果价格走势对其不利，则放弃购买的权利，损失的只有购买期权时的费用。买卖期权的费用由市场供求双方的力量决定。由于黄金期权买卖涉及内容比较多，期权买卖投资战术也比较多且复杂，不易掌握，目前世界上黄金期权市场并不多。黄金期权投资的优点表现在：具有较强的杠杆性，以少量资金进行大额的投资；标准合约的买卖，投资者不必为储存和黄金成色担心；具有降低风险的功能等。

黄金期权合同也同其他商品和金融工具的期权合同一样，分为看涨黄金期权和看跌黄金期权。看涨期权的买者交付一定数量的期权费，获得在有效期内按商定价格买入数量标准化的黄金的权利，卖者收取了期权费必须承担满足买者需求、随时按商品价格卖出数量标准化的黄金的义务。看跌期权的买者交付一定数量的期权费，获得了在有效期内按商定价格卖出数量标准化的黄金的权利，卖出者收取期权费，必须承担应买者要求、随时按约定价格买入数量标准化的黄金的义务。

2. 白银——低门槛投资品

白银最大的优势是投资门槛低，比如人民币纸黄金要330元/克，白银只需5.7元/克。同时它的价格波动大、交易更活跃。回顾历史，白银的价值很早就被人们重视，银本位制比金本位制更早，但随着社会发展，其货币属性逐渐被黄金取代。在黄金大量开采运用前，银的地位是最高的，那个时候它还比黄金贵。因而白银的劣势也恰恰是开采量大以及它的实用性。从19世纪开始人类所生产的白银绝大部分已经被消耗掉了——白银特有的物理化学特性，使得它成为重要的工业原料。很多地方都能用到它，比如电子器件的银浆、摄影感光材料、医学用银、环保净水等。这种特性决定了白银的供需更难监测，投机性更大、波动也更大。

白银的投资产品总体上与黄金类似，主要有以下几种投资方式：

一是实物银条。不需要佣金，回购机制完善，容易兑现，长期来看具有一定的抗通胀作用。不足之处是保管成本相对较高，回购还需费用。

二是纸白银，又叫账户白银，也就是不发生实物白银的提取和交割，只需按银行报价在账面买卖虚拟的白银，通过把握国际现货白银走势高抛低吸赚取价格波动差价。相比实物银投资，纸白银储存了白银的风险和费用；没有流通性问题，交易时间与国际现货白银几乎一致。不过这种方式需要向银行支付"点差"成本，且全额占用投资资金，没有做空机制。

三是白银ETF。假如你希望直接投资实物白银，但是又不想支付保险、检验、保管等相关费用，ETF是一个不错的选择。ETF投资有点类似于股票，投资者通过买入ETF的份额来拥有银条。代价是要扣除基金管理费用。

四是白银股票。对于已有白银业务的上市公司，比如豫光金铅、江西铜业、驰宏锌锗、西部矿业等（白银产量最大的为豫光金铅），不仅要关注它们的经营状况，还要对白银价格走势进行一定分析。

除了上面四种常见的白银投资方式外，还包括白银期货、白银T＋D和天通银。

3.铂金——比黄金更贵重的神秘贵金属

还有一种不可忽视的贵金属——铂金，商场里的标价比黄金还贵。铂金被称为"贵金属之王"，但我们对铂金的认识和利用比对黄金、白银的晚。当16世纪西方已经开始狂热地寻找黄金时，铂金仅被认为"劣等碎银"被西班牙海军船长扔回厄瓜多尔的河流中。而铂金命运的真正改变，始于1751年它被瑞典科学家特费尔·西佛正式归类为贵金属。事实也是，自然界中铂金的储量的确比黄金少得多。物以稀为贵，铂金的价格也一直高于黄金，比如从2000年到2010年的10年间，国际铂金价格与黄金的比值通常维持在1.4～1.5。

据不完全统计，世界铂族元素矿产资源总储量约为3.1万吨，其中铂金总储量约为1.4万吨。而且世界铂金的年产量仅85吨，只有黄金年产量的5%。仅有少数几个国家出产铂金——虽然有60多个国家都发现并开采了铂矿，但其储量却高度集中在南非和俄罗斯，两者的总储量占世界总储量的98%，还有少量矿场分布在加拿大和美国。仅南非的铂金产量就占全球总产量的80%以上，其中，以南非德兰士瓦铂矿床最为著名，它是世界上最大的铂矿床。

和金银众多的投资渠道相比，铂金投资渠道确实非常狭窄。目前只有以下几个渠道可做铂金投资：

（1）纸铂金

目前只有少数几家银行有纸铂金业务。中国工商银行于2011年最早推出了"纸铂金"交易，与"纸黄金"类似，投资者只要在工行开立个人贵金属买卖账户，即可通过指定网点、网上银行等渠道实时交易。投资门槛是"1克"，操作手法与"纸黄金"类似，参照国际金价，赚取买入和卖出价的差价。

（2）投资性铂金金条

少数百货公司或贵金属投资公司有投资性铂金金条销售和回购业务。投资实物铂金一定要关注回购渠道，如果没有回购则意味着其变现困难，流动性会大大降低，所以有回购的比不提供回购的要好很多。

（3）现货铂金交易

部分正规交易平台推出的现货铂金交易，如天津贵金属交易所、广东贵金属交易中心的铂金、钯金交易品种等，和现货白银一样带有杠杆性质，风险较大。

【知识链接】　　　　投资黄金要认准合法正规渠道

目前，我国投资者可以通过上海黄金交易所、上海期货交易所和商业银行进行黄金投资。同时，我国的黄金零售市场已经放开，个人还可以在黄金零售市场上购买实物黄金金条和黄金首饰等黄金制品用于储藏和消费。

投资者参与黄金期货投资只能通过依法设立和经中国证监会批准的期货公司及其分支机构进行。根据中国人民银行、公安部、原国家工商行政管理总局、银保监会和证监会五部委联合发布的《关于加强黄金交易所或从事黄金交易平台管理的通知》规定，国内除上海黄金交易所和上海期货交易所外，其他任何地方（机构或个人）设立的黄金交易所（或交易中心）或其他交易场所（交易中心）内设立的黄金交易平台不得开办新的黄金交易代理业务。

个人投资者参与上海黄金交易所业务，只能通过其金融类会员（主要是商业银行）买卖黄金现货及延期产品。机构投资者可通过上海黄金交易所金融类会员或综合类会员进行黄金现货及延期交易。国内部分商业银行开办了黄金租赁及黄金衍生品业务，用以满足产金、用金企业的融资避险需求。除上述渠道外，个人投资者还可以通过购买交易所交易黄金基金（简称黄金ETF）投资黄金市场。

商业银行除代理上海黄金交易所交易产品外，还在柜台提供了多种黄金产品供个人投资者选择。银行个人黄金投资品种大多采取个人记账式黄金交易，即人们通常称的"纸黄金"，银行和个人投资客户之间不发生实金提取和交割，其报价类似于外汇业务，即跟随黄金市场的波动情况加入各自银行点差进行报价，投资者可以通过把握市场走势高抛低吸，赚取差价。个人还可在商业银行办理黄金积存、黄金定投业务，购买黄金理财产品以及实物黄金产品。其中，纸黄金是由商业银行作为做市商，参考国际黄金市场价格加减一定点差后向个人投资者报价，只在客户的账户内作收付记录，部分银行账户金业务还提供做空机制，投资者可根据自身需求选择是否提取黄金实物。

（根据公开的网络资料整理）

12.2　贵金属价格的影响因素

贵金属作为一种特殊的具有投资价值的商品，其价格受多种因素的影响（如国际经济形势、美元汇率、相关市场走势、政治局势、原油价格等），这些因素对贵金属价格的影响机制非常复杂，投资者在实际操作中难以全面把握，因而存在出现投资失误的可能性，如果不能有效控制风险，则可能遭受较大的损失，投资者必须独自承担由此导致的一切损失。

影响贵金属价格的主要因素有：

1.供求关系

供给出现短缺或者需求量陡然增大，供不应求的市场格局将推动贵金属价格迅速上扬。在全球贵金属市场中，除了个人投资者和机构投资者之外，大部分的实物黄金都储存于各大央行（包括IMF）。由于黄金具有特殊的货币属性，因此其一般作为外汇储备的补充存在于央行的资产负债表中。央行售金一直是市场上实物黄金供给的主要来源之一，从2004年到2008年的5年时间里，全球各大央行的累计售金重量超过2 000吨。但自2008年全球金融危机爆发以来，各国央行为了对冲持有大量美元资产的风险，开始逐步缩减售金的规模，甚至开始在市场上买入黄金。这也在一定程度上助推了黄金价格逐步走高。2012年，官方买入黄金总量超过500吨，创下历史新高。而就在2011年底，黄金价格历史性地突破了1 900美元每盎司。可见，央行在实物贵金属市场中头寸的变化会引起供需基本面的变化，从而影响价格。其主要表现为：黄金价格与央行所持有的黄金总量正相关。也就是说，当央行增持黄金，黄金价格上涨；当央行减持黄金，黄金价格下跌。

2.美元走势的强弱

美元指数，即USDX，是综合反映美元在国际外汇市场的汇率情况的指标，用来衡量美元对一揽子货币的汇率变化程度。它通过计算美元和对选定的一揽子货币的综合的变化率，来衡量美元的强弱程度。黄金作为一种特殊的商品，在金融市场中具有一定的货币属性。因此在大部分的情况下，美元指数与金价之间都呈现较强的负相关性（二者长期以来的负相关性达到90%以上），机构持有黄金资产的目的之一也是对冲美元的风险。2000年1月—2015年4月黄金价格与美元指数走势如图12-1所示。

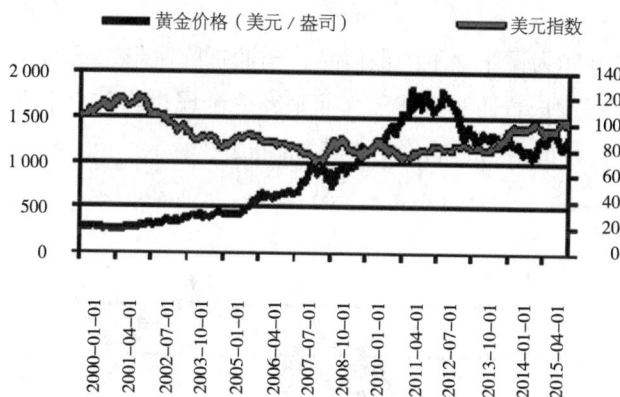

图 12-1　2000年1月—2015年4月黄金价格与美元指数走势图

（数据来源　作者根据 Wind 资讯整理）

3.通货膨胀

通货膨胀时物价大幅上升，货币的单位购买力下降，贵金属的价格会明显上升，相反则下降。因此，一般而言，投资者对于通货膨胀与黄金价格之间的关系有一个惯性思维，即二者正相关。确实，黄金作为一种特殊的资产，具有避险和抗通胀的作用。由于其对冲货币（主要是美元）的内在属性，因此市场在发生通货膨胀（尤其是恶性通货膨胀）时，投资者往往会选择购入黄金资产来对冲货币的贬值。从需求角度来说，投资者对黄金的需求增加，也推动了贵金属价格的上升。2000年1月—2016年1月黄金价格与美元指数走势如图12-2所示。

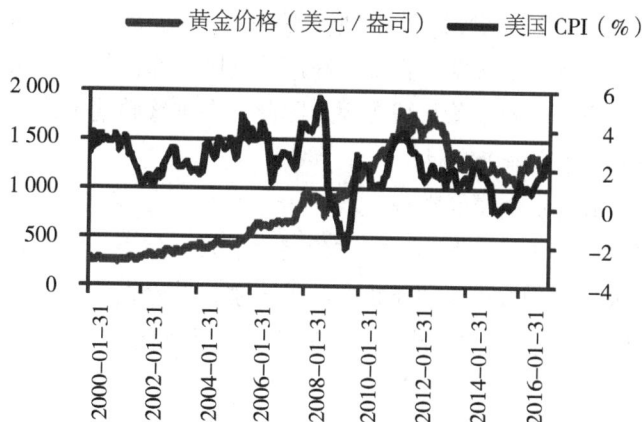

图 12-2　2000年1月—2016年1月黄金价格与美国通胀率走势图

（数据来源　作者根据 Wind 资讯整理）

4.石油价格

贵金属本身作为通胀之下的保值品，与通货膨胀形影不离。而石油等大宗商品价格的上涨意味着通胀可能随之而来，贵金属也会随之上涨。2000年1月—2016年1月黄金价格与石油价格走势如图12-3所示。

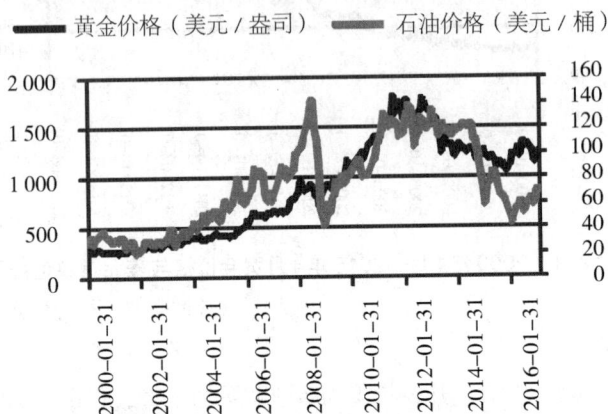

图12-3　2000年1月—2016年1月黄金价格与石油价格走势图

（数据来源　作者根据Wind资讯整理）

5.地缘政治因素

国际上重大的政治、战争事件都将影响金价，如第二次世界大战、美越战争、1986年"伊朗门"事件、美军击毙本·拉登、2013年9月美国对叙利亚动武的预期等都曾使黄金和白银的价格有不同程度的上升。对于黄金来说，地缘政治风险的增加将刺激金融市场的避险情绪，导致黄金需求增加，金价上涨。对原油来说，如果地缘政治事件发生在产油地区，原油的生产和运输将受到阻碍，石油供应下降，对油价形成支撑。因此，在地缘政治事件发生时，黄金和原油价格同时上涨的概率较大。

6.股市行情对贵金属的影响

一般来说股市下挫，黄金白银的价格会上升。如果大家普遍对经济前景看好，则资金大量流向股市，股市投资热情高涨，黄金白银价格则会下降。2000年1月—2016年5月黄金价格与标普500指数走势如图12-4所示。

7.其他因素

如中国政府对美国国债的态度以及市场心理因素等对价格的影响。

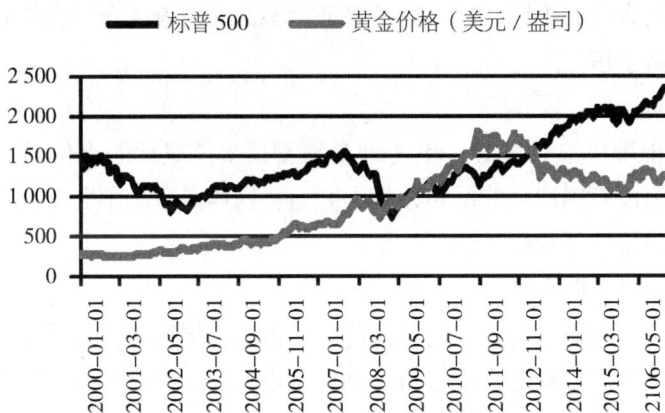

图12-4 2000年1月—2016年5月黄金价格与标普500指数走势图

（数据来源 作者根据Wind资讯整理）

12.3 贵金属投资的策略与原则

12.3.1 投资的策略

1.准备充分

认识和了解贵金属市场，是进行交易必不可少的前提条件。首先要充分准备。学习基本理论知识、操作工具使用方法等，掌握进入贵金属市场的必备技能。前期应进行模拟交易，提高实际交易能力，锻炼心理素质，从中发现并改正错误，培养良好交易习惯，为以后投资打下基础。其次要避免跟风。贵金属价格的波动受到诸多复杂因素的影响，盲目跟风对贵金属期货投资的影响尤其大。有这种心理的投资人，容易在他人买进时深恐落后，别人离场时不问理由止损砍仓。最后是建立操作纪律。行情每时每刻都在发生变化，涨跌起伏势必会造成投资者侥幸和贪婪心理，如果没有建立操作纪律，及时止赢、止亏结算了断，账面盈亏就会随着行情变化而波动，不能形成实际收益。获利可能转变为亏损，影响客观的分析思维。因此，制定操作纪律并严格执行非常重要。

2.控制持仓

根据实际情况制定资金运作比例，下单前需慎重考虑，为可能造成的损失留下一定回旋的空间与机会，满仓操作风险较高。成功的投资者，其中一项原则就是随时保持2倍以上的资金以应付价位的波动，如果资金不充分，就应减少手上所持的仓位；否则，就可能因保证金不足而被迫平仓，纵然后来证明眼光准确也无济于事。

3.顺势而为

在市场出现单边行情时，不要刻意猜测顶部或底部的点位而进行反向操作，只要行情没有出现大的反转，就不要逆势操作，市场不会以人的意志为转移，市场只会按市场规律延伸。

4.严格止损、降低风险

进行投资时应确立可容忍的亏损范围，善于止损投资，才不至于出现巨额亏损。亏损范围应依据账户资金情形确定，当亏损金额已达到你容忍限度时应立即平仓，从而避免行情继续转坏、损失无限扩大的风险。同时投资者要以账户金额衡量投资数量，不要过度投资，一次投资过多很容易产生失控性亏损，投资额度应控制在一定范围内，除非能确定目前走势对投资者有利，可以投资50%；否则每次投资不要超过总投入的30%，从而有效控制风险。

5.保持良好的心态

心态平和时思路会比较清晰，能冷静、客观地分析行情波动因素，当对行情走势疑虑时，暂且观望，降低盲目跟风操作的概率，保持理性操作。投资者并非每天都要入市，初入行者往往热衷于入市买卖，但成功的投资者则会等待机会，感到疑惑或不能肯定时亦会先行离市，暂时持观望态度，待时机成熟时再进行操作。

12.3.2　投资的原则

1.鳄鱼原则

该原则源于鳄鱼的吞噬方式。猎物越试图挣扎，鳄鱼的收获越多。假定一只鳄鱼咬住你的脚，如果你用手臂试图挣脱脚，则它的嘴巴便会同时咬你的脚与手臂。你越挣扎，便陷得越深。所以，万一鳄鱼咬住你的脚，务必记住：你唯一的生存机会便是牺牲一只脚。若以现货市场的语言表达，这项原则就是：当你知道自己犯了错误时，立即了结出场。不可再找借口、理由或有所期待，不可妄图调整头寸或进行其他任何无谓的操作，赶紧认赔离场。

2.敬畏市场原则

市场永远是正确的，不要与之对抗，不要妄想能够预测市场、战胜市场、操纵市场。市场的发展会显示你的决策是否正确。遵循市场走势，市场最终会给予奖励，违背市场走势，市场最终会给予惩罚。

3.投机原则

身为一名投机者，应当时刻清醒地意识到，在经济独立的情况下保有自由，而前提保证则是经年累月稳定持续地盈利。投机者从来不执着于大捞一票的机会，首要之务是保证资本安全，其次再追求稳定持续的盈利，最后以一部分盈利进行较有风险的交易。大捞一票的机会还是会出现的，但并不需要承担过度的风险。

12.4　贵金属投资的心理与行为分析

请看以下实验：

问题 1：给你 1 000 元，你可以选择 a.50% 的概率再赢得 1 000 元；b.100% 的概率再赢得 500 元。

问题 2：给你 2 000 元，你可以选择 c.50% 的概率失去 1 000 元；d.100% 的概率失去 500 元。

在实验中，对于问题 1，84% 的人选择了 b，只有 16% 的人选择 a；而对于问题 2，69% 的人选择了 c，只有 31% 的人选择了 d。作为投资者，你的选择是什么？

分析一下两个问题，b 与 d 是一样的，结果都肯定是得到 1 500 元；而 a 与 c 是一样的，结果是有 50% 的概率得到 2 000 元，同时有 50% 的概率得到 1 000 元。

为什么多数人选择 b 与 c 呢？这个实验说明，人们对于风险的判断是不对称的：在期望正面结果时，多数人是厌恶和回避风险的，而在可能面临负面结果时，多数人是愿意承担和追求风险的。

在贵金属投资和投机中，投资者的上述行为比比皆是。而这样的思想往往使得投资者容易陷入某些心理和行为误区，对投资结果造成影响。

12.4.1　贵金属投资的心理与行为误区

1.盲目胆大

有些投资者从未认真系统地学习过投资理论技巧，也没有经过任何模拟训练，甚至连最起码的投资基础知识都不明白，就贸然进入贵金属市场参与投资。还有的投资者一旦发现市场价格大幅波动，就不假思索地大胆入市，常常因此被套牢甚至爆仓。

这种心理的产生是典型"赌场资金"效应的体现，以前的获益与亏损状况会影响对风险的态度，参与赌博的人往往将赌场赢来的钱放在和自己的钱不同的口袋里，如果在进行某一具有风险的活动之前，人们已经获得了某种收益，这种事前收益会提高人们对风险的容忍程度，使他们更愿意冒险。这种心理投机大于投资，赌徒型投资者总是凭直觉做交易，最终极易导致亏损。

2.缺乏忍耐

有些投资者恨不得一旦入市，价格就向着有利于自己的方向运动，最好是大幅运动，实现一夜暴富的愿望，但是出现这种情况的概率很小。大多数情况下，入市后，市价走势好像总是跟自己作对似的，偏朝着相反方向运动。这种心理的产生通常是由于面对收益和损失投资者的决策反应一般是不对称的。心理学实验表明：损失所带来的痛苦远比同样强度的获利所得到的快乐强烈，因此投资者内心有一种尽力回避损失的潜意识在投资活动中表现出来就是对损失的强烈厌恶，只要亏损一点点心里就不能忍受，从而产生非理性的杀跌行为。而这正是考验投资者忍耐力的时候，一定要严格按照原来的操作计划行事，不要赚了一点蝇头小利就急忙抛出，这样往往会得不偿失。

3.不愿放弃一切

贵金属市场中有数不清的投资机遇，但是，投资者的时间、精力和资金是有限的，不可能把握所有的投资机会，这就需要投资者有所取舍，通过对各种投资机会的轻重缓急、热点的大小先后等进行多方面衡量，有选择地放弃小的投资机遇，才能更好地把握更大的投资机遇。

4.盲目跟风

像股市一样，贵金属市场也充斥着各种消息，大部分人的交易都听从了别人建议，而唯独少了自己的判断。听惯了别人的头头是道，有一天你会发现：你宁可相信别人的错误，也不愿去坚持自己的正确观点。有这种心理的投资人，看见他人纷纷购进某种贵金属产品时，唯恐落后，在不清楚的情况下，也买进自己并不了解的产品。有时看到别人抛售某种产品，也不问抛售的理由，就糊里糊涂地抛售自己手中后期走势潜力很好的产品。这种情况属于典型的羊群心理（跟风心理）。其产生的原因主要包括人类的从众本能、信息不对称等。出于归属感、安全感和信息成本的考虑，小投资者会采取追随大众和追随领导者的方针，直接模仿大众和领导者的交易决策。但是盲目从众也易使市场行情发生波动，一旦群体跟风抛售，市场供求失衡，贵金属市场就会一泻千丈，这样往往会上那些在贵金属市场上兴风作浪而用意不良的人的当。因此，投资者要树立自己投资的独立意识，不能跟着别人的意志走。

5.恐惧心理

即使是一个聪明人，当他产生恐惧心理时也会变得愚笨。在贵金属市场中，恐惧常会使投资者发挥失常，屡屡出现失误，并最终导致投资失败。因此，恐惧是投资者在市场中获取盈利的最大障碍之一。投资者要在贵金属市场中取得成功，必须要克服恐惧心理。投资者恐惧源于内心的不自信、经验提炼的不完备。如果缺乏投资经验和正确专业方法的指引，同时分析所参考的指标或者数据脱离了适合投资者自身的操作，那么注定产生一个心理，即不安。该不安心理在亏损情形下，即会带来恐惧心理。恐惧心理给投资者的打击是致命的，同时也是让投资者后悔的原因。因此，投资者要在贵金属市场中取得成功，必须要克服恐惧心理。

6.贪婪心理

投资想获取投资收益是理所当然的，但不可太贪心，有时候，投资者的失败就是由于过分贪心造成的。有利都要，寸步不让，每当贵金属行情上行时，总不肯果断地抛出自己手中所持的投资品，总是在心里勉励自己：一定要坚持到胜利的最后一刻，别放弃更多的获利机会！这样往往就放弃了一次抛售的机会。每当贵金属行情下行的时候，又都迟迟不肯买进，总是盼望贵金属行情跌了再跌。这些投资人虽然与追涨、追跌的投资人相比，表现形式不同，但有一个共同之处，就是自己不能把握自己。这种无止境的欲望，反倒会使本来已到手的获利事实一下子落空。他们只想到高风险中有高收益，而很少想到高收益中有高风险。这种心理主要源于投资者的确认性偏差，他们往往对自己过度自信，通常只寻找那些能支持其观点的资料，而忽略那些反对自己观点的资料，总是认为自己禀赋过人、卓尔不群。这种盲目乐观的思想助长了其贪婪心理，这种无止境的欲望往往会令投资者得不偿失。

7.急切焦躁心理

由于市场风云莫测，投资者有时难免心浮气躁。这种焦躁心理是贵金属投资的大忌，它会使投资者不能冷静思考、客观分析，操盘技术大打折扣，甚至作出无法挽回的错误决策。急切焦躁的投资者不仅容易失败，也容易灰心，很多时候投资者就是在充满焦躁情绪的投资中一败涂地的。

一个成功的投资者，其个人能力是必不可少的，交易经验也是重要因素，但这些条件的前提是投资者必须拥有健康良好的交易心态。只有这样，投资者才能在贵金属投资领域长远地走下去！

【知识链接】　　　　　　　　**选择贵金属投资平台的五大原则**

贵金属交易是通过判断后市的走势来理财的一种方式，和股票类似，但交易模式与股票有差别，比如可以利用十多倍甚至上百倍的杠杆，做多赚钱或者做空赚钱。

目前贵金属交易大致可以分为国内交易和国外交易。国内的贵金属交易所有上海贵金属交易所，主营产品有黄金TD、黄金期货、实物黄金等，还有天津贵金属交易所，主营天通金、天通银等;国际交易则以伦敦金融市场为首，俗称伦敦金、伦敦银。在亚太地区，最具权威性的交易所就是具有百年历史的我国香港金银业贸易场。它具有制定交易规则、规范交易行为，监管行员交易，查处违规行员等各项职能。

不同的平台，其正规性是不一样的。但无论是国内交易还是国外交易，都要选择一个好的开户平台，让你的资金安全有保障、操作便捷、出金方便。对此，贵金属行业的专业人士认为，选择贵金属投资平台应该坚持以下五大原则:

第一，看平台资质。不同地区的平台要被当地的权威机构认可。在香港，凡被香港金银业贸易场接纳的行员公司其资产及公司负责人均需该场审查并获批准，实力及背景均有一定保证。比如香港金银业贸易场认可的196号电子交易行员晋峰金银业有限公司，是持有AA类别市场交易有效营业牌照的，为投资者提供的伦敦金、伦敦银网上24小时交易安全有保障。

第二，看出入金方式有无限制。要了解平台是否可自由出入金，多长时间能到账，正规平台不会发生不能出金的状况，如晋峰金银业就已实现网上24小时取款快线，取款1小时内到账，存款和取款都在香港持牌银行进行。

第三，看资金是否安全，是否将客户资金与公司的营运资金分开存放于不同的账户。晋峰金银业就秉持"资金分离"原则，还首创了双师（会计师及律师）保障制度。客户的资金均在专业会计师验证下存放于独立分离账户。加上专业律师确保所有交易经由晋峰平台直接交易至各大银行与交易商。在两大专业人士的验证下，能够确保客户的资金、交易得到周全保障。

第四，看交易软件是否可信。投资者应考察其交易软件是否存在恶意操作价格、控制客户出入资金的不法情况。晋峰金银业所用的是智能交易系统EXPERT ADVISORS，可根据客户要求制定自动交易策略，具备高度的灵活性和可控性。同时，交易系统应是个封闭系统，禁止任何未经授权的第三方系统接入。晋峰金银业采用了符合国际标准的网上编码技术，再配合其他专为互联网及网上交易而设的保安措施，可对抗各类网络攻击及黑客行为，防止未经授权的登录和交易。

第五，看贵金属平台是否为对赌平台。大多数现货贵金属交易平台的交易透明性相对较低，央视曾曝光新天地等贵金属交易平台实为对赌平台，不接受客户以高频交易赚取利润，投资只会亏损，不会赚钱。而我国香港晋峰金银业的STP交易模式是直接与市场接轨，与客户没有对赌冲突，从而支持高频交易客户。STP（Straight Though Processing）交易模式，是指客户所有交易会经由晋峰MT4平台直接交易至各大银行与交易商。所有交易都会在0.05秒之内完成，比一般人手操盘的贵金属平台更公平、公正、公开。

选择投资贵金属，资金保障是第一要务，投资者应当谨慎选择平台。在买卖操作时，投资者应保持良好的投资心态，方可获得理想的回报。

（根据公开的网络资料整理）

12.4.2 具有正确的贵金属投资心理与行为

网易贵金属首席宏观研究员杜伟嘉认为：一个成熟的投资者交易体系对于获利偏差的影响分别为投资技巧占30%，投资心理占40%，资金管理占30%。可见，交易心理是影响获利偏差的最重要因素，也就是投资圈的"赢在心态"。因此，初次进入贵金属市场的投资者，除了学习基础的市场知识、掌握分析和操作的基本方法之外，塑造成功的交易心理有着更重要的意义。要想成为贵金属市场上的常胜将军，心理因素往往是关键。

1.保持平常心

保持平常心，说起来容易做起来难。投资是一个长期的过程，在一个短时间内保持平常心是远远不够的，重要的是持久地保持平常心，平静客观地分析市场，作出决策以及看待得失。

2.及时认错

一般而言，普通人的自尊心不允许自己认错，即使错了，也要坚持到底，这是大多数新手的本能反应。而对于一个拥有成功的交易心理的老手来讲，认错就和呼吸一样自然。只有及时承认自己的决策错误、操作错误，才能及时更正，以免发生更大的错误和损失。

3.接受失败

接受失败，尽快转移注意力到下一次交易。这个世界上没有人能保证他的每一笔交易都是赚钱的，所以当你的某次交易亏钱时，尽快忘掉它，并且把注意力转移到下一次交易中。否则，你可能会亏得越来越多而无法自拔。

4.既敢输，更敢赢

在贵金属市场上，少了很多股票市场、期货市场的内幕交易、虚假信息，交易环境更加符合"公平、公正、公开"的三公原则，盈亏更多地取决于投资者的能力和操作水平。但即便在贵金属市场上，亏钱的现象也并不比股票或期货市场少见。分析其原因，还是由于投资者的操作水平和心理素质不过关。统计表明，大多数亏损的投资者敢输不敢赢，赢小钱、亏大钱，最终盈亏相抵之后是亏损。而成功的投资者则是亏小钱、赢大钱，最终盈亏相抵之后仍会盈利。

5.当交易获利时，保护赢得的利润

保护你的利润是另一个获得稳定、长期利润的重要因素。当你处于一个获利的位置时，很重要的一点是相应地提高你的止损点。这样，尽管你希望持仓更长时间，获得更多的利润，至少你的最小盈利也获得了保证。

6.交易的规模控制在能承受的损失范围之内

尽管每个人都知道交易的金额超过可承受的范围是一件愚蠢的事情，但这种蠢事在我们交易人当中还是非常普遍的。投资者做黄金交易的目的是提高自己的生活品质，但前提应该是先做好资金管理，不应该动用那些不该动用的钱（如每个月的生活费、教育资金、养老储蓄等），更不要借钱来进行黄金交易。因为如果你这样做，你的心态就与一般赌徒无异，最终结果难以预料，输得倾家荡产也大有可能。

那么，如何才能培养良好的投资心理呢？

一是不要用眼睛时刻看盘。很多投资者都会用眼睛一直盯着交易数字的变化，此举非但不能改变市场的运行方式，反而会造成投资者心理上的剧烈波动，影响投资决策。投资者应该从做趋势的角度出发，进场前做好投资计划，这样才能作出正确的交易。

二是自律精神。投资成功与否，关键在于投资是否具备交易自律精神。所谓自律精神，就是去做不想做又必须做的事情。对于投资交易来说，"割肉"往往是最需要自律精神的，这个自律的过程需要投资者不断训练，克服自己的放纵心理。

三是控制成功。一旦找到成功的交易计划，就必须时刻提醒自己要注意导致失败的两种情绪——贪婪和傲慢。控制成功，就是要在连续高额获利的情况下，放弃贪婪与傲慢，依然严格遵循已经成型的交易系统，以平常心对待每笔交易，扎扎实实地完成自己的每一步计划，剩下的都交给市场去验证。

四是区别忧虑和恐惧。优秀的投资者也会感受到损失带来的痛苦，经过连续的失败，自然会产生忧虑。但他们绝对不会让忧虑变为恐惧。他们都具备自我反省的能力。要想成功，必须学习如何区别忧虑和恐惧。忧虑任何人都有，但绝对不能让它变为恐惧。要用积极的心态勇敢地去面对，要建立符合自身性格的交易系统，抛去"我必须赢"的不健康心态，且连续错 3 次以后先休息。

五是设置止损标准。设置止损是投资计划中的一部分，也是缓解资金压力和投资心理压力的一种方式。无论止损后，行情如何变化，投资者都可以再次理性判断，一定程度上避免因为心理波动引起的获利偏差。

【知识链接】　　　　　　如何防范贵金属投资骗局？

贵金属投资骗局有哪些？贵金属投资骗局，是指投资者在选择贵金属交易平台以后，交易平台实际是非法经营的黑平台，投资者并没有真正地进行贵金属期货或现货交易，开户及交易资金全都流入只能亏而无法赚钱的黑平台。近几年来，随着贵金属交易业务在国内的日益繁荣，投资骗局也屡见不鲜，这将很大程度扰乱了贵金属交易市场的正常秩序，也导致广大群众对贵金属投资失去信心，因而必须小心防范，切勿贪小便宜吃大亏。下面是部分典型的贵金属投资骗局，炒金人士可加以借鉴。

一、贵金属投资骗局典型案例

例子一：

李先生早前接到一个陌生来电，说是投资现货白银的。李先生开户以后，把账户和密码都提供给了那个公司的经纪人，到最后他发现，自己账户里的本金剩余不到十分之一。李先生后来选择了一家新公司，结果再次亏掉大量本金。最后查明，李先生选择的贵金属投资公司的经营许可上并没有写明从事贵金属现货交易，而另一家公司则是连注册信息没有，从事贵金属投资业务是违法的。

例子二：

来自珠三角地区某城市的杨先生，对贵金属的投资技巧尚算熟悉，于是选择当地某贵金属投资机构，谁知进场以后，明明自己对行情把握得较为精准，却屡屡亏损，事后才发现，他中了骗子公司所设的圈套，自己操作的交易软件数据并没有和真实黄金市场上的价格行情链接，而是被骗子公司所控制，杨先生设置的止损位也被人为修改。这说明该公司的交易平台不受当地交易场所监管，交易单与平台是对赌关系，当交易单盈利时，平台就会亏钱；反之，当交易单亏损，平台就获利了。

例子三：

梁小姐在某贵金属投资公司开户炒伦敦金，她首先下载了模拟交易软件尝试线上模拟做单，刚开始感觉自身的看盘技术日益良好，在客服人员的劝说之下，大胆开设了真实账户，然而在开设真实账户做单过程中，她感觉每次获利平仓的收益总是和预期中不一样，后来她在其他贵金属平台注册模拟账户后发现，自己每次在原来那家公司交易时的自动平仓价，并不是自己设定的止盈止损价，例如设置金价在1 280美元/盎司时，多单自动获利平仓，但最后结算价是1 279.8美元/盎司，也就是说除了0.5美元/盎司的固定点差以外，还被交易平台扫走了2个点的收益。这是止盈止损滑点现象，无论是平台质量存在缺陷，还是交易商恶意操控，都让客户的本金利益受损。

二、贵金属投资骗局的特点

1. 冒充自身为某交易场所的行员单位，或自称为交易场所第××号成员，而事实上该交易所并没有此单位。另外就是冒充交易场所。

2. 贵金属投资公司其实不包括现货经营或期货经营业务，却向投资者介绍不存在的业务品种，其交易平台也自然是虚拟搭建的。

3. 交易平台和客户之间为对赌关系，客户交易资金并没有流入市场，而是流入黑平台运营商内部，平台和客户做相反方向的交易单，只要客户赚钱，平台就是亏的。若客户要求出金，直接把客户的账号和密码注销，告知客户是因违规操作而无法再次交易。

4. 平台报价被交易商恶意操纵，包括看盘即时报价，入市价和止盈止损价，不管投资者是手动平仓还是单子自动平仓，在非人为因素干扰的情况下，价位都与投资者的实际设定价格出现一定偏差，甚至高达金银固定交易点差的水平，这也是人为滑点的一大特征。

5. 客户端界面上，投资者无法就已经产生浮动盈利的仓位执行手动平仓，另外在止盈点位自动平仓时刻，交易平台客户端突然卡顿，网络链接失效。最终目的是交易平台让客户无法对已获得的浮动盈利执行平仓。

三、个人如何防范贵金属投资骗局

1. 在熟悉不同的贵金属投资公司时，对于查看平台的交易资质和判断产品真伪，投资者应该保持理性的头脑，就平台的经营合法性，进行多方面的考察，首先咨询客服，然后对该交易平台所在的贵金属交易场所作仔细了解，看该公司是否为交易场所旗下的行员，以及经营业务是否包括该公司宣称的某些品种。

2.若交易资金流入市场，应存在该交易单的明细情况，如交易编号、成交价位、盈亏点位，这些基本信息在相关的交易场所就能通过交易编号查找到，交易编号就是我们已入市单子的编号。若在相关交易所并没有查到，说明我们选择的交易平台十有八九是黑平台。

3.对于交易点位被改动的问题，这需要投资者留意已进场单子的实际盈亏变化，关注平仓点位是否为自身设定的止盈止损点。

综上所述，贵金属投资骗局主要是黑平台冒充行员单位，与客户进行对赌操作、恶意操作平台报价，冻结获利平仓指令。正规的交易平台一般不会出现以上这些违法经营行为，所以辨别交易平台的合法性就显得尤为重要，黄金投资者最好对已选定的贵金属交易公司做出全方位的评估，以免注资以后被平台利用进行报价操控和对赌行为，以及被平台告知违规而被坑走交易本金。

（根据公开的网络资料整理）

本章小结

传统意义上的贵金属是指黄金和白银，当然贵金属还包括铂族金属（钌、铑、钯、锇、铱、铂），我们称之为现代意义的贵金属。物以稀为贵，贵金属的珍贵就在于它们的稀缺性。贵金属投资分为实物投资和带杠杆的电子盘交易投资以及银行类的纸黄金、纸白银。

贵金属作为一种特殊的具有投资价值的商品，其价格受多种因素的影响（如国际经济形势、美元汇率、相关市场走势、政治局势、原油价格等），这些因素对贵金属价格的影响机制非常复杂，投资者在实际操作中难以全面把握，因而存在出现投资失误的可能性，如果不能有效控制风险，则可能遭受较大的损失。

进行贵金属投资需要把握投资策略：准备充分；控制持仓；顺势而为；严格止损、降低风险；保持良好的心态。避免投资的心理与行为误区：盲目胆大；缺乏忍耐；不愿放弃一切；盲目跟风；恐惧；贪婪、急切、焦躁。投资者应该树立正确的投资心理与行为：保持平常心；及时认错；接受失败；既敢输，更敢赢；当交易获利时，保护赚取的利润；交易的规模控制在能承受的损失范围之内等。

巴菲特不爱黄金为哪般？

不管多少投资者钟爱黄金，"股神"巴菲特却不为所动，始终高调坚持"黄金无用论"。

怎么个"无用"呢？比如，在2009年，被问及5年后金价如何及是否值得投资时，巴菲特曾这样回答："我不知道那时黄金价值几何，但是我可以告诉你一件事，那就是在这期间，黄金没有什么实际用途，它只会静静地待在那儿。"他进而解释说，可口可乐会赚钱，富国银行也能赚很多钱，"养一只会下蛋的鹅，要比只会坐在那里消耗保险（放心保）费和存储费等费用的鹅要好得多"。

事实佐证了巴菲特的判断是正确的。2009年，黄金价格在每盎司900美元左右，到了2013年11月，黄金价格上涨了大约40%；同期，可口可乐的股价上涨了100%，富国银行股价上涨了200%。这还不包括股息，也没有扣减巴菲特所提到的黄金持有成本。当然，在这期间，金价也有过高起，尤其是在2011年，金价一度接近每盎司2 000美元的高位，但不久便出现暴跌。暴涨暴跌的一个大背景，则是资本市场对美国量化宽松政策的预期。过去几年，金价扶摇直上，美联储的量化宽松政策是最大推手，美联储主席伯南克由此赢得了"直升机本"的绰号。但出来混总要还的，随着量化宽松政策渐近尾声，黄金自然成了弃儿。

但还有一个本质的因素，那就是黄金的真实价值问题，这其实正是巴菲特"黄金无用论"的出发点。现代的黄金已基本失去了实用价值，绝大部分都是投资品，按照巴菲特的话说，所谓黄金，就是从非洲或某些地方的地底下挖出来的，"然后我们将它融化，再挖一个洞把它埋起来，花钱雇人看守着"。结论是，黄金"没有什么实际用途""如果火星上的人看到这一幕，他们一定挠头在想这到底是为什么"。

但火星人看不懂，不代表地球人不喜欢。在过去几年，黄金格外受到追捧，就是因为作为硬通货的黄金，被投资者当作最可靠的避险资产，被赋予了太多的期望。但这注定黄金可能偏离实际的价值。最终，也就有了屡见不鲜的一幕：某个突发事件，触动了投资者敏感的心，当他们突然认识到黄金不再保险时，抛售在所难免，大潮开始消退。

黄金的故事，其实亦可套用在其他投资品上，比如白银、翡翠、各种古玩字画以及国内的种种奇石神木。上述投资品看似供需紧俏、价格坚挺，但很大程度上依附于人们投资投机的行为，而根源则是避险增值的心理预期。

对于黄金的内在价值，和巴菲特一样，凯恩斯也曾这样感叹："也许，只有上帝才知道黄金价格的走势。"黄金如此，其他投资品不会如此吗？当我们认定某些投资品价值不错，甚至价格还会上扬时，别忘了，如果不是生存或生活必需品，它的内在价值就可能虚高。

（根据公开的网络资料整理）

核心概念

贵金属　贵金属投资策略　贵金属投资原则

复习思考题

1. 贵金属投资的种类有哪些？
2. 哪些因素会影响贵金属的价格？
3. 如何具有正确的贵金属投资心理与行为？

【导读】

"盛世重收藏"，随着人民生活水平的提高，艺术品投资以其独特的文化韵味和经济价值，成为高净值人群的新宠。随着艺术品市场的繁荣兴盛，越来越多的投资者开始关注艺术品投资领域，艺术品投资不仅能满足大众精神文化的需要，还能起到保值和财富传承的作用，可是随之而来的却是假货、仿品等的盛行。上海大学美术学院教授徐建融曾说过："从今天书画界的情况来看，论创作，今不如昔；论鉴定，今不如昔；但论作伪，昔不如今，而且大大地不如今。"虽说自唐代以来，收藏和造假就伴随而生，直至今天，随着高超的印刷与复制技术的发展，传统的眼学与传统的放大镜失去了鉴定的方向，爱好者、收藏者、投资者该怎样走上艺术品投资之路呢？

本章重点内容

【引例】 艺术品投资成投资界新宠

"盛世重收藏"，随着市民生活水平的提高，艺术品投资以其独特的文化韵味和经济价值，成为高净值人群的新宠。随着艺术品市场的繁荣兴盛，越来越多的投资者开始关注艺术品投资领域。十几年来，内地房地产市场与艺术品拍卖市场往往正相关，而二者与股票负相关，被称为"跷跷板"效应。股市向好，投资房产和艺术品的资金就会分流。比如，2003—2005年，内地艺术品拍卖市场出现"井喷"，这也是房产市场出现首次上涨时，股票市场却正值低迷探底；2006—2007年，股权分置改革引起内地股票市场疯涨，而艺术品市场和房产市场陆续陷入了调整期；2008年，春季艺术品拍卖市场和房产市场再次出现上涨，A股沪指却正从6 124点跌到1 664.93点；2014年7月22日开始的A股牛市风潮，再次将艺术品拍卖市场的资金吸走，使得一年来的拍卖成交量出现明显滑坡。

艺术品投资不仅能满足大众精神文化的需要，还能起到保值和财富传承的作用。例如徐悲鸿的作品——《九州无事乐耕耘》，在 2011 年秋拍会上以2.668亿元成交，是此前 2004 年成交价 1 705 万元的 15 倍，更是 1996 年成交价192.5万元的 138 倍。

13.1　艺术品投资概述

13.1.1　艺术品投资与收藏

投资是指投资者投入一定数额的资金并期望在未来获得回报的行为。艺术品投资，是指投资者为了获取回报而购买艺术品的行为。

艺术品投资和收藏存在相同和不同之处。艺术品本身具有两种不同的属性，即实用性和投资性。实用性是指艺术品具备装饰房屋、传承文化、馈赠友人及审美等功效；投资性是指通过艺术品的艺术价值、稀缺性、独一性等特征进行投资、保值等功用。

艺术品投资与收藏的区别在于对艺术品属性关注的侧重点不同。艺术品收藏是指着重于关注艺术品的实用性，用于满足自己的兴趣爱好以及在艺术层面带来的享受。因此，一些没有投资价值的物件也可以收藏。对于艺术品投资，投资者注重的是艺术品的投资属性，投资者将投资艺术品作为增值的一种重要手段。他们已经将艺术品看作与证券、期货等一样的投资工具，只不过是投资标的物不同罢了。投资者购买艺术品后，只要看到适宜的条件就会将手中的艺术品卖掉。

13.1.2　艺术品投资的种类

艺术品是个极其广泛的概念，字画、邮品、珠宝、古董、奇石等，都属于艺术品的范畴。对于艺术品投资者而言，是不会也不可能对所有种类的艺术品进行投资的。投资者应根据自己的兴趣爱好、知识水平、经济实力等不同情况，选择某一种类或某一项艺术品进行投资。常见的艺术品投资主要有以下几种：

1.字画投资

字画是书画家的艺术作品。书画家将书法与章法科学巧妙地结合起来，使字画成为一件具有较高欣赏价值的艺术作品。画的种类较多，包括油画、国画、版画、水粉水彩画、漆画、雕刻等，然而，并非所有的字画都可以成为投资的对象。字画投资的对象，主要是指造诣较深、声望较高的书画名家的字画作品，也包括一些名人和伟人的作品。

当一件优秀的艺术作品尚未为人认知或作者知名度尚不高时，该作品的市价必被低估，因此该作品具有较强的升值潜力。反之，当一件作品的艺术价值不高，而市场价格被人为地抬高时，这种作品切不可追风买入。

2.邮品投资

集邮本来是一种相当普及的消遣方式，但近几年来，它也成为一种极受关注的投资方式。邮票，首先作为邮资的等价物，具有使用价值；同时，作为一件艺术品，又具有欣赏和收藏价值，这一双重价值决定了它可以作为一种投资工具。

一些财力雄厚的集邮家致力于我国早期邮票的收集，使中国邮票在国际邮票市场上成为抢手货。邮票的印刷、发行有一定的限量，这使得邮票供小于求，邮票价格也便节节上涨。

3.珠宝投资

珠宝主要包括钻石、玉石、珍珠、红宝石、蓝宝石等。由于珠宝体积小、价值大，和黄金一样，是财富的象征。它既可以凭借其天然美使人们怡情悦性，又可以帮助人们积累财富。如果投资准确的话，可以为人们带来丰厚的利润。

4.古董投资

从广义而言，中华人民共和国成立以前，中国和外国制造、生产的陶瓷、金银器、铜质器及其他金属器、玉石器、漆器、玻璃器皿，各种材质的雕刻品、家具、织绣、字画、碑帖、邮票、货币、器具等，都属于古董的范围。

做古董投资必须将它当作一种嗜好，想要成为一名成功的收藏家，必须有丰富的经验和超群的鉴赏力。而这种鉴赏力，是靠长期不断地在拍卖场、文物商店、博物馆收集有关资料中培养出来的，如果对古董投资不是真正有兴趣的人很难做到这一点。

5.奇石投资

奇石具有稀缺性和唯一性，属于不可再生资源。收藏奇石是一种乐趣也是一种投资，因为精品奇石具有极高的欣赏价值，具有增值保值的功能。当然，奇石市场鱼龙混杂，市场上也有许多石商以次充好、以假乱真，投资奇石需谨慎，尤其是投资价值不菲的奇石更需要擦亮眼睛。

13.1.3 艺术品的投资者

1.个人投资者

个人投资者通常以自有资金为主投资艺术品，投资带有明显的个人特征，个人投资者往往偏好投资自己较为熟悉的艺术品领域。个人投资的投资目的各具差异，有以爱好为主的，也有以收益最大化为目的的以及以炫耀富贵为主的。

一般而言，个人投资者投资艺术品的投资额较小且缺乏计划性，无定则、无组织。在艺术品市场上个人投资者彼此间也没有关联，由于个人投资者人数很多，成为艺术品市场中不可缺少的组成部分。

个人投资者投资艺术品的情绪波动较大，因此在艺术品涨跌波动中起着一定的推波助澜作用；同时，个人投资者往往在行情好的时候"买涨不买跌"抢购艺术品，而在行情下跌时卖出，从而经常成为艺术品市场的"牺牲者"。

2.机构投资者

机构投资者主要是以资本增值为主的投资方式来投资艺术品，更加注重投资价值的分析、投资策略的运用和投资风险的控制等。而且随着投资资金规模的扩大，其可利用的资源相对丰富。机构投资者对市场的研究和走势的判断往往优于个人投资者，更加注重风险的控制，投资行为较为理性。

（1）投资管理专业化

机构投资者一般具有较为雄厚的资金实力，在艺术品市场研究、信息收集分析、投资决策运作、投资方式等方面都配备了专门人员，由艺术品行业投资专家进行管理。目前，我国很多银行、私募基金先后成立了自己的艺术品研究组。个人投资者由于缺乏足够时间去收集信息、分析行情、判断走势，因此，从理论上讲，机构投资者的投资行为更加专业化和理性化，从而有利于艺术品市场的健康、稳定发展。

（2）投资结构组合化

艺术品市场是一个风险相对适中的市场，为了尽可能降低风险，机构投资者在投资过程中会进行合理投资组合。机构投资者庞大的资金、专业化的管理和多方位的市场研究，也为建立有效的投资组合提供了可能。个人投资者由于自身的条件所限，难以进行组合投资，相对来说，其承担的风险也较高。

(3) 投资行为规范化

艺术品投资的机构投资者是一个具有独立法人地位的主体，投资行为受到多方面的监管，因此投资行为较为规范。一方面，为了履行交易的"公开、公平、公正"原则，保障资金安全，国家和政府制定了一系列的法律、法规来规范和监督机构投资者的投资行为；另一方面，投资机构本身通过自律管理，从各个方面规范自己的投资行为，保护投资者的利益，维护自己在社会上的信誉。

【知识链接】　　　　艺术品投资与把玩消费的区别

前人多年的经验教训告诉我们：艺术品投资和收藏把玩不全是一回事！不是所有的珠宝首饰、文玩杂项都是好的投资品！

我们一般把那些材料一般、主要靠艺术家的绘制技巧形成的作品称为艺术品，比如中国书法、绘画、油画等；而把那些主要依赖于材料的质量或者依靠材料加工的技术形成的作品称为工艺品，像瓷器、玉雕、古典家具、文玩杂项等。艺术品的投资收藏价值主要取决于艺术家的水平、艺术地位等，而工艺品的投资收藏价值则多决定于其材料的珍贵稀缺和材料加工的技艺水准。

品质一般的珠宝首饰、文玩杂项、邮品等收藏品存世量很大，加之其市场价值和价格都相对较低，难以构成稀缺和珍贵。尽管许多普通的文玩艺术品还是具有一定的保值作用的，但爱好者们购买这样的物品不要过多地去考虑能否赚钱，而应首先从爱好、把玩、装饰、消费的角度上去定位、欣赏和研究，主要目的在于提升自己的知识、品位和爱好。

由于大众对于艺术或技艺的水准难以准确认定，因而，市场上文玩艺术品、工艺品都具备了这样的特点：难以准确定价，也就是说其买入价和卖出价之间的差距比较大，批发价和零售价之间的差距也很大。因此，文玩艺术品、工艺品的交易成本比较高。投资收藏者买到这样的物品，就不适合短时间出手，应该收藏、把玩上一段时间，至少应该有几年的时间。当其增值幅度远超买卖差价或交易成本之后才会有明确的投资回报。

（根据公开的网络资料整理）

13.2 艺术品的属性分析

13.2.1 艺术品的价值属性

艺术品与其他商品一样，具有价值属性，一般而言，艺术品价值由艺术品的学术性、艺术性、历史性所决定。正因为艺术具有稳定的价值属性，所以艺术品才具备投资功能。但对艺术品而言，其学术性价值、艺术性价值和历史性价值往往具有同源性，但也有一定的差异性。

1.学术性价值

艺术品的学术价值是指艺术品在整个艺术史中的学术地位及美学价值，它通常属于专家、学者的研究范围。专家和学者的评论意见在某种程度上影响着艺术品的艺术价值。

2.艺术性价值

艺术品的艺术性，是艺术品的另一个重要特征，往往很难界定，其通常是某种共识下对美的看法，存在很大的主观性。艺术性往往会具有时效性，不同历史背景下，对美的认定态度不一；在不同文化属性的人群中，对美的认知也各异。

3.历史性价值

艺术品的历史价值主要体现在两方面：一方面是艺术品的创作年代久远，艺术品的存世时间本身就代表了艺术品的价值；另一方面是其历史性表现在艺术品在历史上的地位和在今天的作用，体现着一个时代的特有价值，并且在不同的时代往往有不同的解读、不一样的影响。艺术品的历史价值不是作品本身所固有的，是时代赋予作品的，而且随着时代和欣赏人群的不同而发生巨大变化，从而呈现出不同的价值。因此，艺术品存世的时间和特殊的历史题材都会增加艺术品的历史价值。

13.2.2 艺术品的市场属性

1.艺术品市场中的参与者不符合"经济人"假设

艺术品消费有别于正常商品的消费，艺术品市场的参与者常常不符合"经济人"假设。第一，通常情况下，艺术家对于一件真正艺术品的创作并非以利润最大化为目的，而更多地是为了追求发自内心的感动和感受而创作的。第二，参与艺术品交易的人常常不具有判断自己利益得失的能力。因为没有甄别能力，常有将稀世珍品作废品交易之事，也有对赝品一掷千金之人。第三，对一些不懂艺术的富豪来说，他们消费艺术品的真正目的并不是从艺术品的深刻内涵中获得效用，而只是通过消费艺术品这一举动炫耀自己的财富，证明自己高贵的身份。第四，在拍卖市场中，竞拍者常常被现场热烈的拍卖气氛感染，跟风和斗富的心理经常使他们失去理性。

2. 艺术品市场缺少流动性

艺术品与目前很多主流投资产品不一样的地方在于，艺术品多了一层收藏属性，正是由于该属性的存在，使得艺术品流动性与其他主流投资产品不一样。人们购买艺术品作为永久收藏，这样的艺术品一旦被收藏就永远不会再进入市场流通。如果把购买艺术品作为投资或投机的手段，当投资者买进艺术品时，为的是将来高价卖出，获得超额利润。但是，由于艺术品升值周期一般比较长，且稀缺性随人们物质需求的提高而增加，时间越长投资回报就越高，同一艺术品不会被投资者频繁地进行交易，这就必然影响了艺术品的流通。

3. 艺术品市场中存在严重的信息不对称

由于艺术品具备很强的个性化特征，往往表达了创作者内心的想法，艺术家在作品中的艺术表达往往积累了很多的专业性，一般投资者很难理解透彻。有时，不仅外行无法判定艺术品的真伪和价值，内行也常有走眼之时。艺术品市场这种严重的信息不对称不但造成艺术品价格常常严重偏离艺术品价值，而且"打眼"与"捡漏"的现象时有发生。

4. 艺术品市场具有垄断性

艺术品需求与供给往往不受市场机制约束和影响。艺术品需求往往是市场化的，而艺术品的供给往往是收藏家或艺术家本人所有，具有很强的卖方垄断性，这也是造成艺术品经常出现天价的原因之一。

5. 艺术品市场具有较高的交易成本

由于艺术品没有一个可以值得大众普遍信任的交易平台，且艺术品的真伪直接影响艺术品的价格，所以艺术品需要中间交易商帮助投资者完成交易。一般来说，艺术品交易通常要经过鉴定、估价、保险、拍卖等多个中间环节，而且支付给中间环节的佣金即交易成本比例较高。

13.3　艺术品投资的风险

艺术品市场可分为一级市场与二级市场，所谓一级市场是指画廊、艺术博览会（包括艺术家自售和经纪人销售等），他们从艺术家处直接取得艺术品，通过代理或合作机制发掘艺术家，直接推介给收藏家进行销售。二级市场是指那些拍卖公司通过征集的方式将已销售出去的书画作品筛选后组织艺术品拍卖会，进行第二次销售，主要方式就是通过拍卖公司举办书画艺术品拍卖会。

艺术品作为一种保值增值的工具，其与股票、债券、银行理财等传统资产相比，具有以下四个方面的特点：

第一，信息不透明。艺术品投资并不像传统资产，可以方便地查看每天的交易、价格等相关信息，艺术品一级市场的信息并不是透明的。而在全球范围内，在艺术品市场上最公开透明的数据其实是拍卖数据，然而拍卖数据也会存在假拍和拍假等问题。

第二，相对股票和债券来讲，艺术品的流动性较差。流动性主要是指变现能力。与传统资产的变现能力相比，艺术品流动性不强。艺术品可能更多的是种个人的喜好，相对小众。

第三，一般来说，艺术品拍卖市场上买卖成交需交纳佣金和手续费（10%~15%），与股票和债券相比，交易成本是比较高的。

第四，艺术品投资可得到精神层面的回报。如果把艺术品作为一种资产的话，它区别于其他资产的重要特征就是精神层面的回报。

此外，相对其他的投资市场，艺术品投资市场起步较晚，市场还不完善，法律和规章制度也不健全，导致了艺术品投资市场出现了各种各样的风险。目前，国内艺术品市场出现的主要风险有宏观经济的系统性风险、道德风险、保管风险、交割能力风险及偏好转移风险。

1.宏观经济的系统性风险

艺术品投资市场的兴衰受宏观经济的影响。一般情况下经济形势好，艺术品投资市场就会走强，反之则会走弱。当经济处在萧条时期，艺术品持有者经济拮据时，会优先考虑抛售自己手中的艺术品，因为卖房子或者其他的必需品会让自己的生活质量大打折扣，而选择卖出艺术品不会影响到自己的生活品质。但是，大量抛售艺术品就会导致价格大幅下降。所以，艺术品投资市场同股票投资市场一样，也有系统性风险，宏观经济的系统性风险对艺术品投资市场的影响也是巨大的。

2.道德风险

某些商人唯利是图、尔虞我诈，搅乱了市场秩序。对于艺术品市场也不例外，道德风险尤为突出。国内艺术品市场道德风险主要集中在造假、售假、拍假等"三假"欺诈行为，"三假"出现的原因既有商人为了利益故意造假，也有权威鉴定专家为了钱财意外"打眼"而故意失误。拍假对艺术品投资者的利益损害最严重，而《中华人民共和国拍卖法》规定："拍卖人、委托人在拍卖前声明不能保证拍卖的真伪或者品质的，不承担瑕疵担保责任。"这在一定程度上助长了拍假之风，使得有些拍卖行为牟取暴利，明知拍品是赝品，还把它们当真品拍卖。

3.保管风险

艺术品是一种实物资产，保管十分重要。一般说来，艺术投资的保管风险主要来源于不正确的保存、出现问题后没有很好地维护，从而造成艺术品价值减损。艺术品在保管收藏、展览、运输、装卸等过程中会遇到很多的风险，诸如自然风险、意外事故等。

4.交割能力风险

交割能力产生的风险发生在卖出阶段。发生交割风险的情况主要有两种：一是艺术品能否顺利交割，二是艺术品能否以预期的价格进行交割。能否顺利交割以及能否以预期的价格交割，都是由买入与卖出的差价所决定的。对于投资者来说，买入的价格越低，卖出的价格越高，得到的回报率就越高。艺术品买入价格越高，卖出价格越低，越容易产生交割能力风险。

投资者购买艺术品时总是希望在合适的时间买入，又在合适的地点和合适的价格出售获得收益。但艺术品的变现不像其他的投资品种那么容易，市场瞬息万变，顺利交割更是困难重重。投资者在信息不透明的情况下，易受其他投资者或者舆论的影响，看到别人作出决策时也易模仿他人决策。这种从众心理导致了在市场火热时，即使几百万元的高价也有人抢；在市场萧条时，几万元出售都没有人接。

5.偏好转移风险

偏好是指消费者按照自己的意愿对可供选择的商品组合进行的排列，它是一种主观的概念，实际上是隐藏在人内心的一种情感和倾向。偏好并非一成不变的，会受到主流意识形态、政治导向等因素的影响而使得人们的兴趣和情感发生转移。对于艺术品投资来说，偏好是决定投资者投资方向的一个重要因素。人们对艺术品投资偏好的转移也就形成了艺术品投资的偏好转移风险。绝大多数的艺术品投资专家都认为长期投资才是最适合投资者的。但是，投资的周期越长，投资者偏好转移的概率就越大。因此，对于投资者来说适当地调整投资周期是避免偏好转移风险的有效途径之一。

13.4 艺术品投资的行为分析

按照对利润回报的预期及资金的多少可以将艺术品投资者分为短期投资群体、中期投资群体和长期投资群体。

1.短期投资群体的投资行为分析

短期投资群体是构成艺术市场的中坚力量，这个群体的特点是买进和卖出艺术品的时间较短、资金量相对较小、资金流动快。短期投资的艺术品大多是市场上的热销品，这些作品是否出自知名艺术家并不重要，重要的是这些作品市场需求量大，内容题材贴近生活，符合大众审美要求，因而能够出手快速，使这类投资者在短期内获利。短期投资群体的投资动机是被艺术品投资市场的利益驱动的，但是由于其资金有限，迫使他们要加快资金周转才能保证盈利状态，所以他们对艺术品市场的动荡反应敏感。

因此，激发短期投资群体的投资动机和实施艺术品投资行为的可能性与艺术品的预期利润成正比。

2.中期投资群体的投资行为分析

中期投资群体会对所要投资的艺术作品的艺术价值、学术价值以及未来的市场价值进行严密而审慎的分析，他们对创作艺术作品的艺术家的要求相对严格，既强调艺术作品自身的审美艺术价值又强调艺术家自身的专业学术地位以及艺术作品的未来市场运作的空间。中期投资群体投资的艺术作品多为具有一定增值潜力的作品。一般来说，他们会倾向于投资有一定的艺术学术地位、进入艺术市场相对较晚的现当代艺术家的作品或者没有记载著录的古代书画。

因此，中期投资群体实施投资行为的可能性与艺术作品的艺术专业认可度成正比。

3.长期投资群体的投资行为分析

长期投资群体大都是艺术公司，艺术公司通过与艺术家进行签约的合作方式，对艺术的创作题材、风格、数量都进行非常严格的控制与约束，签约的艺术家不允许私自对外销售自己的艺术作品，同时每年按时提交合同约定数量的艺术作品后通常会有非常丰厚的回报，并且签约的年限较长（通常 10 年以上）。长期投资群体真正做到了"正确投资品种的选择是在别人还未关注的时候，用合适的价格买入，并在寂寞中等待升值"。当然，在漫长的寂寞时期，长期投资群体并不是在被动等待，他们每年会有计划、有目的地在世界大型的国际艺术博览会上推出签约艺术家，定期举行签约艺术家的主题展览等，以期提高签约艺术家个人的知名度与艺术市场的影响力。

长期投资群体会选择历代名家作品作为投资目标，作品入手后大都是长期持有，但是由于他们投资的目的是盈利，所以他们会每年将作品拿到艺术市场上进行数次炒作，但始终不脱手，以确保他们的艺术品投资有比较大的利润空间。艺术家的名气越大，他们投资的可能性就越大。因此，艺术品投资行为实施的可能性与艺术家的艺术声誉成正比。

4.不同投资群体的投资行为差异性分析

尽管不同投资群体投资行为的根本目的都是获取投资收益，然而，短期投资群体投资行为实施的可能性与艺术品的预期利润成正比，投资标的大多是市场的热销品，是否出自知名艺术家并不重要；中期投资群体投资行为实施的可能性与艺术作品的艺术专业认可度成正比，投资标的多为具有一定增值潜力的作品，即他们通常会倾向于投资有一定的艺术、学术地位，进入艺术市场相对较晚的现当代艺术家的作品或者没有记载著录的古代书画；长期投资群体投资行为实施的可能性与艺术家的艺术声誉成正比，投资标的大多是历代名家作品，作品入手后大都是长期持有。

13.5　艺术品投资的心理分析

13.5.1　艺术品投资的心理误区

1.缺乏学习、盲目购藏的收藏心理

初涉艺术品的投资者，往往怀着强烈的好奇与浓厚的热情，见到几千年华夏文明所遗留下来的各种艺术珍宝，不知从何下手，往往不分种类，一见到自已喜爱的东西总想收入囊中，而且总想在较短的时间内让收藏见规模、见效益，然而可悲的是往往在短时间内购入满屋子的不具艺术品投资价值的东西，甚至购入大量的赝品。

2.贪图便宜、总想"捡漏"的投机心理

"捡漏"在艺术品市场中是指花小钱而买到价值大的东西。但是人们也往往因存在这种投机心理，最终导致"打眼"，买入假货。收藏投资最忌贪图便宜、总想"捡漏"的心理。现在真正的"老东西"已经很少了，绝大部分古玩市场的地摊上都是赝品假货，投资者一定要睁大眼睛。在艺术品市场日趋成熟的今天，"捡漏"的机会和彩票中奖的概率是差不多的。

3.包装炒作、信奉"权威"的盲从心理

艺术品市场包装炒作惯用的手法是出版画册、举办展览、组织专家鉴定评价、组织研讨会、通过拍卖公司推介，以引起人们的注意。一些道德水准不高的"鉴定专家"为了个人的利益，常和卖家串通一气坑蒙消费者；一些当代书画家未到应有的艺术地位，靠宣传炒作，把自己捧成"大师""名家"，以虚抬书画作品的价格。这些都是投资者必须审慎明辨的。

4.急功近利、目光短浅的投资心理

作为艺术品投资收藏者，除了要懂得艺术品投资规律以外，更要培养对艺术品更深层次的价值了解和欣赏，这样才能真正成为收藏与投资的大赢家。比如有许多被定为国家一级文物的东西，现在的市场价值并非有很好的表现，但却极具其他方面的价值。不要总看艺术品本身的经济价值而忽略古玩艺术品作为文物的其他属性。现在的买家也许更热衷找艺术品价位的城乡差别、南北差别、拍卖会与古玩店以及拍卖会之间的差价以谋取利润，这本无可厚非，因为买家主要考虑的是增值和价差，但藏家若仅仅为一点价格上的因素而放弃一件真正具有收藏投资价值的东西，将得不偿失、悔之晚矣。

所以，在进行艺术品投资的过程中，一定要把握好心态，更多地以一种平常心来对待艺术品。因为在艺术品投资中，能够达到愉悦身心也是一种收益。切忌急功近利，要多看少动，一旦发现具有收藏价值的好东西，则要该出手时就出手。

13.5.2　心理误区的形成原因

1.过度自信

Daniel、Hirshleifer 和 Subrahmanyam（1998）认为成功者会将自己的成功

归因于自己知识的准确性和个人能力，这种自我归因偏差会使成功者过度自信。Gervaris、Heaton 和 Odean（2002）将过度自信定义为：认为自己知识的准确性比事实中的程度更高的一种信念，即对自己的信息赋予的权重大于事实上的权重。投资者的过度自信对金融市场造成的影响，主要表现在以下几方面：

第一，对交易量的影响。当投资者过度自信时，市场中的交易量会增加。在无噪声的完全理性预期的市场中，如果不考虑流动性需求，交易量应该是零。而现实中市场的交易量是非常大的。由于投资者过度自信，过度评价了其私人信息的准确性并错误地解释了某些市场中的信号，才导致了差的决策。

第二，对市场效率的影响。在理性市场中，只有当新的信息出来时，价格才会有变动。但是当投资者过度自信时，会对市场波动性产生影响。过度自信对市场效率的影响取决于信息在市场中是如何散布的。如果少量信息被大量投资者获得或者公开披露的信息被许多投资者做了不同的解释，过度自信会使这些信息被过度估计，导致价格偏离资产真实价值，这时过度自信就损害了市场效率。

第三，对波动性的影响。过度自信的价格接受者会过度估计他们的个人信息，这会导致总的信号被过度估计，使得价格偏离其真实价格，即过度自信使投资者扭曲了价格的影响，使市场波动增加。

2.博傻理论

博傻理论是指人们之所以完全不管某个东西的真实价值而愿意花高价购买，是因为他们预期会有一个更大的笨蛋会花更高的价格从他们那儿把它买走。在艺术品市场中，人们之所以完全不管某件艺术品的真实价值，即使它一文不值，也愿意花高价买下，是因为他们预期会有更大的笨蛋花更高的价格买走它。而投资成功的关键就在于准确判断究竟有没有比自己更大的笨蛋出现。只要自己不是最大的笨蛋，就仅仅是赚多赚少的问题。人们尽管能够理性地推断出博傻游戏在长期中的不可持续性，却仍然会为了获取自身利益而作出非理性的短期投机行为，并认为自己能够成功"抽身"，而真正买单的只会是其他投资者。这是一种短视、利己和侥幸的体现。

3.锚定效应

锚定效应是指当人们需要对某个事件做定量估测时，会将某些特定数值作为起始值，起始值像锚一样制约着估测值。在做决策的时候，会不自觉地给予最初获得的信息过多的重视。艺术品投资中的巨大不确定性之一来自估价的锚定效应。相对普通商品，艺术品的价值非常不明确，人们很难知道它们的真实价值，在没有更多信息供参考时，过去的价格（或其他可比价格）就成为估价的重要依据。当行情突然上扬时，艺术品的价格往往会被低估，上扬得越突然被低估得会越严重。相反，当行情突然下挫时，艺术品的价格往往会被高估，下挫得越突然被高估得会越严重。

4.羊群效应

羊群效应也叫从众效应，是个人的观念或行为由于真实的或想象的群体的影响或压力，而向与多数人相一致的方向变化的现象。当艺术品市场上价格上涨时，大众媒体会重复强调市场上的乐观预期以及基本面的强势表现等各种利好消息，造成大众跟风买入。如果羊群效应被有心人主动利用，则往往会导致大量投资者盲目跟风，陷入风险，甚至引起市场剧烈震动。

5.正反馈交易

当艺术品市场上的投资者观察到当前的市场价格处于上涨阶段时，会选择买入，需求的上涨会带动下一期的价格继续上升，这种预期的自我实现机制使得投资者们感到预期的正确性得到了现实的验证，从而过度乐观，又产生出下一期价格仍会上升的预期。然而任何市场都不可能持续上涨，一旦泡沫破裂、价格下跌，艺术品市场中的正反馈机制将促使投资者的行为反向调整，集中抛售行为将使众多投资者遭受巨大的损失。

13.5.3 树立正确的艺术品投资心理与行为

1.捡漏心理要不得

花上几十元、几百元就妄想淘到一件价值几十万元甚至几百万元的顶级藏品，不少人都有过这样的美梦。电视台的《鉴宝》栏目催生了一大批"捡漏迷"，然而他们花了钱却买了一堆堆的赝品。事实上对普通人而言，"捡漏"跟买彩票中五百万元的大奖概率差不多，捡漏心理往往让人吃亏上当。

2.坚决不做"最大的笨蛋"

艺术品投资有一个著名的"最大的笨蛋"理论。投机行为的要害是判定"有没有比自己更大的笨蛋"，只要自己不是最大的笨蛋，那么自己就是赢家。假如没有下一个愿意出更高价格的"更大笨蛋"来做下家，那么你拿着高价买的艺术品，自己就成了"最大的笨蛋"。

3.不是精品不动心

精品的升值速度往往更快，要投资艺术品，一定要看准精品下手。比如，翡翠精品因为稀少，近年来价格连续走高，年升值速度达50%，普通翡翠的涨幅远远低于这个幅度。齐白石、吴冠中等的精品，价格涨幅也远远超过普通作品。

4.收藏投资不做"万金油"

什么都藏，什么都懂一点，什么都不大懂……收藏界这样的"万金油"为数不少。他们看哪类东西热就做哪类，结果几年下来，发现自己难有所获。专门做一个门类，研究精通，对市场行情也了如指掌，才能真正赚到钱。

5.坚持长线，拒绝短炒

艺术品投资一般要坚持长线，拍卖行一买一卖，佣金超过20%，做短炒很难。艺术品最大的难题是变现，就是你想用钱的时候，它能不能变成钱？比如名家字画等投资，急于出手可能只能卖个低价。20世纪30年代初期，张伯驹见到西晋陆机手书的《平复帖》，希望出价6万大洋买下。此帖主人表示须出价20万元大洋。到了1937年，由于此帖藏家急需用钱，张伯驹最终只花了4万大洋就将朝思暮想的《平复帖》购买到手。

6.坚决不碰赝品

赝品是收藏的大敌，知假买假的人往往想把别人当成笨蛋，而最大的笨蛋往往是自己，买了赝品就砸自己手里了。

7.别被各类真假名头忽悠

某某书画协会会长、某某书画院院长、作品被海外某王室收藏……如果玩收藏投资，你遇到有类似名头的"艺术家"可能不少。可别被名头给忽悠了，买书画还是要看作品本身，那些名头本身就是唬人的。

8.买东西不听"故事"

"我的瓶子是祖上传下来的，祖上当过大官……""这个陶罐是刚从工地挖出来的"。类似的故事很多，越是假东西，故事往往越是"真实"。因此你需要记住：但凡故事太动人，买东西时一定要多长个心眼。

9.别把鸡蛋放在一个篮子里

把鸡蛋放在一个篮子里，如果打翻了，就可能一个鸡蛋都没了。艺术品投资也是一样，人们的审美情趣会发生变化，押宝在一件艺术品身上总是比较危险的。

本章小结

艺术品本身具有两种不同的属性，即实用性和投资性。实用性是指艺术品具备装饰房屋、传承文化、馈赠友人及审美等功效；投资性是指通过艺术品的艺术价值、稀缺性、独一性等特征实现投资、保值等。对于艺术品投资，注重的是艺术品的投资属性，投资者投资艺术品作为增值的重要手段，他们已经将艺术品看作与证券、期货等一样的投资工具，只不过是投资标的物不同罢了。投资者购买到艺术品后，只要看到适宜的条件就会将手中的艺术品卖掉。

艺术品与其他商品一样，具有价值属性，一般而言，艺术品价值由艺术品的学术性、艺术性、历史性所决定。正因为艺术具有稳定的价值属性，所以艺术品才具备投资功能。但对艺术品而言，其学术性、艺术性和历史性往往具有同源性，但也有一定的差异性。

相对于其他的投资市场，艺术品投资市场起步较晚，市场还不完善，法律和规章制度也不健全，导致了艺术品投资市场出现了各种各样的风险。目前，国内艺术品市场出现的主要风险有宏观经济的系统性风险、道德风险、保管风险、交割能力风险及偏好转移风险。

艺术品投资的心理误区表现在：缺乏学习、盲目购藏的收藏心理；贪图便宜、总想"捡漏"的投机心理；包装炒作、信奉"权威"的盲从心理；急功近利、目光短浅的投资心理。在进行艺术品投资的过程中，一定要把握好心态，更多地以一种平常心来对待艺术品。因为在艺术品投资中，能够达到愉悦身心也是一种最好的收益。切忌急功近利，要多看少动，一旦发现具有收藏价值的好东西，则要该出手时就出手。

2014年文化艺术品投资方式大盘点

近年来，随着艺术收藏品交易的持续火热，民间的艺术品投资方式呈三足鼎立的局面。这其中包括艺术品拍卖、艺术品信托以及艺术品股票。经过多年的长足发展，2014年艺术品投资市场又发生了质的飞跃，衍生出了以香港大公文交所"艺术品单位交易"为代表的新型艺术品金融化投资方式。这几类投资方式在收益性、稳妥性等多方面各有所长，下面来盘点一下2014年主流的艺术品投资方式。

方式一：传统艺术品投资方式——拍卖

拍卖是国内最早的艺术品投资渠道，2014年的国内拍场更是天价频出，使艺术品投资市场更加热火朝天，如年初香港苏富比春拍2.8124亿元成交明成化斗彩鸡缸杯，便刷新了中国瓷器世界拍卖纪录。拍卖可谓是中国艺术品行业发展的奠基石，在文化艺术界有着里程碑的意义。而以拍卖的方式参与艺术品交易时，所需要的成本相对较高，据业内人士介绍，艺术品拍卖的主要客户群体资金实力都在5 000万元以上。

方式二：艺术品金融化鼻祖——艺术品信托

艺术品信托可以说是艺术品金融化的鼻祖，在创建初期发展迅猛，比较适合中产阶级群体，具有很大的发展潜力和行业促进意义。但是近两年，艺术品信托领域出现了一些兑付风波，使许多对该投资方式有兴趣的投资人暂时保持观望态度。

方式三：艺术品投资新生代——艺术品单位交易

艺术品单位交易诞生于2013年，在2014年逐渐兴起。该交易模式由香港大公文交所创立，入市门槛低，操作方式类似股市，T+0交易，日涨跌幅为15%。凭借这些优势，交易所吸引了众多交易商开户入场，而该交易模式亦给普通投资能力的群体参与艺术品交易开通了便利通道。虽然参与条件低，但是香港大公文交所对上市艺术品的筛选却严格谨慎，对鉴定评估、保险保管、展览展示、市场交易等关键环节一一把关，使上市的艺术品更容易保值增值。

（根据公开的网络资料整理）

核心概念

艺术品投资　艺术品的属性

复习思考题

1.试述艺术品投资的风险。

2.分析艺术品投资的行为。

3.如何具有正确的艺术品投资心理与行为。

成功
投资者的心理特征 第14章

【导读】

　　成功的投资者必然需要经历不断学习投资知识、积累投资经验的过程，以及能够接受投资的失败。任何一位投资大师的至理名言，都是其在市场中摸爬滚打多年的经验总结，有对成功投资的回顾，更重要的是汲取失败投资的教训。站在这些巨人的肩膀上，我们应该结合自身的特点和变化的市场的特点，塑造成功的投资者应有的心理特征和素养。

本章重点内容

【引例】　　　　　**中国顶级个人投资者——黄木顺**

　　黄木顺，堪称中长线投资者的样板，潮州人，是最早的一批股民，也被称为"地产股的巴菲特"。2007年持有泛海建设1 952.99万股，市值达到15.75亿元，他是2007年三季报泛海建设的第一大流通股股东，主要持有过万科A、泛海建设、中金岭南、中粮地产、北方国际、东华实业、华茂股份、新华光等多个品种，其中主要是以地产股为主，累计总收益为成本的数十倍。

　　黄木顺在接受一些媒体采访时说过，他在重庆、武汉以及澳大利亚投资房地产，旗下公司主要为深圳市川业世纪投资公司与武汉川业世纪公司，涉及地产、证券投资等领域。以黄木顺的投资经历来看，首先主要以价值投资为主，基本上不做小的交易波段。例如，其万科A的成本在2元左右，泛海建设也是低位建仓，一路增持；其次是他在地产圈有充裕的人脉。

　　黄木顺与泛海系的卢志强关系良好，2007年7月在泛海建设上首创个人流通股股东与机构联名提出上调定向增发价格、扩大增发规模的提案并且获得通过。当时，黄木顺及其一致行动人累计持有2 978.98万股泛海建设股票，以市价计算流通市值已超过14亿元。黄木顺曾在采访中说过："如果说，泛海建设还有什么吸引我的地方，那就是卢志强的个人魅力。很多次股东大会我都参加了，私下里和他聊天的时候，感觉到他是一个开明、务实，而且是真心想干事业的人。这次小股东的提案能够通过，一方面确有利益的趋同，另一方面也与公司乐于倾听股民意见的民主作风分不开。"而卢志强对黄木顺的评价则是"小股东也有大智慧"。

总体上来说，黄木顺系的投资风格比较稳健，以中长线为主，较少做交易波段，与泛海系的关系非我们局外人可以理清。

14.1　成功投资者应有的心理特征

国内外著名的成功投资者都从不同角度论述了成功投资者应有的心理素质。

14.1.1　沃伦·巴菲特论成功投资者的心理特征

巴菲特曾经说过，他的投资哲学85%来自格雷厄姆，15%来自费雪。这两人都是投资史上开山鼻祖式的人物，而巴菲特将两者的方法有机结合在一起，从而成就了财富传奇。

格雷厄姆最重要的贡献在于奠定了价值投资的基本逻辑，把股票的价格和企业的价值联系到了一起。从此，在价值投资者眼中，股票不再是数字符号或者筹码，而是代表了企业价值的一部分。股票的价格会围绕价值波动，在价格大幅高于或低于价值时会出现回归。

而格雷厄姆的投资方法，就是在股票价格低于内在价值（净资产）一定幅度的情况下买入，在价格回归时卖出。格雷厄姆认为预测企业未来的价值非常困难，而企业当前价值的评估则要相对容易，故而他采取的是一种传统意义的、相对保守的投资方法。

费雪的投资方法更关注企业未来发展的预期，是一种投资于成长股的投资方法。费雪认为企业的价值不仅包括当前价值，更应该包括企业未来发展的价值。企业内在价值的变化较为缓慢，而市场对企业未来价值一致性预期的变化，常常会造成股价显著的变化。因此，能否准确把握企业的发展，了解市场对企业发展的预期就成为投资的关键。

以A股市场为例，价值投资可以是在银行股、钢铁股等股价低于0.75倍PB时买入，待股价回归到1.5倍PB时卖出；也可以是在老板电器（002508）、恒瑞医药（600276）等优质成长股在市值较低、估值合理（如25倍PE）时买入，持续持有数年。前者是典型的格雷厄姆价值投资方法，后者就是典型的费雪价值投资方法。

格雷厄姆和费雪分别成为价值投资两种不同方法的代表人物，与他们所处的时代背景和两人的不同经历是密切相关的。格雷厄姆虽然只比费雪早出生13年，但他职业生涯的高潮都处于1950年之前。

奠定格雷厄姆证券投资之父地位的《证券分析》是1934年出版的，而《聪明的投资者》是1949年出版的，因此其所处的时代背景是大繁荣-大萧条-大战争。在这样动荡的时代背景下，公司的长期投资价值当然很难判断，格雷厄姆偏向用净资产或重置成本的方式给公司估值就很容易理解了。

费雪则完全不同，在大萧条时他还非常年轻，个人损失不大，而其职业生涯的高潮则出现在1950年之后，如他1955年买入的德州仪器7年上涨了14倍。他所处的时代背景则是第二次世界大战后美国成为超级强国，美国公司持续蓬勃发展的年代。在这样的背景下，企业未来的价值折现，很可能远大于目前的净资产，因此费雪更偏向成长股的投资。

格雷厄姆和费雪的投资方法各自有其优势和弱点，但总的来说都是价值投资，区别只是一个侧重于看现在，另一个侧重于看未来。不过其表现形式相差之大，让资历较浅的投资者很难相信他们其实是内在统一的。

巴菲特早年主要采用格雷厄姆的方法（即投资价值型股票），而后期则大量结合了费雪的方法（即投资成长型股票）。在1992年致投资者的信中，巴菲特写道："把价值型与成长型这两种投资策略区分完全是无稽之谈（必须承认，几年前我本人也犯了同样的错误）。我们认为，这两种投资策略在关键之处是相一致的：成长性总是价值评估的一部分，它构成了一种变量，其重要程度在可以忽略不计到巨大无比之间，其对价值的影响既可以是负面的，也可以是正面的。"

如果熟悉美国市场股票历史的话，很容易知道为什么巴菲特会在后期采纳费雪的投资方法。经过20世纪70年代的滞胀和沃尔克紧缩之后，从1982年起，美国市场展开了一轮长达18年的大牛市，期间S&P500指数上涨接近9倍（相当于年化14%），而上涨40~50倍的重要股票则不计其数。

其时代大背景是通胀被控制，经济强劲复苏，苏联解体后美国成为唯一超级强国，美国公司国际化大扩张，互联网等革命性新技术开始出现。在这种背景下，如果仍然坚守格雷厄姆的方法可能会颗粒无收，因为稍微正常一点的公司的股票都不可能那么便宜了。巴菲特毕竟是股神，在大环境和市场发生重大转变时，果断地改进了自己的投资方法，这就是其超出常人之处。

从三位投资大师的经历可以看出，好的投资方法，即使同出价值投资一源，也不是一成不变的，而是与时俱进的，与时代大背景密切相关。如果大环境是股票供给严重受限，坐庄横行，股东无法行使权利，则价值投资无异于屠龙之术；如果证券市场制度完善，但大环境是经济长期低迷，缺乏成长性行业，只剩传统行业的周期性波动，则格雷厄姆式的价值投资或许是最好的。

现在A股的大背景是证券市场制度不断完善，全球经济持续复苏，新兴产业发展迅速，消费升级趋势明显，优势企业市场份额不断扩大。在这样的环境下，当然是费雪式的价值投资更容易成功。其实2016年以来市场的发展已经非常清楚地告诉了我们这一点，而未来这一趋势将持续下去。

在这样的时代背景下，不需要去担心小的波动。找到最适合这一时代的投资方式，持续使用这一方式去寻找投资标的，必然会获得丰厚的回报。

成功的长期投资者巴菲特认为，一个成功投资人必须具备以下六项优秀品质：

（1）在投资过程中必须时刻控制自己的狂热和贪婪。

（2）有耐心。长期投资要有耐心。

（3）独立思考。投资者不知道该如何作出决定，那么就不应该作出决定。

（4）投资人的自信来自学识而不是主观期望。

（5）投资者应承认，市场中总有些事情是自己不理解的。

（6）灵活运用资本，但永远不要让你的付出超过其所值。

在股票投资这一混乱且令人困惑的业务领域，许多成果发表之后，仅在几天、几星期、几个月或者几年以内就变得非常可笑——金融风暴、经济危机摧毁了不可靠的知识体系——而百年的股票历史却证明了格雷厄姆和巴菲特所创造的投资原则确实是可靠和稳妥的，并且这些原则具有的价值一直在得到提升，并且能得到更好的理解。

巴菲特的投资方法中的许多方法和人们的直觉以及华尔街金融家的至理名言是背道而驰的。要想在一生中获得投资的成功，并不需要顶级的智商、超凡的商业头脑或秘密的信息，而是需要一个稳妥的知识体系作为决策的基础，并有能力控制自己的情绪，使其不会对这种体系造成侵蚀。系统清晰的知识体系和对情绪的控制，是一个投资者所必需的。这也就证明了沃巴菲特绝不游戏股市，但乐于在与那些预测、操纵股市的人和机构游戏的过程中获取财富。事实上，在市场中目光短浅的行为非常流行，对大多数盲目投资者存在着巨大的吸引力。巴菲特关注这样的行为并从中发现机会。这正如威廉·布莱克所言：聪明的人可以看见相同的一棵树，而愚蠢的人则看不见。

牛顿这位伟大的物理学家在他股票投资失败后曾经说过：我可以计算出天体的运动，却无法揣摩人类的疯狂。如果人们未能在投资领域取得成功，并不是因为自己愚笨，而是像牛顿一样没有为自己建立投资成功所需要的心理约束。

系统的知识体系、正确的投资理念和原则、科学的方法以及良好的心理准备是必要的，只要遵从格雷厄姆和巴菲特的建议，就能从股市的愚蠢行为中获利，而不会成为愚蠢行为的参与者。

14.1.2　彼得·林奇的成功投资经验与心理特征

彼得·林奇是世界上最著名的基金经理。1972年接管美国富达公司的马格兰基金，当时基金资产为2 200万美元，18年后的1990年，其基金资产已经涨到140亿美元。

他认为，投资基金的成功经验有以下几点：

（1）充分利用你所知道的信息去获取利益，每月要打2 000个电话；每月走访公司40~50家，一年走访公司500~600家。

（2）寻找还没有被华尔街发现和确认的机会，选择不被市场看好的潜在成长股。

（3）投资针对公司，而不是股票市场。

（4）忽略短期波动。

（5）"一鸟在手，胜过二鸟在林"，进行滚动操作。

（6）买小公司的股票，因其股票变动幅度大。

14.1.3　约翰·布林格认为投资是一个心理过程的分析

美国CFA、CMT公司总裁约翰·布林格认为，投资是一个心理过程，认识到这一点十分重要。杰出的技术人员实际上是心理学家。他认为，K线实际上是一天之中的心理波动曲线，均线反映中长时期内社会心理波动的平均趋势值。总之，股市中的K线和均线代表的就是社会公众对股市认识的心理波动曲线。

布林格认为，在股市中理念决定心态，心态决定行动，行动决定结果。因此，投资者的心理活动对其投资决策具有很大的影响，其中有些心理倾向对股价有着明显的不利影响。以从众心理为例，在证券市场上，绝大部分股民都认为多数的决定是合理的，于是就在自己毫不了解市场行情及股票情况的状况下，盲目追随他人跟风操作和追涨杀跌，这就是股市中的从众心理。从众心理对股价主要起着放大的作用，刚开始人们买进股票，推动股价的进一步上涨。随着炒股发财效应的逐渐扩大，入市的股民就越来越多，最后连一些平常对股市和金融都漠不关心的市民都入市了，从而将股价推向一个不合理的高度，形成了一个短期牛市。在牛市向熊市转换阶段，一些较为理智的股民会率先将资金从股市上撤出，引起股价的下跌，其他股民看见别人卖出股票，又认为股市行情一定看跌，怕自己遭受损失，跟着别人立刻作出售出的决定。随着股票下跌幅度的进一步加深，越来越多的股民就跟着卖出股票，最后引起股价的暴跌。

14.1.4 黎巴伦的成功投资经验与心理特征

奋进经营管理公司的黎巴伦被称为收购垃圾股的典型。垃圾股是股市中业绩最差的，黎巴伦专门收购垃圾股，然而，1970年至1984年，其资产总值却增至110亿美元。

黎巴伦认为，垃圾股无风险，收益突增时可稳获其利。实际上这是一种价值取向型投资，即买进价格便宜的股票，如以每股5~10元购进克莱斯勒等公司的股票，12个月内可获100%收益，这就是廉价交易。收买"烂股"也能使效益突增，这就是"众人皆醉我独醒"。这说明，与成长取向型（只买进业绩特优股票）投资者相比，价值取向型投资者也能获利。

14.1.5 中国投资者"杨百万"的成功经验与心理特征

杨百万原名杨怀定，早期进行国库券买卖，年收益率达40%。杨怀定最早购买电真空股票2 000股，股价由91元升至220元，由此赚取了股票的第一桶金。杨怀定自订118份报纸，博览国库券、股市交易图书，他认为其事业是从报纸、图书开始的。

杨怀定不迷信技术分析，善于独立思考，他认为大家都看好的时候往往是要跌的时候。

根据杨怀定的成功经验，研究人员提出了入市时的以下经验：

（1）规避风险——有风险时，宁可不赚，也要保住本钱。

（2）考察公司资产、资本值、税后利润。

（3）切忌莽撞赌博，要量力而行。

（4）用投资眼光购买股票，用投机技巧保障自身利益。

14.1.6　成功投资者的心理特征

总结成功投资者的心理特征，一般都具有以下几点：

（1）思维清晰，视角敏锐，总是能早于别人发现投资机会。

（2）向前看，不会让过去的习惯主宰未来的投资行为。

（3）有从头再来的能力——不会向失败或打击低头。

（4）为自己的行为负责，无论结果是好是坏。

（5）保持高度自尊。

（6）保持对成功的不懈追求。

（7）不会消极而是以积极的态度对待生活中的问题。

（8）不依靠运气，而是应用一以贯之的策略。

（9）相信自己的决策。

（10）有目标导向型的观点。

（11）有良好的自我控制能力，抑制任何与成功背道而驰的个人倾向或特点。

（12）非常自信。

（13）对与资金及金融相联系的数字非常敏感。

（14）具有投资嗜好，不是纯粹为钱，而是因为投资是一件很愉快的事情，符合他们的兴趣，将投资作为一种专业爱好。

（15）不轻易被他人或其他事情影响。

（16）对投资充满热情。

14.2　成功理性投资者的Profits法则

英国学者乔纳森·迈尔斯在其《股市心理学——向恐惧、贪婪和市场的非理性宣战》一书中，将心理学与投资学完美结合，提出了理性投资者的Profits法则。理性投资者的成功与否和Profits七个因素相关，这七个因素是指P（个性）、R（关系）、O（特立独行主义）、F（灵活性）、I（信息）、T（陷阱）、S（策略）。现分述如下：

P 指 personality，意为个性。每个投资者都有其独特的人生目标、个性特点、信仰偏好，不同个性者会被个性引导作出不同的投资决策。

R 指 relation，意为关系。投资者之间在交易过程中所建立的错综复杂的关系网络影响着股票市场的波动。

O 指 outlierism，意为特立独行主义。与普通投资者迥然不同的专业投资者，往往具有反常规主义的特征，有时我行我素，会作出不同寻常的投资决策。

F 指 flexibility，意为灵活性。投资风格灵活多变的投资者知道何时应改变投资策略，并从中获利。

I 指 information，意为信息。面对漫天飞舞的投资信息，投资者应该去其糟粕、取其精华。

T 指 traps，意为陷阱。投资有风险，陷阱处处有，而贪婪和恐惧最易令投资者失败。

S 指 strategies，意为策略。投资者要用系统方法去筛选投资机会，制定正确的策略，这样才能有效降低投资风险。

14.3 投资者的类型

英国心理学学会会员乔纳森·迈尔斯（Johathan Myets）提出，可将投资者分为以下六种类型：谨慎型、情感型、技术型、勤勉型、大意型、信息型。现分述如下：

1.谨慎型投资者。这种类型的投资者有以下特点：

（1）不会未经仔细考虑便匆忙作出投资决策。

（2）不希望遭受一丁点儿损失。

（3）经常犹豫不决。

（4）可以短期或长期持有投资。

（5）进行投资决策时非常保守，尽量避开那些热门股票。

（6）不相信专家的建议，宁愿自己进行研究。

（7）可能会错误地把风险适中或风险很小的股票视为高风险股票。

（8）可能会因为考虑到家庭情况而需要确保投资安全。

（9）尽量避免兴奋及市场不稳定性。

谨慎是人们的天性。谨慎型投资者对损失特别敏感，他们尽量避免投资损失，只有确认风险降至最低时才会投资。

谨慎型投资者也存在一定的问题，主要是花费的时间过多，会错失投资良机。由于在出售时机的把握上过度谨慎，会导致无法实现最大限度的投资收益。

2.情感型投资者。这种类型的投资者有以下特点：

（1）喜欢采取突发奇想的行为。

（2）热衷于依某一特定兴趣、爱好作出投资决定。

（3）不在意政治、经济形势变化的影响。

（4）未能获得或利用现成的信息。

（5）具备某一特殊领域的丰富知识。

（6）对成功记忆深刻，容易忘记失败的经历。

（7）相信运气和天意护佑，不注意观察投资发展变化。

（8）投资出现不利变化时，很难斩仓止损。

（9）易受个人态度、内在感觉、小道消息的影响。

（10）相信形势最终会好转。

情感型投资者的特点是凭直觉进行投资，将直觉与经验性的情感融合在一起。

3.技术型投资者，这种类型的投资者有以下特点：

（1）相信事实与数字是不会变的，坚信数字不会撒谎。

（2）根据价格走势积极进行交易。

（3）整天盯住交易屏幕。

（4）相信获取信息的速度越快，获利的可能性越大。

（5）无论走到哪里都带着电话或手提电脑，需要不断获得市场信息，对此非常固执。

（6）经常购买最好的电子设备，认为这将加强自己的优势。

证券分析师就是典型的技术型投资者，他们根据行情预测法预测未来股市的价格走势。

4.勤勉型投资者。这种类型的投资者有以下特点：

（1）不断核对价格，有时一天好几次。

（2）订阅大量报纸、杂志。

（3）与一个或多个经纪人保持业务联系。

（4）密切关注所有小道消息。

（5）可能并不喜欢他们所投资公司的业务性质。

（6）只有不断地买入卖出，他们才觉得自己是市场的一部分。

（7）可能会在出现价格波动、市场谣言或信息尚不充分的情况下交易大量股票。

（8）通常只是股票的短期持有者。

勤勉型投资者主要追求归属感，交易本身是最大的乐趣，而赚钱倒反在其次。

5.大意型投资者。这种类型的投资者有以下特点：

（1）一旦作出投资决定，任由投资自我发展。

（2）常因无所作为而错失最佳投资机会。

（3）认为工作、职业为致富之道，投资并不能带来真正的收入。

（4）认为花钱买来的专业人士的建议是最好的建议，不需要仔细核实。

（5）这些人通常是股票的长期持有者。

大意型投资者具有保持现状的偏好。

6.信息型投资者。这种类型的投资者有以下特点：

（1）充分利用各种来源的信息（包括正常与非正常渠道）。

（2）对自己的投资、市场及经济状况保持长期关注。

（3）仔细听取别人的意见。

（4）在权衡利弊后，可能会选择与市场潮流相反的投资方向。

（5）可能会因为在分析信息上花费太多时间而错失了投资良机。

（6）可能短期或长期持有股票。

信息型投资者眼观六路、耳听八方，但这些投资者也很可能被过多的信息所困扰。

另外，还需要特别提及一种投资者，即痴迷型投资者。这种类型的投资者有以下特点：

（1）把所有的时间都花在了观察价格走势和分析电脑里的股票报价数据上。

（2）错误地认为能够通过自己高超的分析能力发现股市潜在的趋势。

（3）喋喋不休地宣扬自己在投资上的成功。

（4）相信自己的投资马上会出现"突破"。

（5）因痴迷股市与家庭成员关系恶化，伴随日益频繁的家庭争吵。

痴迷型投资者将投资看成自己生活的全部。

投资者类型不同，其所选择的投资途径与策略也有区别，参见表14-1。

表14-1　　**根据投资者类型选择的投资途径与策略**

项目投资者类型	谨慎型	情感型	技术型	勤勉型	大意型	信息型
较低风险倾向	储蓄工具 养老金 保险 固定利率存款	养老金 保险 储蓄工具 固定利率存款	蓝筹股 大盘及中盘股 价值型股票	债券 蓝筹股 单位信托 共同基金	货币市场基金 储蓄计划 养老金与保险计划 定期存单 国库券与政府债券	大盘股 单位信托 共同基金 固定利率存款 蓝筹股 政府与公司债券
中等风险倾向	货币市场 储蓄 指数基金 蓝筹股 大盘股	蓝筹股 单位信托 共同基金 政府债券	惯性与成长股 投机性投资基金 房地产	中盘股 价值型股票	指数基金 管理基金 单位信托 共同基金 蓝筹股	中盘股 专业基金 价值型股票
较高风险倾向	家庭投资基金 大型专业类或行业性基金 中等股本额的股票	管理基金 大盘股	小盘股 微盘股 衍生工具与期权 商品期货	房地产 投机性投资基金	大盘股 主要中盘股	惯性与成长股 小盘股 微盘股 风险资本计划 新兴市场期权与衍生工具 对冲基金

14.4　投资者的气质类型

14.4.1　气质类型及其行为特征

气质类型表现为行为特征的神经系统基本特性的典型结合。神经系统的类型与气质类型的关系，以及这些类型的行为特点见表14-2。

表14-2　　　　　　　　　**气质与神经类型的关系及行为特点**

气质与神经类型	强度	均衡性	灵活性	行为特点
胆汁质(兴奋型)	强	不均衡		攻击性强,易兴奋不易约束,不可抑制
多血质(活泼型)	强	均衡	灵活	活泼好动,反应灵活,好交际
黏液质(安静型)	强	均衡	惰性	安静,坚定,迟缓,有节制,不好交际
抑郁质(抑制型)	弱			胆小畏缩,消极防御,反应强

14.4.2　投资者的气质类型

心理学家将气质划分为胆汁质、多血质、黏液质、抑郁质等多种类型。不同气质类型的股票投资者具有如下的不同表现：

1.胆汁质股民

胆汁质股民的决断能力强，说干就干，有勇气和魄力。心态较急，容易追涨杀跌，选择热门股票，牛市顺手，熊市也易入陷阱。

对胆汁质股民的心态调整可做以下指导：

（1）克服强烈投资冲动，减少操作次数。

（2）加强短线操作技巧，不做中长线。

（3）行情调整时，退出场外。

2.多血质股民

多血质股民对市场敏感，易受暗示，缺乏耐心，常常过早买进卖出以致后悔。喜欢短线操作，偏好技术分析法，追逐热点，喜中小盘股。

对多血质股民的心态调整可做以下指导：

（1）提高独立理性分析能力，不同循环周期采取不同策略。

（2）严格控制股票只数，合理应用资金管理策略。

（3）少做短线，中短线结合。

3.黏液质股民

黏液质股民善于理性思考，但我行我素，易成为长期套牢者。此类股民注重宏观基本面分析，喜波动幅度小的大盘绩优股。

对黏液质股民的心态调整可做以下指导：

（1）对股市加强整体规律的学习，提高对股市的认识，避免高位进货被套。

（2）熊市时要割肉清仓，不盲目补仓。

（3）克服惯性思维的惰性。

4.抑郁质股民

此类股民不适合高风险投资。此类股民感受性高，耐受性低，无法忍受股价的大幅振荡，他们往往为涨跌寝食难安、神经衰弱。此类人过于依靠信息、直觉进行操作，换股频繁，决策不坚。

14.4.3　气质类型对投资行为选择的影响

研究人员应用波兰心理学家斯特里劳提出的气质理论研究了气质类型对投资者投资行为选择的影响。斯特里劳考察气质的维度是行为的能量水平和时间特点。能量水平主要看个体的反应性和活动性，时间特点则看个体活动的持续性和灵活性。我们应用斯特里劳气质调查表的内容，把投资者的气质分为两种类型：一类是高反应型（感受性高、耐受性低），其气质表现为行动迟缓、体验深刻，善于觉察别人不易觉察的细小事物，能长时间集中注意力；另一类是低反应型（感受性低、耐受性高），其气质表现为活泼、好动、敏感、反应迅速，喜欢与人交往，注意力容易转移，精力旺盛而又情绪冲动。

我们将投资者的投资活动方式分为两种类型：基本投资活动和辅助投资活动。调查发现，低反应个体在投资中采用的辅助活动较少，而高反应个体采用较多的辅助活动形式。但是两类投资者在投资效果上没有显著差别。

此外，投资活动按刺激负荷（即风险性）可分为高刺激负荷（选择风险较大的证券）投资行为和低刺激负荷（选择风险较小的证券）投资行为。研究结果表明，对于欲继续增加投资的投资者来说，投资活动的刺激值与个体反应水平没有相关性，而对于欲停止增加投资的人来说，高反应型的投资者逃避投资活动的高刺激。而且，高反应型个体选择低刺激的投资活动，低反应型个体选择高刺激的投资活动。表14-3显示了气质对投资和行为选择的影响。

表14-3   **气质对投资和行为选择的影响**

气质类别 投资行为	投资方式		投资刺激值	
	基本投资方式	辅助投资方式	高刺激	低刺激
高反应个体	少	多	少	多
低反应个体	多	少	多	少

调查研究得出如下结论：

（1）股民为达到投资目的而进行的活动，其结构与方式不同，高反应者更多地采取辅助性活动的方法，低反应者则大多采用基本活动的方式。

（2）股民对刺激强度高低的活动喜好不同。高反应者喜欢刺激性较小即风险性较小的投资方式；低反应者则喜欢刺激性大的投资方式，他们喜欢采取冒险策略。

（3）研究结果没有发现两种气质的人在投资效果上有明显差异，可谓各有千秋。股民可根据自己的气质特点，选择适合自己的投资方式，以求取得投资的心理相容。

本章小结

国内外著名成功投资者都从不同角度论述了成功投资者应有的心理素质。

成功的长期投资者巴菲特认为，一个成功的投资人必须具备以下六项优秀品质：

（1）在投资过程中必须时刻控制自己的狂热和贪婪。

（2）有耐心，长期投资要有耐心。

（3）独立思考。投资者不知道该如何作出决定，那么就不应该作出决定。

（4）投资人的自信来自学识而不是主观期望。

（5）投资者应承认，市场中总有些事情是自己不理解的。

（6）灵活运用资本，但永远不要让你的付出超过其所值。

　　彼得·林奇是世界上著名的基金经理。他认为，投资基金的成功经验有以下几点：

　　（1）充分利用你所知道的信息去获取利益。

　　（2）寻找还没有被华尔街发现和确认的机会，选入不被市场看好的潜在成长股。

　　（3）投资针对公司，而不是股票市场。

　　（4）忽略短期波动。

　　（5）一鸟在手，胜过二鸟在林，进行滚动操作。

　　（6）买小公司的股票，因其股票变动幅度大。

　　投机是一种常用的技巧，在公平、公正的环境下，利用公开的信息、合法的手段去抓住潜在的时机，捕捉尚未被人发觉的机会。

　　英国学者乔纳森·迈尔斯在其《股市心理学——向恐惧、贪婪和市场的非理性宣战》一书中，将心理学与投资学完美结合，提出了理性投资者的Profits法则。理性投资者的成功与否与Profits七个因素相关，这七个因素是指P（个性）、R（关系）、O（特立独行主义）、F（灵活性）、I（信息）、T（陷阱）、S（策略）。

　　心理学家将气质划分为胆汁质、多血质、黏液质、抑郁质等多种类型。不同气质类型的股票投资者具有不同的投资表现。

拓展阅读　　　　　　　　　　评估你属于哪类投资人群

　　从一开始，你就必须了解自己。不是你觉得自己是谁或者你想成为谁，而是你目前真实的自己。自以为是当然很简单，但这种自我欺骗会对我们的投资产生严重的影响。你可能高估了自己冒险的能力，最后惊慌失措，在意料之外的恐惧中作出一个非常可怕的决定。你可能会高估自己的投资能力，认为你的投资收益来自聪慧，而不是运气，这样的想法很容易导致你无所顾忌，犯下损失惨重的错误。

　　了解并接受真实的自己，做到这点并不容易，但是回报却非常巨大。巴菲特屡次建议投资者发现和发展自己的优势，并且充分利用这一优势。你是不是对某些资产情有独钟，当然在不限制你选择范围的前提下？你是不是一个事必躬亲的投资者，喜欢直接持有房地产多于股票和房地产投资信托基金？你喜欢自己发现和探索投资想法，还是更倾向于依赖别人拿主意？你做调查的资源来自哪里？你做调查和核对结论需要多长时间？你的目标和梦想有多重要？可行性有多大？

　　你的投资活动和结果也需要经过细心的思考。你是否回顾和追踪自己的投资组合有多频繁、仔细？你是否能解释自己投资收益和亏损的原因？你喜欢哪种风格的投资方式？你更喜欢成长型股票还是价值型股票？你更乐于接触对冲基金还是透明性和流动性更强的共同基金？你是否也深受传闻中那些投资偏见的影响？

　　了解自己是一个永无止境的过程。你需要比较自我评价与他人评价，特别是弗兰克大叔对你的评价。如果不了解自己以及自己在不同处境下的反应，你可能会发现投资简直是易如反掌，但是那只是运气，不是精心谋划的结果。

　　什么是你能够真正了解的？你可以通过什么方式辨认它？人类可能有五种感官，但是关乎我们生存和幸福的关键也依赖于第六感、第七感和第八感，即我们的直觉、本能和感情。长期的进化让我们的大脑能够处理大量的信息，然后从中筛选出持续生命所必需的内容。

　　资本市场可能会变化，技术可能会变化，金融环境可能会变化，交易机制和结构可能会变化，但是人类反应模式在这些年里变化不大。如果你感觉投资世界里有什么不对劲，停下来，开展进一步调查，与其他的资源相比对。如果结果还是不合理，那么应该主动放弃。完全依赖本能进行资产配置和投资是不明智的，但是忽略自己的直觉和本能也同样是不明智的。

你需要意识到自己的资产配置和投资失误，并从中吸取教训，避免下次再犯同样的错误。久而久之，你就会知道什么时候应该改变主意，选择不同的道路。改变主意可能有这样一些原因：市场风险变大，你对前景的预测证明是正确的或者你的预测与结果不符。换句话说，你需要增强行为的灵活性和适应性。

投资过程有一个很重要的方面，那就是分析为什么一项投资会失败或者成功。你是否一时冲动，没有经过细致调查？你依赖的信息是否有误？你的基本设想是不是错的？投资结果虽然成功，是不是歪打正着？虽然你的投资推理是正确的，但是选择的时机是否正确？

（根据公开的网络资料整理）

核心概念

成功投资者的心理特征　理性投资者的 Profits 法则

复习思考题

1.分析七种投资者的类型及其各自特点。
2.试述投资者的气质类型及其行为特征。
3.阐述投资者的气质类型对投资行为选择的影响。

成功投资者的心理素质

第15章

【导读】

投资收益与风险是一对"孪生兄弟"，有风险就意味着预期收益有可能不会实现，投资目标有可能成为泡影。如何对待投资中遇到的挫折与失败？如何自我调节不良情绪？如何树立对待错误和失败的正确态度？如何进行投资者的心理素质训练？本章将一一展开。

本章重点内容

【引例】　　　　　　　一个投资失败者的自述

我是个穷怕了的人。当初听朋友讲某某炒股赚了一套房子，某某又赚了一辆"皇冠"，于是就毫不犹豫地将仅有的3万多元积蓄全部投入股市，也想尽快翻它几番。买股票后，看到其他股票价格天天飞一样上涨，而自己的就是趴着不动，即使有涨的也是慢慢悠悠，进二退一，心里就烦躁不安，干脆就卖了手上的"死马"和"跛马"，去买别的"疯牛"。

其结果是刚买进的"疯牛"拼命跳水，刚卖出的"死马"和"跛马"却活了过来，连拉长阳线。我又赶紧弃"牛"换"马"。

这样左冲右杀的结果很是惨烈，几个月下来，保证金账户不仅未见多钱，还少了几千元。我就像战场上下来的败兵一样垂头丧气。

盲目作战、败多胜少。初入市时，我对股票一无所知，仅知道"买了股票等涨了就卖"的加减法，至于股票为什么会涨，什么股票会涨，什么时候会涨，怎样从宏观基本面、政策面、微观经济面及股票的各项技术指标进行分析与判断等根本一无所知。

买股票仅依据股评人士的推荐及朋友的介绍，别人说哪只好我就买哪只，尽管有时这办法还挺灵验，但时间一长才知道自己尝到的是小甜头，吃到的是大苦头。很多时候，我接到的差不多是最后一棒，出得快的有点蝇头小利，稍慢一拍就被深度套牢。在那有勇无谋的炒股初级阶段，我吃够了缺乏知识的亏，"知识创造财富"的确是真理。

当稍稍掌握了一些股票知识后，我也有了一点耐心，尽管自己买的股票横盘几个月，我仍相信它总有涨的一天，我有一个要好的朋友也是股民，得知我买的是平着爬的"乌龟"股票后，从许多方面给我分析论证该股票的缺点，并用他买的"黑马"与其对照，我信了朋友的话，抛掉"乌龟"，买进"黑马"，结果又错了，"乌龟"好像一下子长了翅膀向上飞了起来，"黑马"却趴着不动。

还有一次，老婆吃饭时郑重其事地告诉我，她一个同事透露，某某股票有大庄家在做，庄家目标至少做到翻番，还说我买的那只股票可能是个"地雷"，因为中期报表会亏损。我想，老婆总是最贴心的人吧。于是第二天赶紧抛掉了将要爆炸的"地雷"，买进那只有"大庄"在做的股票，结果又是（卖）错上加（买）错。我有好长一段时间听到那首《你总是心太软》的歌就会脸红，我又何尝不是耳根太软呢。

时时想股票还会影响工作，作为一个散户，我用辛辛苦苦积攒下来的一点资金投入股市，当然慎之又慎，不敢掉以轻心，唯恐有个闪失，对不起老婆对不起孩子。所以，在很长一段时间里我心中时刻想着股票，上班也总找借口溜到营业部去看行情，涨了激动得心跳加速，血压上升；跌了难过得吃睡不安，晚上做梦也在炒股，弄得神经紧张，无心工作。

人一天天瘦下去，还要受老婆的埋怨与责怪："钱未赚到，天天炒炒炒，炒到家也不管了。"工作单位的领导也开始对我有意见。现回想起来，那段时间我如此炒股，苦了自己，影响了正常工作，搅乱了家庭生活，还亏了血汗钱，多头不讨好。

（根据公开的网络资料整理）

15.1 我国成功投资者的心理素质

1996年，俞文钊教授的研究团队研究了成功投资者的心理素质。研究结果表明，影响成功投资者的心理特征有十个因子，详见表15-1。

表15-1　　　　　　　　　　成功投资者的心理特征

F1 乐观性	在投资过程中有自信心、适应感、灵活性而不是畏首畏尾、优柔寡断
F2 思维外向性	思维有深度,乐观、随和、无忧无虑,凭感觉购买股票
F3 社会外向性	在投资中外向,喜社会交往、社会活动,有风险意识与工作效率
F4 敏感性	对股票行情的变化有敏锐的反应和判断能力
F5 才艺性	有股票知识,有掌握经济状况、政策形势的能力,能对上市公司进行财务分析
F6 投资激励	对投资成功与失败能正确归因,并作为进一步投资的激励因素
F7 个人自主力	理智投资具有客观性、周密性和可控性的特点,不盲目跟风,能识别流言
F8 风险性和风险意识	甘冒风险、追求大利的个性品质
F9 社会环境因素	家庭经济状况好,家人支持,周围股民素质高
F10 心理承受力	个人有自主力、自信心、乐观、开朗,能正确判断股价走势,有成熟的心理承受力

2003年,陆剑清博士在新的形势与条件下重新研究了股民的心理素质,得出了成功投资者的八个因子的心理特征因素,见表15-2。

表15-2　　　　　　　　　成功投资者的心理特征（二）

F1 决策力	判断决策力,思维分析力,有与投资相关的知识,洞察力,心理承受力,接受新事物力
F2 情绪稳定性	冷静,情绪稳定,细心
F3 情绪波动性	浮躁,犹豫不决,依赖,冲动
F4 独立性	独立,诚实,进取,现实
F5 冒险性	冒险敢为,大胆,自信,豁达,对信息敏感
F6 聪慧性	聪慧,乐观,理智,精明
F7 专注、耐心	专注认真,谨慎,耐心,轻松
F8 贪婪性	占有欲(-),紧张(-),果断

资料来源　陆剑清.关于我国成功投资者心理素质的实证研究 [J].心理科学, 2003, 6 (26).

由表15-2可知,经因素分析,第一主成分负荷量最大的项目为"决策力";第二主成分负荷量最大的项目为"情绪稳定性";第三主成分负荷量最大的项目为"情绪波动性";第四主成分负荷量最大的项目为"独立性";第五主成分负荷量最大的项目为"冒险性";第六主成分负荷量最大的项目为"聪慧性";第七主成分负荷量最大的项目为"专注、耐心";第八主成分负荷量最大的项目为"贪婪性"。

我们从影响股票投资成功的八个心理素质特征入手，可将成功投资者分为三类：稳定保守型、专注耐心型与贪婪型。其中以第二类人居多，这说明专注耐心的心理素质对于股票投资的成功尤为重要。

由表15-2还可以看出，第一类成功投资者：决策力最低，情绪稳定性最好，情绪波动性居中，独立性居中，冒险性最低，聪慧性最低，专注耐心性居中，贪婪性最低。第二类成功投资者：决策力居中，情绪稳定性最低，情绪波动性最高，独立性最高，冒险性最高，聪慧性居中，专注耐心性最高，贪婪性居中。第三类成功投资者：决策力最高，情绪稳定性居中，情绪波动性最低，独立性最低，冒险性居中，聪慧性最高，专注耐心性最低，贪婪性最高。

本研究结果中既包括了俞文钊教授等研究所得的一些心理素质因素，同时也增加了一些新的心理素质因素，诸如决策力、情绪稳定性和贪婪性等。这三个心理素质因素对于投资者的影响很大，如情绪稳定性因素，几乎所有的投资者都认为它有益于投资成功，而大的情绪波动则不利于投资成功；又如贪婪性，大多数投资失败者都承认自己失利在这一心理素质上。

综上所述，影响投资成功的心理素质特征由八个维度构成——F1决策力，F2情绪稳定性，F3情绪波动性，F4独立性，F5冒险性，F6聪慧性，F7专注耐心，F8贪婪性。这说明目前在广大投资者的心理素质特征中，既包含了对投资成功有益的心理素质（决策力、情绪稳定性、独立性、冒险性、聪慧性、专注耐心），又包含了对投资成功有害的心理素质（情绪波动性、贪婪性），因此，投资者要取得成功，就必须积极培养有益于成功投资的心理素质，同时对有害于投资成功的心理素质应努力加以改造和摒除。

15.2 股票投资者的挫折与自我调节

15.2.1 投资绩效的反馈与强化

我国股市正在走向成熟，股民也已开始走向成熟，居民的投资意识和风险意识空前提高，殊不知，这背后是漫长的、艰苦的心路历程，其中既有成功的喜悦，也有失败的痛苦，从购买第一只股票时就已开始，很多人都经历过一番强烈的心理情感体验。

投资收益与风险是一对"孪生兄弟"，有风险就意味着预期收益有可能不会实现，投资目标有可能成为泡影。这包括三种形式：一是投资已获实际收益但低于期望值；二是投资虽获收益但结合通货膨胀考虑其实已造成实际购买力的损失；三是投入的资本损失，即上海人所说的"割肉"。与之相应，投资绩效也有三种结果：达到预期收益，获利颇丰；不亏不赚，或少有进账或少有亏损，但无伤大雅；投资失败，账面损失严重，要么挥泪"割肉"，要么被迫改做长线，等待时机。显然，投资的结果对投资者今后的投资行为具有重要的影响。

1938年，美国新行为主义者斯金纳（B.F.Skinner，1904—1990）在其《有机体的行为艺术》中，提出了操作性条件反射的学说，认为人的行为计划是按"尝试-操作-尝试-执行"这一系统建立的，即人由于某种需要而引起探索或"自发的"活动。在探索过程中，偶发的一种反应成为达到目的的一种工具，因此他就学习利用这一反应去操纵环境，达到目的、满足需要。由于这种反应是产生某种结果、达到某一目的的工具，因此称之为工具性条件反射，亦称为操作性条件反射。

这一理论表明，当行为的结果有利于个人时，行为就会重复出现，这就起到了强化、激励的作用。如果行为的结果对个人不利时，这一行为就会削弱或消失。强化有两种形式：行为达到了预期目标，就会对这一行为给予肯定和奖赏，使这一行为巩固、保持、加强，这叫作正强化；对于某种行为给予否定和惩罚，使之减弱、消退，这叫作负强化。

在投资过程中，当投资成功以后，投资者会感到成功的喜悦，得到家人的赞许、朋友的肯定、其他人的羡慕，更重要的是可以满足投资者自身的某种需要，如成功的需要，这些都会对行为的结果给予正强化，使投资者及时总结成功经验，增加投入，胆子也更大，出现正向投资行为。

在投资过程中，如果投资失败，投资者资金损失将惨重，会遭到家人的反对，需要得不到满足，所有失败的体验都会使投资者产生"一朝被蛇咬，十年怕井绳"的心理，在股市发展初期，就有许多不成熟的投资者因此走上绝路，产生了投资的负向行为，这也是有些人容易在低价位卖出股票的原因之一，这种心理叫作"惩罚心理"。我们不喜欢在事后受到惩罚，这是一种单纯而明显的原理，即负强化。例如，如果我们偷吃饼干被抓到，经过几次打手心的惩罚后，我们就不会再去偷吃了。

对于大部分人而言，损失金钱就等于惩罚。持有正在下跌的股票，算是残忍的惩罚，尤其在损失最惨重的时候，会伤害到我们的"自我"。很少人会在购买股票时，碰到股价下跌就把它卖出去，大部分的人会继续持有。如果损失继续扩大，惩罚就不断加深，我们就会开始害怕、有挫折感。例如，讨厌翻阅金融报刊，拒绝了解目前的股市状况。当我们听到这家公司广告时，心里会觉得不是滋味；经过长期下跌后，我们就很容易对这只股票产生厌恶感，因为它不仅代表金钱的损失，同时也等于不断提醒自己是个笨蛋。最后，有一天股价突然暴跌，我们决定壮士断腕，不再接受惩罚，于是就把股票卖出。

正如股价不会无休止地上升，大多数股价也不会无止境地下跌。通常就在投资者遭到重大损失之后，市场又逐渐回转。事实上，经常就在这种暴跌之后，市场回转并重整旗鼓，走向另一段主要的上扬行情。但是，饱受创伤的投资者此时已经因不愿再忍受进一步的惩罚而卖掉了股票。他们终于完成了一个心理循环——追涨的贪婪心理使他们以高价买入股票，惩罚作用又使他们以低价卖出。图15-1可大体上说明投资者的共同心理以及由于这些心理作用引致的一系列行为。

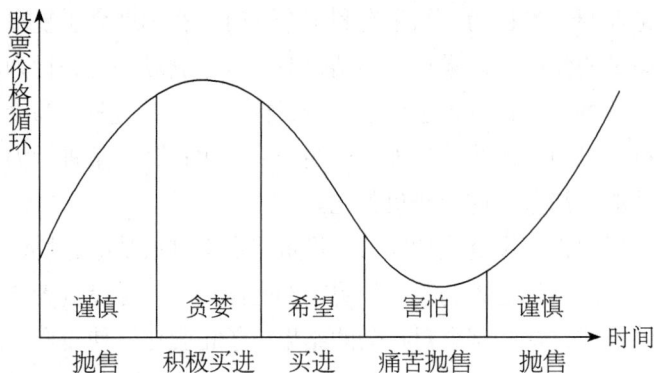

图15-1　小额投资者的心理及行动

15.2.2　投资者的挫折与冲突

1.投资挫折产生的原因

股市无常胜将军，面对变幻莫测的行情，没有人能完全掌握它的走势。因此，在股市中失败与挫折总是难免的。

在心理学上，挫折的定义为：个体在从事有目的的活动过程中，遇到障碍和干扰，致使个人动机不能实现、个人需要不能满足时的情绪状态。

古人云：人生逆境十之八九。在投资过程中每个投资者都有过数不尽的雄心壮志，但是，很难事事如意，有成功的时候，也总有失败的时候。成功了固然是应该高兴的，失败了也并非完全没有益处。英国心理学家布朗（J.Brown）曾说过："一个人如果没有任何障碍，即将永远保持其满足和平庸的状态，这既愚蠢又糊涂，就像母牛一样的怡然自得。"实际上，正因为遭遇到种种挫折，才更能磨炼人的意志，使人从失败中吸收经验教训，以增强其克服困难、适应环境、战胜挫折的能力，即所谓失败乃成功之母。

从心理学上来分析，人的行为总是从一定的动机出发达到一定的目标。如果在通向目标的道路上遇到了障碍，那么就会产生以下三种情况：

（1）改变行为，绕过障碍，达到目的。比如投资者本来想短线操作，现改为长期投资，等待时机。

（2）如果障碍不可逾越，可以改变目标，从而改变行为的方向。如改变投资目标，降低原来的预期收益，以达到心理平衡。

（3）在障碍面前无路可走，不能达到目标。正是在这种情况下会产生挫折感。比如有些投资者经验不足，又经不起金钱的诱惑，举债投资股票，结果事与愿违，损失严重，短期内无法收回投资，逼债的人又频频而来，这时会有一种走投无路的强烈挫折感。

失败的经历总是伴随着强烈的情绪体验，心理学实验研究告诉我们：经历强烈情绪体验的东西，才能够记忆深刻。

失败的体验比理论的告诫更有力量，它能使股民明白许多平常所熟知但没有真正理解的真知灼见。尽管报纸杂志常告诫投资者不可盲目追涨杀跌，但是，这些如过眼的云烟，在股民的脑海里未留下半点痕迹，只有当他们从深深的套牢和股价崩溃中走过以后，才会永远记得盲目追涨杀跌的弊端，从而积累经验、走向成熟。

另外，在股市中也存在着一个不可否认的事实，即失败所带来的强烈的挫折感，并没有使所有股民的心理素质得到锻炼；相反，有些人就此脱离股市，而少数人甚至走上极端。

2.受挫折的行为表现

综上所述可见，正确对待挫折与失败才是股民获得成功的关键。首先，我们看看人受挫折时常见的行为表现。挫折行为表现的主要特征是攻击、倒退、固执、妥协和压抑，这些表现往往是以综合的形式出现，把它们分开只是为了更清楚地进行分析。

（1）攻击

个体受到挫折后，会引发愤怒情绪，对构成挫折的人或物进行直接攻击。比如一个人无故受到别人的谴责，他可能会以牙还牙、反唇相讥，表现为直接攻击。他也可能转向攻击，把愤怒的情绪发泄到其他人或物上去，比如某个投资者某次操作不当，造成损失，回到家里骂老婆孩子、摔东西，以发泄自己的情绪。

（2）倒退

这种情况是指，当一个人受挫折时，会表现出一种与自己的年龄、身份很不相称的幼稚行为。如一个失败的投资者可能会因一点小事而暴跳如雷，粗暴地对待别人，这些都是退化性行为。倒退的另一种表现是易受暗示，如盲目地相信别的投资者，不能控制自己的情绪，毫无理由地担心、轻信谣言等。

（3）固执

固执通常是指被迫重复某种无效的动作，尽管反复进行某种动作并无任何结果，但仍要继续这种动作。如某些投资者在受到挫折后，不是总结经验、吸取教训，而是讨厌翻阅有关金融行情的报刊，拒绝了解目前的股市状况，抵制有关股市信息等。

（4）妥协

人在受到挫折时会处于心理和情绪上的紧张状态，这种状态我们称之为"应激状态"。人们长期处于过度应激状态会引起各种疾病，因此需要采取妥协性的措施以减轻应激状态下的压力。妥协性的措施有以下几种表现形式：

第一，合理化。在受到挫折后会想出各种理由原谅自己或者是为自己的失败辩解，这就是所谓的找借口、怨天尤人、"自我解嘲"和"阿Q精神"。例如，很多短线操作者操作失利后，会不经意地吐露一句"反正我是长期投资"，以示自我安慰。

第二，推诿。当一个人受到挫折时，容易把责任推诿于人。在股市中经常会听到"由于某人的某句话引导我去买股票，我买进了，吃药了"等诸如此类的言语，以此减轻自己的不安、内疚和焦虑，这样会在心理上好过些。

第三，升华。当一个人所确立的投资目标无法达到时，他会设法指定另一个目标取代原来的目标，即所谓"替代反应"。他们或者改股票投资为债券投资，或是及时总结经验，深入学习有关投资方面的理论和知识，以利再战。升华反应具有积极作用，是个人通过自身的努力扬长避短，通过正当的努力来战胜挫折、克服不利条件的过程。

（5）压抑

压抑是当投资者受到严重挫折之后，用意志力压抑住愤怒、焦虑的情绪反应，表现出正常情况的谈笑自若的情绪状态。这种做法虽然可以减轻焦虑，获得暂时的平静，但并不能从根本上解决问题，而且这种长期的情绪压抑会对身心健康造成极大的危害。

15.2.3　投资者的套牢与解套心理

做股票最可怕的是套牢。所谓套牢，实质上就是购买股票的成本太高，因市价回落造成账面资产损失，这时如要卖出，则等于认赔了结。因此，许多投资者在套牢以后都倾向于"长期抗战"，在漫漫长夜中煎熬苦等，等待市价重新回升。但当大市回升，套牢者获得解放时，新的考验又来临了：是抛还是抱？不抛，好不容易熬到解套，万一股价重新下跌，错失解脱良机岂不可惜？抛出？想想熬了这么长时间，一点进账也没有，又于心不忍。总之，解套比套牢更可怕、更磨人。因此，有许多投资者早已被套得心如古井水，以无法之法代一切之法，而最终的解套决定，又一次把他推向不得不重新抉择的境地，令其心跳不已、辗转反侧、左右为难，而最终的解套决定，往往同投资者被套牢时的如下心理取向类型有着极大关系：

1.主动挑战型

这类投资者对公司和股市前景抱乐观态度，有坚定信念，因此他们能忍受长期套牢。在面临解套时一般都不会轻易出手，因为他们感到这是很自然的事情，既非天赐良机也非奇迹出现，而是早在预料之中的必然之势。既是必然，当然就不会喜出望外，重新失态，所以越解套越是抱得牢。

2.破罐子破摔型

这类投资者虽无明确的目标和信念，但比较想得开，既然套牢索性不去管它，大有将玩股当游戏的味道，因此，在面临解套时也不会过于兴奋，不会过于看重这一"天赐良机"，大不了说一声："解放了。"然后就像没事人一样。从股市发展规律来看，市场一般也不大会过于亏待他们。

3.侥幸心理型

最容易在刚获得解套时就匆忙脱手的是以侥幸心理面对套牢的投资人。侥幸使他们错失了早一步逃脱的机会，乃至股价越跌越低，方才如梦初醒，随之而来的是恼怒、是悲观。于是整天惶惶不可终日，祈求股市再给他一个减少损失、夺路而逃的机会。这类投资人不仅在解套时容易抛出，也容易在底部形成后的第一波反弹行情中就夺路而逃，因为他们的心理防线已经垮了，失去了正常分析的能力。其中还有些投资者在套牢后谈不上有什么侥幸心理和过高目标，只是因为不甘心割肉，宁愿让账面资产"缩水"，也不愿让实际钱财受损。对他们来说，拿出1万元却收不回1万元是无法容忍的事情，所以才熬过漫漫长夜的，他们的目标低而明确——收回投资成本，一旦解套，也就容易抛出。

那么，当被套牢时，应当采取怎样的对策呢？

股谚道：套牢不可怕，反败为胜真本事。壮士断臂，减少损失，以图东山再起是一种；利用下跌行情中的小反弹，快进快出，积少成多补损失是一种；在股价大跌之后，加倍买进以摊薄成本是一种；"长期抗战"也是一种。何种对策为好，一是要看大势，二是要看自己的条件与素质。

一般来说，只要是多头走势中的中短期回落，各种方法并无多大区别，或许还是以不变应万变为好，如长期看跌，第一种为上策；第二种要有高超技巧，配以胆大心细，但对一般人实在不易，因为弄不好会输得更惨；第三种则需要有足够的财力，还要注意若不是十分低价，不要轻易去追加买进；而最后一种"长期抗战"的策略乃是无法之法，然而，有的时候，事已至此，恐怕也只有无法之法乃为上法，与其终日惶惶，倒不如从最坏的方向去接受这种事实，调整自己的心态，这样至少在犯了被套的错误后，不会再犯解套的错误。事实上，股市中因套牢而最终大获全胜的例子举不胜举。

15.2.4 投资者的自我调节

以上我们对投资挫折和被套牢时的行为表现进行了说明，这些都是正常的情绪反应，只要正确对待，就会战胜挫折，谋求更大的成功。具体来说要做好三方面的工作：

1.要正确分析挫折产生的原因，增强个人对挫折的容忍力

投资失败的原因不外乎两个方面——环境因素和个人主体因素。就环境而言，如社会经济状况变化，通货膨胀率提高，银行利率提高，国家政策的变化，甚至国际上突发性的政治事件，都会使股市产生动荡，从而造成损失。这种情况下，只有及时了解国际与国内经济动态、上市公司经营状况，才能把握股市的宏观基本面，减少损失。同时，家庭环境也有影响，家人对投资者的反对或者过高的心理期望，以及周围投资者素质的低下，单位领导对投资者的不

支持都会影响投资者的投资决策，造成损失。就个人主体因素而言，个人的财务状况、个性特点、投资目标、个人投资知识与经验，这些都会影响投资绩效，也需要投资者作具体分析。另外，要增强投资者对挫折的容忍能力，增强心理承受力，面对挫折，要能冷静处之。

2.树立对待失败的正确态度

从心理学的角度讲，中国股民普遍存在着一种害怕失败的恐惧情结，其危害很大，常常导致股民在操作上过分小心谨慎、优柔寡断，错失了许多良机。

其实，失败是股市拼搏中的正常现象，就是投资天才查尔斯·亨利·道在世，他也不可能成为不败之王。致力于证券投资的股民应淡然对待失败，学会从失败中爬起。

同时，要对失败进行合理归因。一般来说，失败的归因有外部归因和内部归因。由外部归因引起的失败，常常具有普遍性，其覆盖面是大多数股民。在法制健全的股市，股民失败的原因主要来自自己，如紧张造成的判断失误，盲目从众引起套牢，误信谣传导致操作不当等。概括起来，内部原因可从知识、经验和心理三方面加以分析，每位股民在这三方面都存在不足，只有正视自己的不足，并努力加以改变，才是每位股民应采取的策略。

股市中永远有烦恼，永远有后悔，也永远有赚头。只要量力而行，正确对待自己，正确对待股市，经常保持头脑冷静，相信总有一天你会成功。

3.正确对待错误

股市之诡谲，再老练的投资者也难免会看走神、看花眼，以致在错误的时间买进错误的股票，造成时间上的错位与品种上的错位。但同是出错，不同的投资者有不同的态度：

第一种是能正视现实，纠正错误，壮士断臂，决定趁买气尚足的时候及早抽身，以防更大的损失。这种正视错误、纠正错误之举是需要意志和勇气的，一般人难以做到。

第二种是心存侥幸，一错再错，总感到刚刚拉近，就要割肉而逃，有点心疼不忍，所以就寻求种种理由来自我安慰、自我麻醉，甚至还想套牢就套牢，常在河边走，哪能不湿鞋，颇有"大将风度"，决心就此做个长期投资者。

但还有更多的股友则是完全处在盲目之中，有的根本不敢去重新评估形势，采取"鸵鸟政策"，方寸大乱，整天处于焦虑和烦恼之中，失去了重新评估的时间与可能。这类投资者不但缺乏应有的勇气和意志，也缺乏总结经验、以利再战的基础，实为股市大忌。

　　当然，投资者既犯品种上的错误又犯时间上的错误的并不多见，更多的是犯时间上的错误，或是品种上的错误，或是两者都无大错但有小错，还未根本背离股市趋势，因此要区别对待。

　　一般来说，时间正确、品种错误关系并不太大，因为什么时候买卖比买卖什么更重要，牛市中会涨的股票很多，大不了人家坐快车，我乘慢车；人家搭头班车，我却误上末班车，只要认识了这一点，既可及时处理手中的滞销品，换进畅销货，也可耐心等待，后发制胜。而这两种方法，都需要投资者有足够坚强的意志才行。没有坚强的意志不可能明大势、忍小痛，不可能及早换股，也很容易在胜利曙光降临之前耐不住最后关头，抓龟走鳖。

　　股市在面临劣势时，一些绩优股有时也难免受大势牵累，在这时买进绩优股就是错误的时间、正确的品种，在这种情况下，投资者应冷静分析大势，作出正确的牛熊判断，然后再根据自身条件制定相应的措施。如果股市仍处于牛市中，丝毫用不着惊慌，自信能踏准低点的，可先纵后擒，眼前出点血，是为更低价买进，怕踏空的不妨长抱，强势股的涨幅会有好几个波段。此时切忌志迷神摇，让情绪来左右自己的行为。

　　股谚说得好：不以成败论英雄，反败为胜真本事。真正的英雄本色不是无端冒险，不是甘愿沉沦，更不是无故地恍惚不安，而是冷静审视自己的错误，根据错误的大小和自身的条件采取相应的措施，而这需要意志的配合。记住：技巧是你的左膀，意志是你的右臂，左膀右臂缺一不可。美国作家杰克·伦敦有篇小说叫《一块牛排》，里面描写了一个拳击手的经验很有意思。当一个拳击手被击倒后，一定要等裁判数到十时再站起来。这样做，一是因为可以躺在地上休息一小会儿，二是可以调节一下自己的情绪。如果你刚被击倒，头还发蒙时就贸然站起来，对手肯定还会给你一记重拳把你再次放倒。在股市上不少人也是这样，他们之所以赔得很惨，就是因为心理太不稳定，常常是追涨杀跌，被恐惧与贪婪交织在一起的情绪所困扰。其实，赔钱后最好的策略就是休息一下，调整好自己的心情。能够保持乐观、豁达、积极的心理状态，是炒股中能赚到钱的重要因素。如果你常常处于一种自责、懊悔、焦虑的心理状态时，最好休息一段时间，因为在这种状态下不仅很难赚到钱，而且会引发心理疾病，得不偿失。

15.3 投资者的心理素质训练

大部分证券投资的书籍只涉及证券的技术分析，忽视了对投资者的心理辅导和行为指导，特别是对投资者心理素质的训练。而我国股市投资者的心理素质与心理承受力普遍较低，有时甚至会发生悲剧性的社会事件，因此非常需要股市投资心理调适方面的书籍。

证券投资过程是一个心理过程，例如，从非股民转为股民的心理蜕变过程包括起步、买入、持有、抛售等心理与行为，由于存在不同类型的投资者，所以不同投资者的心理调控、心理素质训练是当务之急。

投资者的心理素质培训包括以下方面：

1.树立正确的自我认识

进行有效的自我约束——高度的自制力。其中要掌握7C（Control）原则：

（1）控制自己的时间。

（2）控制自己的思想。

（3）控制自己的接触对象。

（4）控制自己的沟通方式。

（5）控制自己的承诺。

（6）控制自己的目标。

（7）控制自己的忧虑情绪。

2.正确对待自己的成功与失败

投资者不可赢得起输不起，要有足够的自信心、耐心与决策能力。

证券市场中存在反应过快与反应不足的投资者，要针对他们进行培训。

反应过快的投资者是指对消息敏感，信息容易使其自信心增强，从众心理增强，悲观与乐观情绪增加，冒险倾向也增强，很容易作出预测。这些投资者的特点是往往高估自己的投资技巧，总是感觉自己要遭受损失。

反应不足的投资者是指那些思想日益变得保守，因为某些信息而感到气馁，对市场的波动迷惑不解，担心作出错误的决定，对最新消息反应迟钝的投资者。这些投资者的特点是固守原来的信念，拒绝变化，难以抉择。

对于反应过快与反应不足的投资者都应予以训练，但训练对策与训练方法要有所不同。

大多数投资者会在某些时候作出错误的反应，错过最佳的投资机会。我们对此给出一个心理分析，希望投资者可以从中得到启发。

3.不要错过最佳投资机会

表15-3显示了投资者可能在什么时候错过最佳的投资机会。

表15-3　　　　　　投资者可能在什么时候错过最佳的投资机会

你的表现	为什么你会这么做
你对熊市或牛市的一味认同	采取与市场一致的行为在心理上容易接受
你打破常规卖出股票,结果市场仍然沿着原来的轨迹发展变化,这会令你懊恼不已	你可能认为自己掌握了内幕消息而改变了自己的头寸
你会在平均股价下降之时买进更多的股票	你相信这是致富之道,殊不知,一项投资的价值即在于大众投资者愿意为其支付的价格
市场的走势不同于你的预期,你开始回避进一步的交易	你忘记了跑赢大市的秘诀在于大多数情况下作出对市场的正确判断
你不相信市场已经进入了牛市,不断卖出股票,卖出或买入极具风险的看跌期权,从而取得在特定区间以既定价格卖出一定数量股票的权利	你并非有充分的理由,而仅仅因为以前你的损失而心有不甘,相信自己肯定能通过市场的下行获利
你总是根据专家对市场波动的预见不断买卖股票,你所获得的少量利润不足以弥补损失的佣金和手续费	你的策略缺乏原则性与连贯性,你需要培养自己客观分析的能力

4.不要陷入投资陷阱

投资者经常会跌入投资陷阱中，因而产生投资错误，造成损失。表15-4列示了常见的投资陷阱以及你作出反应的原因分析。

表15-4　　　　　常见的投资陷阱以及你作出反应的原因分析

常见的投资陷阱	你作出反应的原因分析
经纪人冷不防打电话给你,极力推荐你买入某只热门股票	那些推销辞令听起来充满诱惑,你感到如果自己不采取行动的话,将错失良机
你会因为新闻对最近某只热门股长篇累牍的报道而受到影响	其他人都在赚钱,我为什么不呢

你忘了陷阱无处不在	你认为这项计划提供一个赚钱的好机会,你希望能赶在其他投资者发现这一机会之前加入这一计划
你受到了那些先前参加这一计划、为赚取利润而欢欣鼓舞的投资者的推荐的影响	你开始陶醉在自己的想象之中——成功人士、拥有豪宅香车
在投入资金之前,你并没有核实情况	推销注重速度,他们还向你灌输这样的思想:得赶快采取行动,这可是百年不遇的好机会
当你的所有问题都能得到圆满解答时,你将内行与圆滑相混淆,认为销售人员知道他自己在说什么	你忘记了销售人员具有说服人们购买的天赋,或者他们有一套准备好的说辞

本章小结

从影响股票投资成功的八个心理素质特征入手,可将成功投资者分为三类:稳定保守型、专注耐心型与贪婪型。其中以第二类人居多,这说明专注耐心的心理素质对于股票投资的成功尤为重要。

股市无常胜将军,面对变幻莫测的行情,没有人能完全掌握它的走势。因此,在股市中失败与挫折总是难免的。失败的体验比理论的告诫更有力量,它能使股民明白许多平常所熟知但没有真正理解的真知灼见。但是,在股市中也存在着一个不可否认的事实,失败所带来的强烈的挫折感,并没有使所有股民的心理素质得到锻炼;相反,有些人就此脱离股市,而少数人甚至走上极端。在面对投资失败时,投资者应该学会自我调节:要正确分析挫折产生的原因,增强个人对挫折的容忍力;树立对待失败的正确态度;正确对待错误等。证券投资过程是一个心理过程,例如从非股民转为股民的心理蜕变过程包括起步、买入、持有、抛售等心理与行为,因此投资者的心理调控、心理素质训练是当务之急。

　　　　　　　巴菲特最本质的两条投资经验

　　巴菲特在股票投资中取得的巨大成功，令人眼红心痒，使人们对他的投资理念推崇备至。那么我们如何学习巴菲特投资理念的内涵和精髓要领呢？实际上，巴菲特最本质的投资经验有两条：

　　（1）坚持中长期投资，尤其是坚持长期投资；

　　（2）坚持做自己熟悉的股票，也就是说，坚持做熟不做生的操作方法。

　　巴菲特曾经戏称，即使美联储主席格林斯潘对他悄悄耳语"将降息或提息"，他也绝对不会动摇而改变其上述两条基本投资经验。这实际上意味着巴菲特具有高度的自信心和顽强精神，以及高瞻远瞩的境界。反观中国股市，不少人对小道消息却是十分敏感，把消息当作"灵丹妙药"和赚钱捷径。稍有风吹草动或稍有微风轻浪，便会立即引发股市行情的剧烈波动，不是直泻，便是狂涨，此起彼伏，这当中最大缺陷就在于缺乏自强自信的投资理念和顽强从容的精神风格。

　　对于巴菲特的第二条经验，恐怕绝大多数股民至今为止都无法具备。因为从市场实践中可以观察到，不少股民热衷于赶时髦、爱朦胧、好题材，误以为捉到黑马，往往是不分青红皂白，拾进篮子里就是菜，品种选进十多只，持股各占二三百，真所谓"圆台面上一大桌菜"；在红红绿绿的行情面前，眼花缭乱，顾此失彼，无所适从，甚至做坏了自己的心态，怨天尤人，指责谩骂。实际上，倘若能像巴菲特一样做熟一只或两只股票，来回反复持续地做下去，其感性和理性收获必会不浅。因而掌握股票内在价值，摸透其量价关系变化，熟知市场股性积极动态程度，清楚其动态表现和静态现状，这才是真正的赚钱要领。

　　学习与应用巴菲特投资经验的关键：

　　（1）自身要具备勇气和毅力。

（2）要具有忍受孤独的顽强精神风格。

（3）要保持高度自强自信的天性。

培养出凝聚牢固的天性，方能真正达到自我理财的至高境界。面对市场现状，正确选择投资理念和操作方法才是至关重要的。

（根据公开的网络资料整理）

核心概念

心理素质训练　正确的自我认识

复习思考题

1.试述投资者的自我调节。

2.试述投资者的心理素质训练。

参考文献

[1] 格雷厄姆. 聪明的投资者 [M]. 王大勇，等译. 南京：江苏人民出版社，1999.

[2] 迈尔斯. 股市心理学——向恐惧、贪婪和市场的非理性宣战 [M]. 虞海侠，译. 北京：中信出版社，沈阳：辽宁教育出版社，2004.

[3] 斯考特，阿贝特. 股市心理学 [M]. 黄艳，译. 成都：西南财经大学出版社，2001.

[4] 尼德曼. 投资的心理游戏——股票投资心理探微 [M]. 刘丰源，张春安，译. 北京：机械工业出版社，2002.

[5] 泰纳斯. 投资大师谈投资 [M]. 朱仙丽，等译. 北京：北京大学出版社，1998.

[6] 卡塔尼亚. 商品期货交易手册 [M]. 鹿建光，翟秀芳，译. 北京：中国对外经济贸易出版社，1990.

[7] 翁学东. 证券投资心理学 [M]. 北京：经济科学出版社，2005.

[8] 金学伟，赵磊. 股市心理的王国 [M]. 上海：上海三联书店，1992.

[9] 武锋剑，赫美琴. 炒股就是炒心态 [M]. 太原：山西经济出版社，2001.

[10] 董柏明. 股市心理战 [M]. 南京：江苏人民出版社，2000.

[11] 徐国毅. 牛心熊胆——股市投资心理分析 [M]. 成都：四川人民出版社，1999.

[12] 徐晓鹰. 证券投资心理和行为分析 [M]. 北京：中国物资出版社，

2004.

[13] 邵以智. 证券投资学 [M]. 北京：中国人民大学出版社，1995.

[14] 毕建洲，王大军. 房地产投资与开发 [M]. 青岛：青岛海洋大学出版社，1993.

[15] 蒋德明. 现代期货期权交易 [M]. 上海：上海科技文献出版社，1993.

[16] 祖强，等. 期货交易理论与实战指南 [M]. 南京：南京大学出版社，1993.

[17] 王静，邢成. 互联网金融：消费者行为变迁及银行变革 [J]. 征信，2014（9）.

[18] 赵利人. 中国证券市场机构投资者研究 [D]. 长春：吉林大学，2005.

[19] 孙启旺. 期货心理交易技术研究及应用 [D]. 天津：天津大学，2009.

[20] 叶可松，荣艺华. 2014年银行间债券市场机构行为分析 [J]. 债券，2015（4）.

[21] 高卫宇. 艺术品投资与艺术品资产配置研究 [D]. 上海：上海交通大学，2013.

[22] 张鸿. 外汇投资有讲究 [J]. 理财，2011（9）.

[23] 安妮. 外汇投资"五要""五不要"[J]. 卓越理财，2009（6）.

[24] JOHN R NOFINGER.The psychology of investing [M]. Harlow:Prentice Hall，2002.

[25] PRING M J. Investment psychology explained [M]. New York:John Wiley & Sons，Inc.，1993.

[26] KAHNEMAN D.，TVERSKY A.Prospect theory：an analysis of decision under risk [J]. Econometrica，1979，68（3）：263-291.

[27] TVERSKY A.，KAHNEMAN D. Judgment under uncertainty：heuristics and Biases [J]. Science，1974，185（4157：1124-1131）.